移民与中国传统文化

葛剑雄　安介生　著

山西出版传媒集团　三晋出版社

序

葛剑雄

十多年来，我在研究中国移民历史的过程中，深感移民与文化传播关系之密切、影响之深远，几乎无所不在、无所不包。但在我与同人合著的六卷本《中国移民史》中，能够用于这一方面论述的篇幅相当有限。所以我很希望有机会继续做这方面的研究，或者将已有成果做更广泛的传播，所以这些年间常以移民与文化为题写些普及性的文章，或做些这方面的讲座。但与移民对中国文化的影响的丰富内容相比，实在只是九牛一毛。

介生自攻读硕士学位起即以移民史为研究方向，并在博士论文的基础上出版了一部区域移民史专著——《山西移民史》。他从事中国移民史研究多年，一直留意移民对文化传播的影响，积累了相当多的成果。因此当我们一致认为应该写这本书时，我很自然地希望以他为主将计划付诸实现。但因忙于其他工作，在本书的写作过程中，我只是与他讨论了章节目录，并看了全部书稿，提出了一些修改意见。

在写作过程中，介生参阅了包括《中国移民史》在内的大量学术著作，这在本书后的“主要参考书目”中有着充分的反映，同时也结合了自己的研究成果，提出了自己的见解。将本来是面向学术界的研究成果充分消化吸收后，再融入自己的理解与研究心得，使之转化为可读性强且内容丰富的新作，是要花费不少精力的，这些都是介生的贡献。不过，移民与文化的关系和影响方面的内容非常丰富，实在不是这本小书所能负担，所以本书只能选择了其中的一部分。为了使本书有更多的读者、适应更广泛的需要，本书着重提供了众多典型而生动的历史事例，以求从多方面、多角度反映移民与文化之间复杂的关系，同时避免烦琐的考证和过多的注释。有兴趣的读者可按“主要参考书目”的指引，在有关专著中继续寻找更详细的论述。

照理我不应署名，更不应排在介生的前面。不过由于我与介生之间的师生关系，在他的执意坚持下，只好使他屈居次位。所以我必须做此说明，使读者明白实际情况。至于对书中可能存在的缺点和错误，我自然不能辞其咎。

2003年6月30日

引言

安介生

人是历史的创造者，也是文化的创造者。在任何时代，在任何社会里，个人以及由个人组成的各类群体，其居留之地不可能自始至终固定不变。王朝更迭、社会动荡、自然灾害、民族矛盾，等等，都为人们的生存提出意想不到的考验。主动或被迫，东奔或南突，人们或百般无奈地，或不假思索地踏上了迁徙之途。这样，迁徙往来，又构成中国历史发展的重要原因。移民史研究正是从动态角度对中国历史的深入考察。

也许，隔膜是我们后人观察与思考历史的致命伤。现代人习惯于简单化的思维，偶尔翻阅历史，也不过为了寻找其中能够刺激大脑神经的惊艳绝群的行踪，并不在意凡夫俗子们的生活起居。成千上万的当代人陶醉于凭空杜撰的武打小说之中，对真实的历史却没有多少兴趣，这也许是一个时代的悲哀。没有平凡，就没有奇迹；没有平凡，也就没有丰功伟业。我们对古人所经历的艰难困苦了解得太少了，华夏五千年的历史包含了我们祖先多少辛酸与骄傲！多少奋争与成就！

中国自古以农立国，“安土重迁”似乎是我们祖先极其鲜明的形象特征，似乎我们祖先的生活犹如一潭死水，日复一日，年复一年地重复“面朝黄土背朝天”的哀叹。其实，这可以说是一个莫大的误解。殊不知，迁移是中国历史必不可少的发展线索，移民其实是构架中国历史的重要枝干。如果没有迁移，中国的先祖们如何找到自己最佳的生存环境；如果没有迁移，华夏族先人怎能在黄河流域建立起“文明的摇篮”；如果没有迁移，大江南北、长城内外的文化区域如何出现；如果没有迁移，我们的祖先如何从“中国”向外开拓，建立起一千多万平方千米的家园；如果没有迁移，华夏后裔又怎能遍布五洲，在世界各地繁衍生息?!

中国传统文化源远流长，内容宏富，是古代各族人民共同创造的财富。文化的发展不外乎文化内涵的扩展与文化区域的变迁。移民既是一个动态的发生过程，又包括构成移民运动的群体与个人。文化内涵的扩展取决于各个时代社会中全体人员的共同努力，自然包括移民在内。移民作为一个具有特殊境遇的群体，在文化发展史上发挥了举足轻重的作用。各个时代文化区域的形成、文化代表流派的产生以及著名文化人物的出现，都凝聚了众多移民的心血。人是文化最丰富、最活跃的载体，一定规模的人群移徙，必然导致其原有文化的转移，因此，人口迁移对文化的传播起到了极为关键的作用。例如历史上著名的“永嘉南渡”“靖康南渡”等数次大规模北人南迁，为中原文化向南扩展做出了划时代的贡献。北方游牧民族的南迁，同样使游牧民族的风俗南被，为南北民族文化的交融提供了不可或缺的条件。所谓“移民”，同样包括历史时期外国人进入中原，也包括中国人向海外的迁移。这些移民中有不少人成为西方文化传入中国以及中国文化向海外传播的文化使者。

本书力求从各个角度、各个层面出发，利用生动而具体的事例来凸现移民运动、移民群体及个人在中国文化发展史上的伟大贡献，从一个侧面反映出传统文化形成与发展的真实历程。

没有移民，就没有中华民族；没有移民，也就没有辉煌灿烂的中华文化成就。

目录

第一章

波澜激荡撼九州

——中国历史上著名移民运动掠影

移民史是中国通史的重要分支，重大移民运动同时又都是极为重要的历史事件，无论对政治演变与经济发展都具有深远的影响与意义。重大移民运动是移民史的主干，我们熟悉与了解移民历史的捷径，就是从了解这些重要移民运动着手。

第一节　行行重行行

——上古历史中的移民运动及其文化遗韵

中国历史源远流长，而上古历史正是中国历史发展的源头，是中国文明历史的发育期。正是在这一时期，中华民族的祖先经历了从原始野蛮到初级文明阶段的漫长发展阶段。与此阶段历史特征相适应，上古时期的人口迁移也同样表现出十分奇特的状况，如迁移频繁，方向多样，迁移规模较小，等等。在人类社会制度尚未成熟之前，造成人们迁移的最主要因素往往来自外界的侵害，包括自然灾害与其他群体的攻击等。

一、历史自迁移始

——远古传说时期的移民行踪

> 古老的中国文明起源于黄河流域，那里的挑战是什么性质，怎么出现的，还不知道；但是，我们知道那里的情况绝不是安逸的，而是困难的。
>
> ——（英国）汤因比《历史研究》

邈远绵长的历史，是每一位华夏儿女的骄傲，但我们却很难体味到先民开拓的艰险。从元谋猿人、蓝田人、北京人的出现，到仰韶文化、龙山文化的形成，先民在文明发展中走过的每一步，都渗透着拼搏的血汗与惨痛的牺牲。先民们在辽阔土地上的往来迁徙，正勾画出文明进步的艰难历程。

广袤的森林大片消失之后，猿人离开树丛，来到地面，以直立行走为标志，开始了向文明人类的艰难跋涉。除却豺狼虎豹的威胁不谈，桃李瓜果已不能满足演进中人类的需要，为了生存，为了寻找食物，早期人类必须走向更广阔的地域，寻找合适的生存空间。在这一漫长过程中，先民们学会了用火，学会了打制石器与磨制石器，点燃了原始文明的火种。遍布中华大地的原始文化遗址正是早期人类活动留下的深刻印记。然而，所谓“遗址”又可以说是早期人类所遗弃的生活地点，当时，我们的先人们抵御各种侵害与适应自然环境的能力还相当薄弱，当他们无法应付面临的侵害之时，或居留环境恶化之后，往往群起远徙，另找生存之地。迁徙是原始先民抵御外来侵害，谋求生存之路的最重要的方式之一。正是通过不断的移徙，他们才为后人留下了繁星般洒落在中国版图上的“文明之光”。迁徙与原始文明的创造息息相关，难分难舍。

见于史册的上古传说也为我们传达了同样的信息。迁徙活动是华夏族先民早期开拓历史的主干，没有迁徙，就不会演绎出先民可歌可泣的创业之功，也不会有华夏族集团的兴盛。根据远古传说，中华民族的远祖应从伏羲及神农算起，是他们带领先民们开始了农业生产的尝试，而全面掀开华夏族历史的始祖，则非黄帝莫属。传说中的“三皇五帝”，无疑都是中国古代文明史上创世纪的伟大英雄，而他们的迁徙传说也具有非常典型的意义。如黄帝姓公孙，名轩辕。当神农氏统治晚期，诸侯部族相互征伐，混战不休。黄帝安抚万民，发展农业生产，组成强大的武装力量，与凶暴的蚩尤大战于“涿鹿之野”，取得了全面胜利，从而被各部族首领尊为“天子”。从此，为了除暴安良，维护天下万国的和睦，黄帝奔波四方，“披山通道，未尝宁居”。步履所及，已包含相当辽阔的地域：

> 东至于海，登丸山，及岱宗。西至于空桐（同“崆峒”），登鸡头。南至于江，登熊、湘。北逐荤粥（同“獯鬻”），合符釜山，而邑于涿鹿之阿。迁徙往来无常处，以师兵为营卫。①

继位的颛顼进一步发扬了黄帝的功业，他的统辖区已相当辽阔：“北至于幽陵，南至于交阯（同址、趾），西至于流沙，东至于蟠木。”到帝喾即位之时，统辖区更是广袤无垠：“日月所照，风雨所至，莫不从服。”②在我们今人看来，传说中的“三皇五帝”均是上古时期最著名的部族集团首领的化身，他们的艰苦努力，也是那时部族首领们艰苦努力的写照。他们统治的区域及居留地往往显得较为模糊，正说明他们活动区域已相当广阔，正处于从游徙向定居生活迈进的过程之中，“迁徙往来无常处”是当时部族生活状况的真实写照，也是他们躲避灾祸，寻找新的生存空间的最佳途径。

上古帝王传说中，唐尧、虞舜两位的事迹更多、更复杂，他们的行踪也更为明确。如“尧都平阳”③“舜都陶城”④。关于这些远古帝王的遗迹，太史公司马迁的观点最为通达：

> 学者多称五帝，尚矣。然《尚书》独载尧以来；而百家言黄

---

①〔汉〕司马迁撰：《史记》卷一《五帝本纪》，中华书局校勘本，第6页，下同。

②〔汉〕司马迁撰：《史记》卷一《五帝本纪》，第11—14页。

③见〔唐〕张守节《史记正义》引〔晋〕皇甫谧《帝王纪》，《史记》卷一，第15页。

④〔唐〕张守节《史记正义》引《括地志》，《史记》卷一，第33页。

> 帝，其文不雅驯，荐绅先生难言之……余尝西至空桐，北过涿鹿，东渐于海，南浮江淮矣，至长老皆各往往称黄帝、尧、舜之处，风教固殊焉，总之不离古文者近是。[①]

在司马迁的眼中，所谓“黄帝、尧、舜之处”，也不过是先民的“文化遗址”而已。但是，如果远古先民在开天辟地后就一直生活在固定不变的区域，也就不会有分布各地的文化遗址。因此，离开对迁徙活动的深刻认识，我们也就不可能全面了解先民生存与演进的真实过程。

正如华夏民族通常将自己家族的始祖与黄帝子孙贯通起来一样，上古传说中的迁徙活动也深深渗透到中国古代文化的底蕴之中。一些传说中的迁徙事件不仅成为著名的典故，而且成为后人诠解历史演变轨迹的依据。其中较典型的有“流四凶”的传说。远古时期，部落首领对所谓凶顽之徒往往采取驱逐方式，将他们流放于远离部落的荒僻之地。如一代圣主尧在位之时，工师共工淫邪不堪其任，被流放到幽陵，“以变北狄”；三苗部落频频在江淮地区作乱，被迁往三危，“以变西戎”；奸臣驩兜被流放到崇山，“以变南蛮”。[②]舜帝即位后，又有浑沌、穷奇、梼杌、饕餮等四位无恶不作的“不才子”，被称为“四凶”，引起了天下百姓的忧虑。舜采取果断措施，将四凶之家远远地驱逐至“四裔之地”，天下苍生拍手称快。贾逵注云：“四裔之地，去王城四千里。”[③]这些传说应该是远古时期部落集团内部斗争状况的缩影，无论是否实有其事，但可以肯定，应有不少部落成员因为种种原因，离开原来的部族，离开原来居留地，移向寥廓荒僻的远方。

---

①《史记》卷一《五帝本纪》，第46页。

②《史记》卷一《五帝本纪》，第28页。

③见〔南朝·宋〕裴骃《史记集解》引贾逵说，《史记》卷一《五帝本纪》，第38页。

这些移徙传说对后世产生了深远影响。因为这些宝贵文献也是后代人追溯历史的依据。即使是凶顽难化的“四凶”，就其血统而言，依然是古代帝王的后人，炎黄一系的血脉。他们被迁往四方绝远之地，也可视为中原华夏族人向边远地区的开拓，因此，后世的边远民族往往将这些人视为自己的祖先，从而使自己归入黄帝子孙的行列。

二、汇聚“中国”
——夏商周时期向中原地区内聚型迁移

昔唐人都河东，殷人都河内，周人都河南。夫三河在天下之中，若鼎足，王者所更居也。
——〔西汉〕司马迁《货殖列传》

大禹是上古传说中的一位圣王，他的功业大大超过了以往任何一位帝王。在远古洪水滔天，江河泛滥之时，四海涂炭，万民悲苦。为拯救黎民于水火，大禹劳身焦思，在外奔波13年，三过家门而不入，“开九州，通九道，陂九泽，度九山”，终于制服洪水，造福庶民，开辟了华夏历史的新纪元。同时，大禹又是中国最早的王朝——夏王朝的创始者。在中华民族的发展史上，夏王朝具有里程碑式的重要地位。如先秦时期最重要的一个民族与国家概念就是所谓“中国”，而“中国”方位的确立与夏朝历史有密切的关系。

传说中夏国国都并不止一个，“都平阳，或在安邑，或在晋阳”[①]。而大禹最早受封为夏伯，封地在豫州外方之南，即今河南禹州

①见〔南朝·宋〕裴骃《史记集解》引〔晋〕皇甫谧说，《史记》卷二《夏本纪》，第83页。

市[①]。又根据《竹书纪年》的记载，夏朝历代帝王居住过的首都有六个之多：（1）阳城，在今河南登封市东南；（2）斟寻，在今河南巩义市西南；（3）帝丘，在今河南濮阳县西；（4）原，今河南济源市西北；（5）老丘，在今河南开封市东南；（6）西河，在今河南内黄县东南。[②]

都城一般都是王朝中人口最多、最集中的区域，都城的迁移标志着王朝政治中心的转移以及较大规模的人口迁移。尽管夏王朝的存在与否，尚未在学术界取得一致意见，不过，文献所记载夏朝国都的频繁迁徙，依然为我们了解上古先民的生活状况提供了宝贵的信息。远古时期统一政治共同体——国家形成初期，社会生产力极度低下，人们抵御自然与他族侵害的能力非常脆弱，维持稳定需要强盛的实力。当感到力不从心之时，部族首领们不得不选择迁移来躲避灾难，寻找新的生存空间，开始新的生活。

与以往印象模糊的迁移运动不同，夏朝国都迁移的起始方位更为具体。然而，不难发现，这些昭示出夏朝君主们行止的方位，地理跨度并不大，集中于今天山西省南部及河南省大部。这些方位所在的区域，其实就是我们常说的“中国”最初的轮廓。“国”字古文为“或”，为武装守卫一地之意。在天下万国之中，“中国”自然是居于核心之地的邦国。没有中国的确立，也就不会有与“四裔”“四海”的区别。夏王朝作为当时最强盛的部落联盟集团，其国都迁移的轨迹，就划出了“中国”的方圆。从此，“中夏”“东夷”“西戎”“北狄”“南蛮”等兼有地理与民族意义的概念相继出现了。在以后漫长的历史时期，谁要想成为天下万国的统治者，就必须要占领“中国”，而“中国”的地域

---

①见〔唐〕张守节《史记正义》引《帝王纪》，同上，第49页。

②参见方诗铭、王修龄撰：《古本竹书纪年辑证·夏纪》，上海古籍出版社，1981年，第1—20页。

范围也有逐步扩展的趋势。

商朝最重要的人口迁移也是伴随着国都的迁徙，与其他王朝相比更具有典型性。商王族的始祖为契，被舜帝分封于商。据记载，从契到商王朝的创立者成汤，商王族进行了八次迁徙。[①]据学者考定，商王族迁居的地点主要有：(1) 亳，为商王族的发祥地，在今山东曹县东南；(2) 商，为契分封之地。(3) 蕃，在今山东滕州市。(4) 殷，今河南安阳。不过多次迁移之后，商王族还是回到了亳。[②]相对于夏王族而言，商族位置居东，故有商人东来说的产生。商王朝建立后，国都又经过多次迁移，直到“盘庚迁殷”，才最后稳定下来。“盘庚迁殷”是中国历史上非常有名的迁都事件，在商朝历史上具有重大意义，商人从此结束了频繁迁都的历史。商朝都城迁移的区域与夏朝都城并不吻合，但大体上是相近的，大致在今天河南、河北、山东三省交界地区。随着商朝的兴起，这一大片地区也进入了“中国”的范畴。

周王朝也是在迁徙过程中发展起来的。周王族的祖先是远古英雄人物后稷，曾为舜帝的农师，被分封于邰，在今陕西武功县西南。在夏朝末年，后稷之子不窋贬官后逃至戎狄之地。其后世子孙依然在当地从事耕种业，赢得了当地人的尊崇。至庆节即位后，周族在当地民众的拥戴下在豳（陕西旬邑县西）建立起新的邦国。而此时的“豳国”在风俗上还完全是一个“戎狄之国”。古公亶父即位后，为摆脱周围戎狄部族的威胁，离开豳地，迁移到岐山下的周原（今陕西岐山县）。古公亶父的最大贡献在于脱离戎狄风俗的羁绊，开始率领周人营筑城郭，

---

①《史记》卷三《殷本纪》，第93页。

②王国维：《说契至于成汤八迁》，《观堂集林》卷一二，上海书店《民国丛书》第四辑，第92册。

结束迁徙不定的生活方式。周文王、周武王即位后，虽也有迁都之举，但所迁丰邑与镐城（在今陕西西安市附近）均与周原相去不远。

周武王攻灭商朝后，虽有营建洛邑（今河南洛阳）之举，但没有立即向东迁移。直到周幽王即位之后，岐山崩，三川竭，被周朝大臣视为亡国之兆。如伯阳甫预见道："……昔伊、洛竭而夏亡，河竭而商亡……夫国必依山川，山崩川竭，亡国之征也。"[①]幽王暴虐无道，宠爱褒姒，废掉申后。申后之父申侯引来犬戎等国军队，围攻王都，结果，周幽王被杀，西周灭亡。周平王即位后，迁都洛邑，史称东周，也就是春秋时代的开始。

夏商周三代的历史，从一个侧面看，正是一部都城不断迁移的历史。就其都城迁徙的轨迹而言，存在着不断向中原地区靠近的趋势。对这种趋势，《孟子·离娄下》释云：

> 舜（帝）生于诸冯，迁于负夏，卒于鸣条，东夷之人也。（周）文王生于岐周，卒于毕郢，西夷之人也。地之相去也，千有余里……得志行乎中国，若合符节。先圣后圣，其揆一也。

在这里，作为儒学代表人物的孟子没有囿于传统士大夫对"四夷"的偏见，明确指出了无论"东夷"还是"西夷"，只要进入中国，取得统治权，一样都可成为华夏族文化的代言人。造成这一趋势的自然与社会背景相当复杂，然而，无论如何，经过三代的努力，中原地区（所谓"中国"的核心）成为华夏族王朝依托的中心区域，对华夏族而言，这一区域的政治、经济、文化意义，远远超过其他地区。进入这一地区，才算取得了华夏族文化的正统地位。

① 《史记》卷四《周本纪》，第145—146页。

三、开拓九州

——先秦时期华夏族扩散型迁移

成周之世，中国之地最狭。以今地里考之……盖于天下特五分之一耳。

——〔宋〕洪迈《容斋随笔》

自古以来，中国就是一个多民族的国家，因此，移民史的内容就不能仅局限于对华夏（汉）族迁移运动的考察。综观中国各民族发展史，不难发现，在远古时期，华夏族的人口数量与居住范围是相当有限的，更加广袤的区域为其他民族所占据。人们习惯于将他们分为"东夷、西戎、北狄、南蛮"等民族集团。先秦时期华夏族主要居住地域——"中国"不过只占天下土地面积的一小部分。"中国"是文化最为先进的区域，而绝非地域最为辽阔的国度。《孟子·公孙丑上》云："夏后、殷、周之盛，地未有千里者也。"宋代学者洪迈在《容斋随笔》卷五中也指出："成周之世，中国之地最狭。以今地里考之……盖于天下特五分之一耳。"①

中华民族的发展史从一个侧面而言，是"中国"疆域不断扩展的历史，而这种扩展首先应归功于华夏族人民向周边地区的迁移。前面已经提到，在上古传说中，我们已发现不少古代帝王后裔向边远地区迁移的迹象，如尧舜时期"流四凶族，迁于四裔"。夏商周三代这类外迁应该更多、更频繁。著名的外迁事件有"太伯奔吴"。周文王的两位伯父太伯与仲雍为了让贤，不与文王父子争权，自愿逃往荆蛮之地，

① 〔宋〕洪迈撰、孔凡礼点校，《容斋随笔》卷五《周世中国地》，中华书局，2005年，第64页。

效法当地民族习俗，“断发文身”，建立起句吴之国。

周王朝在疆域开拓及民族发展上的成就远远超过夏、商两朝。在攻灭商朝之后，周武王开始大封诸国，在周王朝直辖的“王畿”之外，以分封领地的方式建立起众多的邦国，造成姬姓宗族子弟辐射性的外迁。成王即位后，同样继承了这一做法，致使姬姓诸国遍于四方。即使如此及至春秋初年，周王朝的控制范围相当有限，华夏与戎狄交错，小国林立。《国语·郑语》载史伯描述当时情况道：

> ……当成周（即东周）者，南有荆、蛮、申、吕、应、邓、陈、蔡、随、唐；北有卫、燕、狄、鲜虞、潞、洛、泉、徐、蒲；西有虞、虢、晋、隗、霍、杨、魏、芮；东有齐、鲁、曹、宋、滕、薛、邹、莒，是非王之支子母弟甥舅，则皆蛮、荆、戎、狄之人也。

小国林立的局面并没有长期维持下去。尔虞我诈，弱肉强食，在激烈的兼并战争之后，一些强国崛起，“春秋五霸”“战国七雄”便是竞争中脱颖而出的佼佼者。崛起的国家在数量上虽然大大减少了，而所占疆域却大大扩展了。晋国以及秦国的发展便是十分突出的例证。

晋国的开创者叔虞为周成王之弟，最初被封于唐。“唐在河、汾之东，方百里。”[①]晋国正是在这“方百里”的狭小空间里逐步发展起来的。晋国向外拓展的最大障碍不是其他姬姓小国，而是周边的“戎狄之众”。戎狄之众无论是在数量上，还是在居住地域上都占有较大优势。但经过历代国君的不懈努力，晋国逐渐从今天的山西南部扩展到

① 《史记》卷三九《晋世家》，第1635页。

西南部、中部。到韩、赵、魏三家分晋后，赵国继续向北发展，越过句注山，占领了雁门关以北地区。

相传秦国的祖先是颛顼帝的后裔，而秦国在崛起之前，却是典型的“西戎”之邦。周孝王封秦国先人非子于“汧渭之间”（即汧水与渭水流域相接处），主管养马业。由于业绩非凡，被分封于秦（今甘肃清水县境内）。周王室东迁后，秦国历代国君在岐山以西地区与戎人进行了长期的争夺。到秦穆公在位时期，疆域建设取得重大进展。“益国十二，开地千里，遂霸西戎”，为进一步向中原地区发展奠定了坚固的基础。①

不言而喻，疆域拓展的过程，也是人口迁移的过程，没有一定数量的人口，也就不可能真正占据新的土地。因此，除民族杂居融合外，在华夏族国家疆域拓展过程中，实际存在着两种密切相关的人口迁移运动：一是华夏族士民向新占领地区的迁移；二是这些地区原有戎狄人口向更为边远的区域迁移。

古籍中“九州”概念是战国后期的产物，这已是学术界公认的结论。这一概念的出现，是当时人们对“天下”地理状况认识的重大进步。而这一认识的进步，与当时各国疆域拓展及人口迁移方面的进展存在着直接的关系。随着华夏族人民迁徙的足迹“东渐于海，西被于流沙”，华夏文化逐渐流布于宇内，“声教讫于四海”。②文明之光终于在东亚大陆上熊熊燃烧起来，文明古国由此规模初就。

①《史记》卷五《秦本纪》，第194页。

②《史记》卷二《夏本纪》，第77页。

第二节　遭遇强权

——封建时代的内聚型移民

秦国统一六国后，建立起大一统的封建王朝，这是中国历史的一个重大转折点。“民为邦本，本固邦宁。”历代封建帝王大都认识到人口对国家建设的重大作用，特别是在平定割据政权之后，为了维护自己狭隘的政治、经济利益，常常强制施行向首都及附近核心地区的人口迁移，由此形成内聚型移民的主要特征，即政治意义十分突出。内聚型移民运动的频繁出现，也是中国移民史的一个重要组成部分。这类人口迁移对迁出地与迁入地文化的发展也产生了较为复杂的影响。

一、“实关中”

——秦汉时期向长安地区的移民

> 夫关中左崤函，右陇蜀，沃野千里，南有巴蜀之饶，北有胡苑之利，阻三面而守，独以一面东制诸侯……此所谓金城千里，天府之国也。
>
> ——〔西汉〕张良

陕西西安市称得上为中国“第一大古都”，在中国古都史上占有首屈一指的重要地位，关中平原正是西安辉煌历史的坚实依托。秦与西汉两大王朝定都西安（秦称咸阳，汉称长安），这两个王朝最重要的移民运动，就是“实关中”，即向关中地区大规模移民。秦始皇统一六国后，为了维持稳定，清除分裂的隐患，促进首都地区的繁荣，集中地将六国贵族、豪强、富民向自己的根基地——关中迁移。秦始皇是中国历史上一位雄才大略的君主，为大一统国家的形成做出了卓越的贡献。而这位君主的专制与暴虐，几乎抹杀了他所做出的功绩。他无所顾忌地驱使、虐驭天下黎民，酷烈的秦政，臭名昭著。如始皇二十六年（公元前221年），“徙天下豪富于咸阳十二万户”。若以每户5口计，这次移民人数就达60万。至三十五年（公元前212年），又“徙三万家于丽邑，五万家于云阳”[①]。第二次大移民有8万家之多，至少有40万人。两次大规模移民总数就将近100万人。咸阳也就成为历史上最早出现的拥有百万人口的大都市。这种移民举措完全不顾这些平民的死活，其结果也可想而知。秦朝二世而亡，在农民大起义的狂潮中，大规模的移民关中的成果几乎被破坏殆尽，至西汉初年，关中地区竟然是一片人口凋零的荒残局面。

为了彻底改变关中的凋敝状况，汉朝开国皇帝刘邦接受臣下的意见，采取“强干弱枝”的政策，将关东各地六国大族后裔向关中迁移。高帝九年（公元前198年），“徙齐楚大族昭氏、屈氏、景氏、怀氏、田氏五姓关中，与利田宅”[②]。其实，西汉初年“实关中”的大移民远远不止上述五姓，还有燕、赵、韩、魏之后及豪杰名家。移民总数估计在10余万口。如果着眼于改变关中地区人口过于稀少的状况，那么，这种迁移还有一些积极的意义，但令人失望的是，西汉时间更长、规模更大的移民，只是为了满足建立皇帝陵县的需要。

从秦始皇开始，历代封建帝王在生前享尽荣华富贵之后，梦想在

①上述记载见《史记》卷六《秦始皇本纪》，第239、256页。
②《汉书》卷一《高祖纪》，中华书局校勘本，第66页。

死去后在另外一个世界找到同样的安逸与富足，因此，每一位帝王在即位之后，往往就开始修建自己的陵墓，除了将大批奇珍异宝放入陵墓外，还担心陵墓之外寂寞冷清，就将大批人口迁来“陪王伴驾”，并置立“特别行政区”——陵县。建立陵县也就成为西汉安置关东移民的主要方式。

刘邦的父亲死后，汉朝官府就在其葬地栎阳城内设万年县，是为陵县设置之始。西汉重要的陵县有：(1) 高帝长陵，在今陕西咸阳市东北，始建于高祖十二年（公元前195年）。据《汉书·地理志》记载，汉初所迁关东豪强之家大部分安置于长陵。(2) 惠帝安陵，距离长陵十里。据《关中记》记载：当时，“徙关东倡优乐人五千户以为陵邑。（因其）善为啁（音周，鸟鸣声）戏，故俗称女啁邑也。”(3) 文帝霸陵，在今西安市东北，始建于文帝九年（公元前171年）。与其他诸陵相比，该陵修筑规模较小，但这并没有影响其徙民置县。(4) 景帝阳陵，在今陕西西安市高陵区西南。始建于景帝五年（公元前152年），当时特别“募民徙阳陵，赐钱二十万”[①]。(5) 武帝茂陵，在今陕西兴平市东北。在西汉诸帝中，汉武帝声名显赫，功绩卓著，在位期间，汉王朝国势趋于极盛。不过，这位皇帝在陵墓修建上也用心良苦，三番五次下诏徙郡国吏民于茂陵，故而，无论陵墓规模还是迁民人数，都在其他陵墓之上。(6) 昭帝平陵，在今咸阳市西北。(7) 宣帝杜陵，在今西安市东南。在修建平陵和杜陵时，皇帝们也都专门下诏徙来郡县豪强之家。[②]

上述陵墓中，以长陵、安陵、阳陵、茂陵、平陵在渭河之北，合称“五陵”。西汉诸帝向陵县徙民时，常附加一些条件，如向杜陵徙民

---

①《汉书》卷五《景帝纪》，第143页。

②葛剑雄著：《西汉人口地理》，人民出版社，1986年，第137—139页。

时，特别强调迁者必须为“丞相、将军、列侯、吏二千石，訾百万者”①，即高官与豪富之家，并不是普通平民，大量富民云集一地，立即给当地带来了前所未有的繁荣景象，故“五陵”成为当时京师长安中发达富庶的区域。

让成千上万的关东家族长途跋涉，进入关中，只是为了让他们陪伴归于九泉之下的帝王，本身就大不近人情。另外，迁往关中对这些关东移民而言，又不知蕴含着多少离乡背井的痛楚。到永光四年（公元前40年）九月，汉元帝下诏停止陵县的修建及移民，他在诏书中不得不承认迁移对百姓带来的痛苦：

> 安土重迁，黎民之性；骨肉相附，人情所愿也。顷者有司缘臣子之义，奏徙郡国民以奉园陵，令百姓远弃先祖坟墓，破业失产，亲戚别离，人怀思慕之心，家有不安之意。是以东垂被虚耗之害，关中有无聊之民，非久长之策也。②

即使不考虑广大移民的感情，对西汉朝廷而言，陵县移民已完全失去了意义。经过长期徙民，关中地区早已成为当时人口最繁盛的地区，继续徙民，只能使关中地区不堪重负。因此，废除陵县就是顺应时势的明智举措了，故从元帝后，西汉帝王再没有成功设置过陵县，也就没有相应的移民行动了。

西汉末年的战乱使政治中心区——关中遭到极大的破坏，因此，东汉光武帝刘秀将首都定在洛阳，在这种状况下，也就不会有由朝廷组织向关中的移民活动了。然而到东汉末年，奸雄董卓为拥帝自重，

---

①《汉书》卷八《宣帝纪》，第253页。

②《汉书》卷九《元帝纪》，第292页。

强行迁都长安，上演了一幕惨烈的闹剧。汉献帝初平元年（190年），在董卓军队的逼迫下，“于是尽徙洛阳人数百万口于长安，步骑驱蹙，更相蹈籍，饥饿寇掠，积尸盈路……二百里内无复孑遗”①。残暴的驱赶造成的结果，是成千上万无辜平民百姓的惊人伤亡，这些军阀不过是将千万平民的生命，作为自己逐鹿争雄的砝码，草菅人命式的驱掠当然不可能有稳定的移民效果。同时，无情的战乱在继续蔓延，广大平民最终成为各种灾难的牺牲品。

我们也必须看到，秦汉时期“实关中”移民运动的发生，与关中的地理位置有着密切的关系。关中建都有着诸多优势，历来受到人们的推崇，但不能否认，在大一统王朝的版图上，关中的区位偏西，而关东（即崤关或函谷关以东地区）面积过于辽阔，这为政治稳定带来了隐患，因此，为了维持对关东地区的威慑，保持关中地区人口的相对密集，是必要的，秦汉时期之所以频繁向关中地区移民，其根本症结也在于此。

二、移民代都

——北魏时期向平城地区的移民

悲平城，驱马入云中。
阴山常晦雪，荒松无罢风。
——〔北魏〕王肃《悲平城诗》

与秦汉时期“实关中”相比较，北魏时期向代都（今山西大同）的移民运动更具有典型意义。如秦朝关中在移民运动发生之前，已经

---

①《后汉书》卷七二《董卓传》，中华书局校勘本，第2327页。

是经济发达，人口较为密集的都会了，移民关中的政治倾向非常明显。然而，以平城为核心的北魏代都地区则一直是非常荒僻的塞上古城，土地贫瘠，人口稀少，远在“九州”之外。因此，代都平城是一个十分典型的移民都市，没有大批移民的迁入，代都平城的兴盛只能是空中楼阁。

北魏崛起于十六国时期，许多割据政权最终为拓跋鲜卑所消灭。为了防止割据势力死灰复燃，充实自己的政治中心区，拓跋鲜卑统治者在军事进攻的同时，都无一例外地采取徙民措施。最早向代都的大规模移民是在天兴元年（398年）攻灭后燕之后。“徙山东六州民吏及徒何、高丽杂夷三十六万（应为署），百工伎巧十万余口，以充京师。”[①]这10余万口的移民包括大批后燕政权的官僚、文士。太武帝拓跋焘在位时期，北魏王朝的军事力量趋于鼎盛，大力开疆拓土，接连消灭了几个重要的割据政权，同时也掀起了向代都移民的高潮。如始光三年（426年），北魏军队进逼夏国境内，“分军四出，略居民，杀获数万，生口牛马十数万，徙万余家而还”。这种攻掠简直是一场对当地居民生命财产的野蛮剥夺，死于铁蹄刀剑之下的平民甚至多于徙走的居民。而这仅仅是灾难的开始。夏国与代都之间路途遥远，在北魏军队无情的驱迫下，不少移民在路途中被夺走了生命，“从人在道多死，其能到都者才十六七”。始光四年（427年），魏军再次大举西讨，攻入统万城，俘获大批夏国人士，如“虏（赫连）昌群弟及其诸母、姊妹、妻妾、宫人万数”以及“秦雍人士数千人”。这些人也大都被迁往代都。

北魏军队于太延五年（439年），西伐北凉，取得决定性的胜利，同时一场大规模移民行动也宣告开始。“徙凉州民三万余家于京

① 《魏书》卷二《太祖纪》，中华书局校勘本，第32页。

师”[①]。以每家五口计，这批移民就大约有15万人。拓跋焘在位期间最残暴的一次杀掠行动发生在太平真君十一年（450年）。北魏大军长驱直入，进逼长江边，回师之际疯狂杀掠沿途无辜百姓。江淮大地由此经历了一场血与火的劫难。南朝学者沈约在《宋书·索虏传》后回忆当时惨况道：“……强者为转尸，弱者为系虏。自江、淮至于清、济，户口数十万，自免湖泽者，百不一焉。村井空荒，无复鸣鸡吠犬。”北魏军队最后将“降民五万余家分置近畿”，也就是环绕平城近千里的范围里。此外，代都重要的移民群体还有平齐民，是皇兴初年攻取南朝青、齐二州后所徙士民。为安置这批特殊移民，北魏还特别在京畿内设置平齐郡（治今朔州市东南）及怀宁、归安二县。北魏向代都的强制性徙民一直持续到太和年间，如太和五年（481年）魏军南伐，“大破（萧）道成将，俘获三万余口送京师。”执政的冯太后“以南俘万余口班赐群臣”。[②]

大批移民为北魏的政治、经济、文化建设发挥了极其重要的作用，在某种程度上可以说，是这些移民塑造了北魏政权。如在北魏政坛上，移民及移民后裔的比例相当可观，如北魏政权的开创首先得益于来自后燕政权的大臣，著名大臣崔宏（名臣崔浩之父）是其中佼佼者，深得道武帝拓跋珪的倚重。又如在孝文帝迁都改制时，出身于平齐民的大臣功不可没。另外，学者们都注意到大批移民对平城地区农业发展的重要意义，雁北地区地广人稀，均田制正是在大批移民到来后，才得以实施的。

像北魏政权这样如此频繁地向京师地区大规模移民，在中国历史上也是少见的，如此移民的结果，是导致代都人口在短时间的膨胀。

①上述移民记载均见《魏书》卷四《世祖纪》。

②《魏书》卷七《高祖纪》，第150页。

据粗略估计，到孝文帝迁都洛阳之前，代都平城总人口已超过150万人，这也是历史时期这一地区人口数量的最高纪录。平城也就成为典型的移民都市。不过，就建都而言，无论是地理位置，还是经济条件，平城的劣势实在太多，如位置过于偏北，交通不便，当地经济落后等。大量强制移民可以使这一塞上名城繁盛一时，然而，要维持这一繁盛，会付出巨大的代价，后来孝文帝迁都洛阳，在很大程度上与平城本身无法扭转的区位劣势有关①。

三、云集中州

——五代、北宋向开封地区的移民

八荒争辏，万国咸通。集四海之珍奇，皆归市易；会寰区之异味，悉在庖厨……

——〔宋〕孟元老《东京梦华录序》

河南开封建都的历史，始于五代时的后梁。汴州（治今开封市）是朱温的发迹地（他长期担任汴州刺史）。为了挟持唐昭宗，朱温等人策划迁都洛阳。天祐元年（904年）正月，朱温等人借口关中有灾，拆毁屋舍，强迫长安所有居民自渭水浮河而下，迁往洛阳。这是一场相当残酷的强迫性徙民。据《资治通鉴》记载：

戊午，驱徙士民，号哭满路，骂曰："贼臣崔胤召朱温来倾覆社稷，使我曹流离至此！"老幼缰属，月余不绝。壬戌，（唐昭宗）车驾发长安，全忠（即朱温）以其将张廷范为御营使，毁长安宫

①安介生：《北魏代都人口迁出考》，《史念海先生八十寿辰学术文集》，陕西师范大学出版社，1996年，第372—383页。

> 室百司及民间庐舍，取其材，浮渭沿河而下，长安自此遂丘墟矣。①

寇彦卿也是策划与实施这场大迁徙的主谋之一，《新五代史·寇彦卿传》描述出当时君民悲苦之情状：

> 彦卿因悉驱徙长安居人以东，皆拆屋为筏，浮渭而下，道路号哭，仰天大骂曰："国贼崔胤、朱温使我至此！"昭宗亦顾瞻陵庙，彷徨不忍去，谓其左右为俚语云："纥干山头冻死雀，何不飞去生处乐。"相与泣下沾襟。

移民洛阳不过是朱温篡取帝王之位的一大步骤，并非有心重建洛阳古都。汴州是朱温多年经营的老巢，与洛阳距离又较近，故而无法排除其手下军士迫使移民进入汴州的可能性。朱温取代唐帝，建立后梁政权后，随即废去西京长安，将洛阳定为西都，将汴州升为开封府，定为东都。这种两都制为后晋、后汉、后周所继承，并一直持续到北宋末年。而开封已逐步成为当时政治与文化中心。如后梁末年，朱温之子朱友贞坚持要在开封即皇帝位，他陈述的理由也就是开封建都的根本原因：

> 夷门（开封别称），太祖（即朱温）创业之地，居天下之冲，北拒并、汾，东至淮海，国家藩镇，多在厥东，命将出师，利于

① 《资治通鉴》卷二六四《唐纪八十》，昭宗天祐元年，中华书局校勘本，第8626页。

便近，若都洛下（即洛阳），非良图也。[①]

自唐朝末年开始，藩镇割据，天下分崩离析。五代十国，南北方政权更迭，如走马灯一般。"陈桥兵变"后，后周大将赵匡胤"黄袍加身"，开创北宋，同时也着手于扫灭天下群雄的工作。"卧榻之侧，岂容他人鼾睡?"与平定群雄的使命相联系，北宋前期向开封及附近地区的移民运动也带有十分鲜明的特点，即移民主体以被征服政权的王侯大臣及其眷属为核心。对此，宋人张方平评云：

> 我太祖武皇帝既擒诸僭王，刬芟末大之弊，思拯涂炭，讲建长策，因四方渐定，诸帅王觐者则留宿卫，畜其族京师。[②]

十国之中被北宋消灭的王国有荆南（又称南平）、南汉、南唐、后蜀、吴越、北汉等国。平定之后，亡国君臣无一例外地被解往首都开封，其中后蜀、南唐、吴越等国迁往东京开封的移民数量较多。后蜀由孟知祥所开创，疆域包括今天成都及汉中平原，定都成都（今四川成都市）。然而，险绝的"蜀道"丝毫没有阻挡宋朝大军西向的步伐，后蜀军队不堪一击，在建国三十余年后，蜀主孟昶被迫奉表投降。其妃花蕊夫人曾有诗讥之道："十四万人齐解甲，可无一个是男儿?"然而，即使苟且偷生，孟昶再也不能留居于天府之国。965年，孟昶与太后、妃嫔及百官眷属在宋军的押解下，沿江而下，前往汴梁。据说，孟昶在位时并无多少劣迹，蜀国百姓对他颇有怀恋之情。"史言后主朝

---

① 《旧五代史》卷八《梁末帝纪》，中华书局校勘本，第115页。

② 〔宋〕张方平撰：《乐全集》卷三三《吴兴郡守题名记》，《景印文渊阁四库全书》，第1104册。

宋时，自二江至眉州，万民拥道，痛哭恸绝者凡数百人，后主亦掩面而泣。藉非慈惠素著，亦何以深入人心如此哉?”[①]由于迁移及押解的人员较多，再加上宋军掳掠蜀国的大量财物，一时竟形成了声势浩大的移民队伍，绵延百里不绝，有诗证云：

全家离锦水，五月下瞿塘。
绣服青蛾女，雕鞍白面郎。
累累辎重远，杳杳路岐长。[②]

与后蜀相比，南唐移民的惨况更胜一筹。南唐由李昪（原名徐知诰）开创，在当时南方诸国中尚属富强之列，曾先后消灭吴、楚、闽等割据政权，然难以与北宋相颉颃，虽奉表称臣，仍无法消除赵匡胤等人吞并的野心。当宋军兵临金陵（今江苏南京市）城下之时，后主李煜才不得不接受亡国的事实。在宋朝军队的押送下，李煜率宗族及文武百官冒雨登舟北上。望着渐渐远去的石头城，李煜潸然泪下，悲痛万分，赋诗云：

江南江北旧家乡，三十年来梦一场。
吴苑宫闱今冷落，广陵台殿已荒凉。
云笼远岫愁千片，雨扫归舟泪万行。
兄弟四人三百口，不堪闲坐细思量。[③]

---

①〔清〕吴任臣撰：《十国春秋》卷四九末《史臣论》，中华书局校勘本，1983年，第743页。

②〔宋〕吴曾撰：《能改斋漫录》卷一三《记事·下蜀辎重百里不绝》，上海古籍出版社，1979年，第394—395页。

③《十国春秋》卷一七引马令《南唐书》，第252—253页。

尽管带有显著的强迫性质，不过宋朝官府对这些特殊移民的待遇还是较为优厚的。每一位重要的国君抵汴后，除封官封爵外，均受到相当丰厚的赏赐。如后蜀主孟昶到来后，官府特意“以新筑临汴大第赐后主居之，复为官属各营居第。”[①]吴越王钱俶因对宋朝极为恭顺，更受到特别礼遇。早在建隆年间，就为其造豪宅于太学之东，“连亘数坊，名礼贤宅。”开宝八年（975年），当钱俶北上抵达开封郊外时，赵匡胤特地遣皇子迎接，“对见礼皆从异等，赐礼贤宅以馆之。而宅之缔构宏壮，供帐什物，种种皆具，俶至如归焉。”[②]又如荆南高保绅等人入朝时，“各赐京城第一区”。[③]如此厚待亡国移民，在中国移民史上也是较为少见的。

由于移民自身的特殊性，造成了一时名人巨族云集汴梁的繁盛景象，这批高素质的移民对开封地区的文化建设有着重要的意义。亡国之著名文士同样受到北宋朝野的尊崇。如南唐文化鼎盛，在南方诸国中首屈一指，后主李煜本人就是才华横溢的文学家，手下英才如林。当南唐文士徐铉、张悦等人来到开封后，宋太祖龙颜大悦，高兴地说：“朕平定金陵，最大收获便是得到诸位贤士啊！”

① 《十国春秋》卷四九《后蜀本纪》，第379页。

② 〔清〕周城撰：《宋东京考》卷一一引《宣和书谱》，中华书局，1988年，第207页。

③ 《宋史》卷四八三《荆南世家》，中华书局校勘本，第13954页。

第三节　逃避灾难

——中国历史上三次南迁大潮

中国移民史上规模最大的移民运动，均肇始于三次自北而南的避难性流徙狂潮。第一次通称为“永嘉南渡”，导源于西晋末年“八王之乱”及各少数民族割据政权的崛起。第二次以唐中期“安史之乱”的爆发为标志，一直持续到五代时期。第三次又称为“靖康南渡”，以女真人攻灭北宋的“靖康之乱”为起点。这三次移民运动对中国历史的影响十分巨大，不仅是政治史演变中举足轻重的部分，而且可以说从某种程度上构成了中国移民史的主干。封建王朝之兴替与人口移徙之间的密切关系，可以从这三次移民运动得到充分反映。而对广大移民而言，无论是王公贵族还是黎民百姓，他们被迫离开家园的主要原因，都是为了躲避可怕的灾祸。

一、永嘉南渡

——与大动乱相伴相生的大移民

> 嗟乎！黔黎将湮于异类，桑梓其翦为龙荒乎！
>
> ——〔西晋〕郭璞占卜语

历史上的所谓“南渡”，均指以帝王为核心的封建政权整体性的南向迁徙，如“永嘉南渡”“靖康南渡”及“贞祐南渡”等莫不如此。西晋末年的“永嘉南渡”是封建王朝历史上最早的大规模南渡事件。与“靖康南渡”“贞祐南渡”相比，“永嘉南渡”爆发之时，并没有强大的外部政权的侵袭与威胁。这场南渡的发生，直接肇始于西晋政权的覆灭，而西晋政权的覆灭，是当时阶级矛盾、民族矛盾以及统治阶级内部矛盾总爆发的结果。伴随着“永嘉南渡”的社会大背景是天灾人祸交织在一起的晋末大动乱，成千上万的无辜平民跌入惨遭蹂躏的苦难深渊。史书的记载为我们展现了当时可怖的惨况：

> 及惠帝之后，政教陵夷，至于永嘉，丧乱弥甚。雍州以东，人多饥乏，更相鬻卖，奔迸流移，不可胜数。幽、并、司、冀、秦、雍六州大蝗，草木及牛马毛皆尽。又大疾疫，兼以饥馑，百姓又为寇贼所杀，流尸满河，白骨蔽野。刘曜之逼（首都洛阳），朝廷议欲迁都仓垣（今河南开封市东北），人多相食，饥疫总至，百官流亡者十八九。①

“永嘉丧乱”的发生，必须从晋末“八王之乱”说起。晋武帝司马炎在位期间，犯下一个极为愚蠢的错误，即分封诸王。不少司马氏亲王拥兵自重，雄镇一方。永熙元年（290年），司马炎去世后，继位的惠帝司马衷年纪幼小，智力平庸，形同傀儡。野心勃勃的贾皇后、太后之父杨峻及握有实权的司马氏亲王们为争夺朝政大权展开了殊死的斗争，并演变为旷日持久的血腥厮杀，时间长达十余年，完全摧毁了西晋王朝的统治秩序。直到光熙元年（306年），“八王之乱”才接近尾声，而此时正是“永嘉丧乱”全面爆发的前夜。

①《晋书》卷二六《食货志》，中华书局校勘本，第791页。

东汉以后，大量周边民族向中原地区内迁，民族矛盾成为社会矛盾较为核心的部分。在天下惶惶、四海混乱的情况下，拥有实力的各族首领找到了大显身手的舞台，迫不及待地加入了逐鹿中原的斗争，纷纷起兵反晋，建立起自己的政权，苟延残喘的西晋王朝由此土崩瓦解。带有民族偏见的封建士大夫由此将“永嘉大乱”的原因归结为“夷狄乱华”。

最早的少数民族政权——刘渊的汉国于西晋永安元年（304年）在山西境内建立，“惠（帝）、怀（帝）之际，河东先扰”[①]。河东地区成为“永嘉丧乱”的策源地。这一点也不奇怪。山西（时称“并州”）是内迁少数民族的主要聚集区之一，民族矛盾、阶级矛盾相当突出。刘渊为首的南匈奴部众长期生活在山西境内，势力最为强盛。在西晋王朝骨肉相残，纲纪紊乱之际，刘渊等匈奴贵族自感羽翼丰满，有能力问鼎中原，于是率先向中原政权发难。在其强大攻势下，西晋各级官员无心恋战，四散奔逃。

永嘉五年（311年），刘聪军队攻陷洛阳，晋帝被俘，名存实亡的西晋王朝呈现崩溃之势，这引发了永嘉丧乱的总爆发。洛阳一带历来是达官士绅的渊薮，兵锋所及，玉石俱焚，骇人听闻的屠戮事件相继发生，从而引发了更大规模的逃徙浪潮。《晋书·王导传》载：“洛京倾覆，中州士女避乱江左者十六七。”又如《宋书·州郡志》云：“自夷狄乱华，司、冀、雍、凉、青、并、兖、豫、幽、平诸州一时沦没，遗民南渡，并侨置牧司。”显然，西晋各级政权的彻底垮台，与北方少数民族割据政权的迅速崛起，断绝了北部中国汉族人士对故土的留恋与希望，为避免无谓地死于屠掠之下，人们只有匆匆地向相对安静的

①《晋书》卷七二《郭璞传》，第1899页。

南方地区奔逃。

在南迁的洪流中，北方世家大族的行动最为引人注目。也许出于敏锐的政治嗅觉及对社会矛盾的忧虑，不少世家大族的南迁行动早在"永嘉丧乱"爆发前就开始了。如河东闻喜（今山西闻喜县）人郭璞精于卜筮，在反复占验家乡命运之后，他得出了令人万分沮丧的结论："嗟乎！黔黎将湮于异类，桑梓其翦为龙荒乎！"[①]因此，他毫不犹豫地与亲朋好友数十家，结伴南迁。而琅琊临沂人王导等更是早早将目光投向南方，竭力扶持司马睿重建新政权，招徕南下的北方士人。东晋首都建康（今江苏南京市）及附近地区很快成为当时最重要的迁入区之一。这些南下世族也就成为东晋政权赖以维系的基础力量。

当我们考察这场规模空前的大移民时，不难发现，在那样动荡的年代，迁移的最终完成，是相当困难的。对绝大部分中下层平民而言，他们逃离家园的目的就在于避难，在相当长的时间里，并没有十分明确的迁移目标。或者可以说，他们往往是在四处迁移途中寻找最终的目的地。大部分移民是从所谓"流人"转化而来。为了抵御外来侵害，这些流人往往组织起来，形成了声势可观的流民集团。在流人集团中，最著名的就数"乞活"了。"乞活"的出现与晋末并州地区大灾荒有着直接的关系。"乞活"集团的主体是随并州刺史司马腾迁往河北地区的山西部众，数量达2万户，被学者称为"流民之中团结最坚、活动地域最广、历时最久者"[②]。

据谭其骧先生的考证，"永嘉南渡"中，有三条最为重要的迁移路线。一是沿汉水一线，今陕西、甘肃等西北地区的移民由此南下。二

---

①《晋书》卷七二《郭璞传》，第1899页。

②周一良：《乞活考——两晋间流民史之一页》，《魏晋南北朝史论集》，中华书局，1963年，第12—29页。

是沿邗沟一线，山东及江北北部移民由此南迁镇江、武进等地。三是淮河一线，河南等地移民由此南迁安徽等地。截至刘宋时期，南渡人口大约有90万，占当时全国人口的1/6。①

大批北方移民的到来，南朝官府不能置之不理。而如何将他们重新纳入官府管辖的范畴之中，便是南朝政权所面临的棘手的难题。“侨置郡县”由此应运而生。所谓“侨置郡县”，就是在南朝旧有郡县之内，将共同拥有某种原有籍贯的移民组织起来，依然冠以原籍贯的郡县名称。据《宋书》记载：

> 自戎狄内侮，有晋东迁，中土遗氓，播徙江外，幽、并、冀、雍、兖、豫、青、徐之境，幽沦寇逆。自扶莫而裹足奉首，免身于荆、越者，百郡千城，流寓比室。人伫鸿雁之歌，士蓄怀本之念，莫不各树邦邑，思复旧井。既而民单户约，不可独建，故魏邦而有韩邑，齐县而有赵民。且省置交加，日回月徙，寄寓迁流，迄无定托，邦名邑号，难或详书。②

前面已提到，北方世家大族在移民中占有可观的比重。魏晋南北朝是世家大族势力发展的鼎盛时期，世家大族大都拥有特殊的政治地位和雄厚的经济实力。而这些世家大族盘根错节，聚族而居，往往与一定的地域单位相连接，如琅琊临沂王氏、太原晋阳王氏、高平金乡郗氏、河东安邑卫氏、琅琊阳都诸葛氏等。这种特定的地域单位都是其势力及优越地位的依托。在仓皇南奔之后，这些世族成员也不肯放

①谭其骧：《晋永嘉丧乱后之民族迁徙》，《长水集》（上），人民出版社，1987年，第199—223页。

②《宋书》卷一一《志序》，中华书局校勘本，第205页。

弃这种优越的标志，希望能够保持家族的实力与优势，侨置郡县应运而生。“侨”者，客也，寄也。可以说，这些南迁的世家大族也是侨置郡县产生与维系的根源。

也应该看到，一些被迫南徙的有志之士（如祖逖等）千方百计从事北征，力求恢复中原，但南渡的世家大族中有不少人很快适应了南方的生活，借口“五胡乱华”，中原残破，竟公开反对收复北方失地的行动。如太原晋阳孙统、孙绰兄弟在徙居江南后，“纵意游肆，名山胜川，靡不穷究”，依然保持名士风度。当东晋大司马桓温乘北方大乱，有意迁都洛阳时，孙绰上疏反对，道出了多数世族人士的心声，他说：

> 然（永嘉丧乱时）中夏荡荡，一时横流，百郡千城曾无完郛者，何哉？亦以地不可守，投奔有所故也。……自丧乱已来六十余年，苍生殄灭，百不遗一，河洛丘墟，函夏萧条，井堙木刊，阡陌夷灭，生理茫茫，永无依归。播流江表，已经数世，存者长子老孙，亡者丘陇成行。虽北风之思感其素心；目前之哀实为交切。①

可见，“时势比人强”，既然大部分南渡人士已无重返故园之心，桓温的北伐行动就是强人所难了，难有成功之望。随着后来“南北朝”局面的形成，这些遍布江南各地的“侨人”绝大多数终老在侨寓之地。同时，鉴于侨置郡县在各地所产生的种种问题，如“一郡分为四五，一县割成两三”，南朝政权逐步推行“土断”措施，改造侨置郡县，剥

①《晋书》卷五六《孙楚附孙绰传》，第1545页。

夺北方移民的特权，使他们与当地居民在法律上完全等同起来。[①]至此，“永嘉南渡”便成为流传于野老村夫口中的悠悠旧事了。

二、盛极而衰的悲歌

——“安史之乱”后的大迁徙

三川北虏乱如麻，四海南奔似永嘉。

——〔唐〕李白《永王东巡歌》之一

开元、天宝年间，唐王朝发展到了极盛，而深受唐玄宗宠爱的蕃（同“番”）将安禄山却于天宝十四载（755年）于范阳（今北京市）发动叛乱。生长于升平盛世，亿万百姓不识干戈，士卒不习战备。故而叛乱伊始，天下士民惊恐万分，不知所措。一时间，叛军势如破竹，长驱南下。攻取东都洛阳后，矛头直指唐王朝的心脏——西京长安。曾经英武睿智的唐玄宗匆匆奔往四川避难，叛军最终攻陷了长安。这场突如其来的动乱引起了中国北部的剧烈动荡，“安史之乱”是唐王朝由盛而衰的转折点，也是千千万万无辜平民的又一场大劫难。叛军所过之处，烧杀抢掠，无恶不作，种种暴行骇人听闻。刀矢相加，尸横遍野。唐朝军队屡遭败绩，助长了叛军的嚣张气焰，各地士民失魂落魄，仓皇外奔。

属逆胡（即安史叛军）搆乱，凶虐滔天……贼时窃据洛阳，

①参见胡阿祥：《东晋南朝侨州郡县的设置与地理分布》（上、下），分别载于《历史地理》第八辑、第九辑，上海人民出版社，1990年。

> 控引幽朔，驱其猛锐，吞噬河南……两宫出居，万国波荡，贼遂僭盗神器，鸱峙两京，南临汉、江，西逼岐、雍。群师迁延而不进，列郡望风而出奔。①

在这场灾难中，受创最深的地区首推河北、河南及关中。如洛阳一带为唐军与叛军争夺最剧烈的区域之一，百姓生命财产的损失也最为惨重。当唐代宗在群臣的怂恿下，有意迁都洛阳以避吐蕃侵扰时，名将郭子仪当即表示反对，他一针见血地道出了洛阳的惨况：

> 夫以东周（即洛阳）之地，久陷贼中，宫室焚烧，十不存一。百曹荒废，曾无尺椽，中间畿内，不满千户。井邑榛棘，豺狼所嗥，既乏军储，又鲜人力。东至郑、汴，达于徐方，北自覃怀，径于相土，人烟断绝，千里萧条。②

唐朝是诗歌极盛的时代，一些身历丧乱的诗人用泣血的诗句描绘了目睹的惨况，如"诗圣"杜甫厕身于逃难的人流之中，用诗行为我们展示了当时逃徙士民的辛酸处境：

> 明眸皓齿今何在？血污游魂归不得。
> 清渭东流剑阁深，去住彼此无消息。
> 人生有情泪沾臆，江水江花岂有极？
> 黄昏胡骑尘满城，欲往城南望城北。（《哀江头》）

---

①〔唐〕李翰：《进张巡中丞传表》，《全唐文》卷四三〇，中华书局影印本，第4376—4377页。

②《旧唐书》卷一二〇《郭子仪传》，中华书局校勘本，第3457页。

寂寞天宝后，园庐但蒿藜。

我里百余家，世乱各东西。

存者无消息，死者委尘泥……（《无家别》）

又如“诗仙”李白《扶风豪士歌》记云：

洛阳三月飞胡沙，洛阳城中人怨嗟。

天津流水波赤水，白骨相撑如乱麻。

我亦东奔向吴国，浮云四塞道路赊（遥远之意）。

……

面对屠掠的威胁，大多数士民慌不择路，逃难的方向并不一致。如于邵《河南于氏家谱后序》云：“洎天宝末，幽寇叛乱，今三十七年。顷属中原失守，族类逃难，不南驰吴越，则北走沙朔，或转死沟壑，其谁与知；或因兵祸纵横，吊魂无所；或道路阻塞，不由我归；或田园淹没，无可回顾。”[①]有幸逃生的人们大多向淮河以南地区涌去。如两湖地区，《旧唐书·地理志》载：“自至德后，中原多故，襄、邓百姓，两京衣冠，尽投江、湘，故荆南井邑，十倍其初。”相比之下，江浙一带接收北方移民最多。时人顾况指出：“天宝末，安禄山反，天子去蜀，多士奔吴为人海。”[②]《旧唐书·权德舆传》也称：“两京蹂于胡骑，士君子多以家渡江东。”在这种情况下，大诗人李白甚至提出效法东晋，迁都金陵（今南京）的建议，原因就是：“天下衣冠士庶，

---

①《全唐文》卷四二八，中华书局影印本，第4366页。

②《全唐文》卷五二九《送宣歙李衙推八郎使东都序》，第5370页。

避地东吴，永嘉南迁，未盛于此。”①

然而，“安史之乱”并没有彻底摧毁唐王朝，在回纥等族将士的帮助下，唐朝军队最终收复了首都长安，平定了叛乱。但这种光复的成功不可能让远徙的人们全部返回残破的故里。正所谓“乱定几人归本土”？连肃宗都承认：“缘顷经逆乱，中夏不宁，士子之流，多投江外，或扶老携幼，久寓他乡，失职无储，难归京邑。”荣利所系之京师尚且难归，其他地方更可想而知了。再加之“安史之乱”后，河北藩镇飞扬跋扈，与中央政权分庭抗礼，双方之间战事不绝，广大移民自然不愿涉足于是非之地，而甘心定居在流寓之地了。②

三、靖康南渡

——兵临城下的逃亡

七将渡河，溃百万之禁旅；
八人登垒，摧千仞之坚城。
——《靖康遗史》录优人语

“永嘉南渡”与“靖康南渡”有着十分明显的相似之处，两次大移民都分别将一个汉族王朝腰斩为两段，前者宣告了东晋王朝的开始，后者则掀开了南宋王朝的纪元。不过，“靖康南渡”前，北宋王朝没有陷入无法收拾的混乱局面，而是处于相当平静的升平时期，“靖康之乱”的直接原因是女真人的武装入侵。因此，“靖康之乱”犹如平地卷起的狂飙，无情地将中国北部毫无准备的汉族士民卷入南逃的大潮。

①《全唐文》卷三四八《为宋中丞请都金陵表》，3529页。
②周振鹤：《唐代安史之乱和北方人民的南迁》，《中华文史论丛》1987年第2、3期合刊。

对女真人的迅速崛起，汉族士人表现出极大的惊恐：

> 自古戎狄之兴，未有若女真之速，辽东、辽西已为奄有，前年（1120年）取上京，今年（1122年）取中京，遂破云中，如摧枯拉朽。所在肝脑涂地，腥闻于天！①

北宋徽宗宣和七年（1125年），女真大军在攻灭辽国后，很快向北宋重镇太原、燕山等地发起进攻。宋朝君臣长期沉湎于歌舞升平之中，军队毫无斗志，临阵辄溃不成军，众多城池接连失陷，北方百姓惨遭屠戮，人心惊骇。

> 贼（指女真军队）之来，虽少有钞掠，而不杀害人民。比去，所过皆残破。其所得汉人并削发，使控马荷担；得妇人好者掠去，老丑者杀之。自京师至黄河数百里间，井里萧然，无复烟爨，尸骸之属，不可胜数。②

靖康元年（1126年）八月，金朝军队再次兵分东、西两路大举南侵。宋朝各地守军闻风丧胆，纷纷弃城南逃，各地官绅士民更是卷入了匆匆外跑的行列。南奔的浪潮首先从河北、山西等地掀起。以山西为例，宋朝军队在晋中一带惨败后，当地士民大为恐慌。“于是汾州、威胜、隆德、晋、绛、泽州民扶携老幼，渡河南奔者巨万计，诸州井

①见赵良嗣《与李处温书》，《三朝北盟会编》卷八《政宣上帙八》，上海古籍出版社影印本。

②《三朝北盟会编》卷三六《靖康中帙十一》所引《靖康遗录》。

邑皆空。”[①]当年十一月，当金朝进攻泽、潞地区（今晋东南）时，官吏首先弃城逃窜，“于是士庶携老提幼，适汝、颍、襄、邓者逃避者莫知其数”[②]。山西籍僧人宗印曾撰诗描述当时大逃难的情形，其中有句云：

> 七十老僧西复东，乡关在望念飘篷。
> 大辽半岁九分尽，全晋一年千里空。[③]

靖康元年闰十一月二十六日，宋朝历史上最耻辱的一幕发生了，金军攻陷宋都开封（今河南开封市），徽、钦二帝被俘。靖康二年五月，宋高宗赵构在南京（今河南商丘南）即位，并有意重整旗鼓，但大多数宋朝官员已被女真人凶狠的屠戮吓破了胆，人心涣散，不顾朝廷大计与百姓安危，争先恐后地举家南迁，显示出可鄙又可怜的嘴脸，对此，高宗赵构无可奈何地感叹：

> （值此危难之秋）士大夫奉公者少，营私者多；殉国者希，谋身者众。乞去，则必以东南为请；召用，则必以疾病为辞；沿流以自便者，相望于道途；避寇而去官者，日形于奏牍；甚者至假托亲疾，不候告下，挈家而远遁。[④]

在这种情况下，高宗也丧失了固守中州的信心，先迁住扬州，在

① 《三朝北盟会编》卷五一《靖康中帙三十六》，八月十六日。
② 《三朝北盟会编》卷六四《靖康中帙三十九》。
③ 《三朝北盟会编》卷七七《靖康中帙五十二》引《封氏编年》。
④ 《三朝北盟会编》卷一一二《炎兴下帙十二》。

金朝军队南下的威胁下，也一路奔逃，先渡过长江，又渡过钱塘江，直到遁至海上。金朝军队乘胜追击，战火燃遍大江两岸，在建康（今江苏南京市）、平江（今江苏苏州市）等地上演屠城惨剧，最后甚至烧毁杭州城。由此，宋朝的大半壁江山惨遭涂炭，民众南迁浪潮也随之一浪高过一浪。《宋史·食货志》载："高宗南渡，民之从者如归市。"又南宋人庄绰所著《鸡肋编》也记云："建炎之后，江、浙、湖、湘、闽、广（等地），西北流寓之人遍满。"

以江浙为中心的东南地区是南宋初年接纳北方移民最多的迁入地。"是时，西北衣冠与百姓奔赴东南者，络绎于道路。"[①]经过反复斟酌，赵构等人最终将行在所（即临时首都）定于临安（今浙江杭州市），很快这一地区成为移民辐辏之地。经过唐、五代吴越的建设，风景秀丽的杭州已成为江南地区的首屈一指的著名都会，高宗赵构目睹杭州一带秀美的景色，喟然有终老之意。杭州都城地位的确立，立即吸引了大批移民蜂拥而来。南宋大诗人陆游指出："大驾初驻跸临安，故都及四方士民、商贾辐辏。"[②]可见，进入杭州城最多的移民来自故都汴梁（即开封）。作为明证，宋人所著《都城纪胜》指出："都城食店，多是旧京师人开张。"以高宗及大批官员为核心的汴梁人的大量进入，甚至让杭州城的风貌发生了根本性的变化。

与以往大迁徙相比，靖康南渡时期移民的迁入地有了较大幅度的扩展，素以瘴湿著称的岭南地区竟也成为士大夫趋之若鹜的重要避难地。岭南长期以来为"百越"民族所据，以盛行瘴疠及遍布毒草，而被中原人视为畏途。两宋之交，由于女真骑兵及其驱使的"签军"横行于江淮一带，只有与中原相距遥远的岭南地区没有战火的破坏，因

---

①《三朝北盟会编》卷一三四《炎兴下帙三四》。

②〔宋〕陆游撰：《老学庵笔记》卷八，中华书局校勘本，第104页。

此，魂飞魄散的中原士大夫不假思索地闯入了南方的瘴疠之地，故《建炎以来系年要录》载云："时中原士大夫避难者，多在岭南。"时至明代，广东人发现当地遗存不少宋朝人的坟墓，而找不到唐朝人的坟墓，这正是南宋大量北方移民入居岭南地区而产生的结果。①

①参见张家驹著：《两宋经济重心的南移》，湖北人民出版社，1957年。关于"靖康南渡"后移民的分布及社会影响，参见吴松弟著：《北方移民与南宋社会》，台湾文津出版社，1993年。

第四节　附丽都城

——由迁都引发的移民运动

由国都迁移引发的移民运动在先秦时期已表现得十分典型，成为政治发展史的重要组成部分。著名的迁都移民有“盘庚迁殷”“周室东迁”等，至于一般诸侯国都的迁移就更多了。秦汉以后，这类迁移没有绝迹。首都作为大一统封建王朝的政治中心，通常都是其疆域内人口最为密集的地区之一，拥有数量可观的王公贵族、文武百官及其眷属，都城的迁移必然伴随着人口迁徙。与先秦时期相比，秦汉以后的迁都性移民，就迁徙规模而言，大有后来居上之势。

一、汉化之路

——北魏迁都洛阳

今代在恒山之北，为九州之外，
以是之故，迁于中原。
——〔北魏〕拓跋宏

迁都洛阳，是北魏历史上一件重大事件，关于这一事件与北魏国运之关系，可谓千秋功罪，众说纷纭。北魏孝文帝倾心于汉化，有意一统天下，对代都平城（今山西大同市）的地理位置深感不满。他曾对任城王拓跋澄剖露心机说：“……国家（即北魏）兴自北土，徙居平城，虽富有四海，文轨未一，此间用武之地，非可文治，移风易俗，信为甚难。”[①]此外，他还着重强调平城偏僻的地理位置对拓跋鲜卑文化发展的负面影响：

> 北人每言北人何用知书，朕闻此，深用怃然。今知书者甚众，岂皆圣人？……朕为天子，何假中原，欲令卿等子孙，博见多知。若永居恒北，值不好文主，卿等子孙，不免面墙也。[②]

平心而论，如果说南迁洛阳的起因完全出于孝文帝本人倾心于汉化的主观愿望，当然是片面的。尽管从道武帝拓跋珪开始，北魏政权就仿照邺城、洛阳等名城建设平城，然而就确立都城的各项条件而言，平城自然难以与洛阳等著名都市相比。首先，平城远在雁门关外，群山环绕，关隘纵横，与河北平原及中原地区缺乏畅通的交通路线，路途遥远，往来十分不便。如孝文帝明确指出：“今代在恒山之北，为九州之外，以是之故，迁于中原。”[③]他还语重心长地向大臣许诺：“朕以恒代无漕运之路，故京邑民贫。今移都伊洛（即洛阳），欲通运四方……”[④]其次，平城地处漠南沙漠与山西高原的交界地带，气候与土壤条件不佳，农业生产落后，再加上灾害频繁，粮食供给问题长期困扰着北魏朝野。如孝文帝即位后，代都及附近地区接连发生严重的饥荒，迫使北魏官府不得不开关放行，让大批京师百姓出外就食。最为严重的饥荒发生于太和十一年（487年），据《魏书·食货志》记载，代

① 《魏书》卷一九中《任城王澄传》，中华书局校勘本，第464页。

② 《魏书》卷二一《广陵王羽传》，第550页。

③ 《魏书》卷一四《东阳王丕传》，第359页。

④ 《魏书》卷七九《成淹传》，第1754页。

都出外就食的人口达到总人口的“十之五六”。雄心勃勃的孝文帝当然不会让这种尴尬的状况永久持续下去。

孝文帝决心南迁，但他也预料到可能遇到的阻力。大批生活在平城的拓跋鲜卑王公大臣家业庞大，子孙蕃息，早已适应了塞北的生活环境，而南迁就意味着放弃这一切，到新都城重新开始。这谈何容易！安土重迁的乡土心态以及倾家荡产的现实困难，都会促使他们起来反对迁都。为此，孝文帝必须采取非常策略，来完成迁都大业。

太和十七年（493年）六月，在“经营宇宙，一同区域”的旗号下，孝文帝决心大举南伐。八月，从代都起程，御驾亲征。阵容十分庞大，“步骑百余万”。九月，北魏大军抵达名都洛阳。这次南征事出突然，无故兴师动众，当朝文武大臣都深感不解，而孝文帝却没有丝毫犹豫。当孝文帝从洛阳扬鞭策马，准备继续南下时，群臣再也忍耐不住了，一齐围在孝文帝马前，稽颡哀求，请停南伐。名臣李冲甚至当面指出：“今日之举，天下所不愿，唯陛下欲之！”孝文帝勃然大怒，斥责儒生误事，执意南征。其他王公大臣纷纷进谏，涕泪交横。这时，孝文帝才和盘托出妥协方案：“今者兴动不小，动而无成，何以示后？”“若不南銮，即当移都于此，光宅中土，机亦时矣，王公等以为何如？”众大臣万万没有想到孝文帝提出如此苛刻的折中方案，不禁惊呆了，一时出现了十分尴尬的僵持局面。还是刚被削去爵位的前南安王拓跋桢灵机一动，感到这是一个讨好皇上的良机，当即倡言道：“行至德者不议于俗，成大功者不谋于众，非常之人乃能建非常之事。”“请上安圣躬，下慰民望，光宅中原，辍彼南伐。”与一场血淋淋的征战与牺牲相比，迁都洛阳毕竟没有身家性命之忧。两害取其轻，再三权衡之余，群臣被迫同意迁都之计。①

眼见计划初步成功，孝文帝不免心中大喜，随即派任城王拓跋澄回到代都宣谕迁都之意，留守诸臣闻听之后，也是大为惊骇。经过耐心开导，许多大臣明白了迁都洛阳的意义，但不少鲜卑族大臣依然持有不同意见。孝文帝回到代都后，曾在朝殿之上与反对派大臣进行辩论。如时任燕州刺史的穆罴就坚决反对迁都，他指出：当时北魏国防形势相当严峻，“北有猃狁之寇，南有荆扬未宾，西有吐谷浑之险，东有高句丽之难。四方未平，九区未定”。在这种危险的形势下，贸然迁都，削弱国力，于北魏的稳定十分不利。另外，远古时黄帝居住于涿鹿，可见，古代帝王也不是全都居留于中原。尚书于果也引述北魏创业史附和道：“自建邑平城以来，与天地并固，日月齐明。臣虽管见肤浅，性不昭达，终不以恒代之地，而拟伊洛之美。但以安土重迁，物之常性，一旦南移，惧不乐也。”对此，孝文帝进行了耐心的解释，并对可能产生的问题提出了妥善的处理方案。表面上，这些反对派在孝文帝的反驳下理屈词穷，但内心里对迁都仍抱有强烈的抵触情绪。②

南迁洛阳对代都居民而言，确实是一次非常艰难的考验。也许孝文帝一统天下的愿望过于强烈了，太和十八年（494年），就在迁都洛阳后不久，南齐政权宗室内讧，边将投降北魏，孝文帝又想乘机率师南征。拓跋澄等人曾上言表示反对，其中就提到代迁之众的艰辛：

> 今代迁之众，人怀恋本，细累相携，始就洛邑，居无一椽之室，家阙儋石之粮，而使怨苦即戎，泣当白刃，恐非歌舞之师也

①《魏书》卷五三《李冲传》，第1183页。

②《魏书》卷一四《东阳王丕传》，第359—360页。

……①

无论如何，迁都洛阳之举还是较顺利地进行了。迁都前，洛阳屡经战乱，残毁不堪。从太和十七年十月开始，李冲、董爵等人奉命重新营建洛阳。到太和十九年（495年）九月，“六宫及文武尽迁洛阳”。迁都洛阳的工作基本完成。关于这次迁都洛阳的规模，史料中并没有明确的记载。我们只有根据相关数字进行大致估算。如天平元年（534年）迁都邺城时，洛阳号称有“四十万户”。而这一数字出现在尔朱氏家族制造的大动荡之后，总口数应在150万左右。除却按7‰计算的人口自然增长，那么在太和二十年前后，洛阳所有人口应超过100万。如果再除去迁都前洛阳的少数人口，南迁人口规模应有近百万之多。

应该看到，迁都洛阳只不过是孝文帝汉化改制的前奏，一系列汉化措施在南迁过程中已逐步推出。如太和十九年（495年）六月，孝文帝下诏称：王公大臣“不得以北俗之语言于朝廷，若有违者，免所居官”。不久又下诏：“迁洛之民，死葬河南，不得还北。于是代人之南迁者，悉为河南洛阳人。”②

最后，在迁都已成定局的情况下，以穆泰为首的反对派在平城密谋叛乱，众多鲜卑族勋贵参与或默许。所幸的是，这一密谋被及时发现，一批权贵及其子弟遭到严惩。另外据载，这次密谋与太子拓跋恂有一定的关系。拓跋恂虽为孝文帝的长子，但并不喜欢读书，再加上体貌肥大，非常讨厌洛阳夏天闷热的天气，对北方生活有特殊的怀恋之情，自然对迁都抱相当消极的态度。有一次，他竟与左右侍卫密谋，想逃回塞外，结果，孝文帝震怒，重杖之后，废为庶人，后被赐死。

①《魏书》卷一九中《任城王澄传》，第466页。

②《魏书》卷七下《高祖纪》，第178页。

从对亲生儿子的态度上，我们也可以看到孝文帝迁都汉化的决心。

当然，在不影响迁都改制大局的情况下，孝文帝也不能无视一些实际的困难。如抛开主观意愿，无论气候条件，还是生活方式，塞北与洛阳都存在着巨大的差异，南迁的代人生理上的水土不服与生产生活方式的不适应都是无法回避的客观问题。特别是那些游牧部落的酋长们，情况更为复杂，想要在较短时间里，让他们完全适应洛阳的生活，简直势比登天。另一方面，这些酋长的存在对北方边境的安全有着不同寻常的意义。因此，孝文帝也不得不做出一些妥协。于是，北魏朝中就出现了“冬则居南，夏则居北”的“雁臣”。如一代奸雄尔朱荣的先辈即为部落酋帅，居于北秀容（在今山西朔州市）。“家世豪擅，财货丰赢”。其父新兴继为酋长时，正值迁都洛阳，被特许“冬朝京师，夏归部落”。据说尔朱新兴每次回到洛阳之时，鲜卑族王公贵族对他这位故乡人热情有加，常有珍宝馈送。而尔朱新兴也以部落养育的骏马回赠。[①]无疑，鲜卑族王公大臣永无回归塞外故里的希望，这种对尔朱新兴的热情不过是对自己思乡之情的慰藉而已。

二、南渡遗恨

——金末“贞祐南渡”

白骨纵横似乱麻，几年桑梓变龙沙。
只知河朔生灵尽，破屋疏烟却数家。
——〔金〕元好问《北渡诗》之一

如果说迁都洛阳是孝文帝为推行汉化改制而实施的主动举措，那

① 《魏书》卷七四《尔朱荣传》，第1644页。

么，金末“贞祐南渡”则是金宣宗为躲避蒙古骑兵侵袭而进行的被迫逃移了。金朝末年北方蒙古部落的崛起，给金朝边防带来了巨大的压力。金卫绍王大安三年（1211年），蒙古军队向金朝境内发起大规模进攻。金朝守军力不能支，郡县纷纷陷落，北方众多城镇在双方交战过程中变得残毁不堪，面目全非。1213年，金宣宗即位，年号为贞祐，蒙古军队依然频频进攻，各地报急文书不断。以宣宗为首的金朝官僚集团已被蒙古人的凌厉攻势吓得魂飞魄散，毫无斗志，决定迁都汴梁（今河南开封）。至贞祐二年七月，宣宗与文武百官率先抵达开封。此后，北方各地平民纷纷南迁，史称“贞祐南渡”。

“贞祐南渡”与以往的“永嘉南渡”“靖康南渡”都有所不同，它不是原有政权遭到彻底摧毁后发生的迁移，而是封建政权有目的的战略性退却，因此，它引发的移民运动与以往相比，有一些新的特点。如最突出的便是朝廷对迁移活动的引导与干预。迁都汴梁之后，金朝君臣的总体防御战略是利用黄河天险来遏止蒙古骑兵的南下，为配合这一战略需要，金朝政权首先将黄河以北的猛安谋克军户尽数南迁。女真人在进据中原地区后，继续保持猛安谋克制度，大批军民合一的女真族军户遍布黄河以北地区。南迁军户也就是主要将绝大部分女真人南迁。在蒙古骑兵大军压境的情况下，优先迁走女真人的政策对其同样遭受杀掠的其他各族百姓是不公平的。当时，大臣高汝砺曾上书加以反对：

> 此事果行，但便于豪强家耳，贫户岂能徙？且安土重迁，人之情也，今使尽赴河南，彼一旦去其田园，扶携老幼，驱驰道路，流离失所，岂不可怜！且所过百姓见军户尽迁，必将惊疑。谓国家分别彼此，其心安得不摇，况军人已去其家，而令护卫他人，

> 以情度之，其不肯尽心必矣。民至愚而神者也，虽告以护卫之意，亦将不信，徒令交乱，俱不得安，此其利害所系至重。乞先令诸道元帅府、宣抚司、总管府熟论可否，如无可疑，然后施行。①

在蒙古军队频繁南侵的情况下，金廷尽迁女真军户的失策是多方面的。首先，对大批女真军户而言，弃家南迁、流离失所无疑是极其痛苦无奈的事情。就实际情形而言，只有家产富足的豪强之家才能顺利完成南迁河南之举，贫困军户的南迁过程也就是沦为流民的过程。其次，女真军户南迁的影响是极为严重的。一方面，各地汉族居民理所当然地得出这样的结论，即金朝统治者实行民族歧视，置汉族百姓的安危于不顾。另一方面，留守北方的女真军士见其家属已全部南迁，则无意肩负抗御之重任。这样一来，南迁军户如同自毁长城，制造内乱。金朝大臣许古也在上书强调："河北诸路以都城尽失，军户尽迁，谓国家将举而弃之，州县官往往逃奔河南。"②由此看来，南迁军户不仅摧毁了普通民众对金朝官府的信任，也击垮了各地行政官员坚守的信心。军户尽迁，官吏逃亡，金朝在北方的统治也就化为乌有了。从这种意义上看，南迁运动实质上导致了金朝官府对黄河以北地区统治权的放弃。

在金朝官府主动南迁军户的同时，大批北方平民为躲避北方游牧民族的杀掠而纷纷南奔。蒙古骑兵南侵时杀掠之酷，史料记载屡见不鲜。在血腥杀掠的威胁下，安土重迁的平民不得不弃家远逃。这在河北、山东、山西等地表现最为突出。如著名山西学者李俊民在《泽州图记》中称：

---

①《金史》卷一〇七《高汝砺传》，中华书局校勘本，第2354页。

②《金史》卷一〇九《许古传》，第2413页。

> 金国自大安之变，敌骑之入中原，北风所向，无不摧灭者。贞祐甲戌（二年）二月初一日丙申，（泽州）郡城失守，虐焰燎空，雉堞毁圮，室庐扫地，市井成墟。千里萧条，阒无其人。

关于“贞祐南渡”的实际规模，记载中的数字大多是官府所关注的所谓“军户”的数量，与我们所关注的移民数量有较大的差距。如陈规在贞祐四年（1216年）的上书中讲道：“比者徙河北军户百余万口于河南，虽革去冗滥而所存犹四十二万有奇。”①又据史载：“时山东、河朔军六十余万口，仰给县官，率不逞徒窜名其间，诏（冯）璧摄监察御史，汰逐之。”②从记载中的地点分析，贞祐南渡迁出地涉及今天黄河以北的山西、河北、山东3省，迁民身份不仅有百余万女真军户，更有数量可观的逃避战乱的士民之家。当然，军户是移民中最具特色、数量最庞大的组成部分。再加上在此以后，黄河以北南迁之民并没有绝迹，因此，估计在“贞祐南渡”引发的移民运动中，南迁人口至少有二三百万甚至更多。

在“贞祐南渡”中，移民的主要迁入区便是以汴梁为中心的河南地区。这些南下的迁民给迁入地带来诸如粮食供给不足等复杂问题。如大臣胥鼎在上书中指出：“自兵兴以来，河北溃散军兵、流亡人户，及山西、河东老幼，俱徙河南。在处侨居，各无本业，易至动摇。窃虑有司妄分彼此，或加迫遣，以致不安。”③为解决迁民失业及缺粮问题，田琢等人建议组织移民从事屯田。他在上书中说：“河北失业之民

①《金史》卷一〇九《陈规传》，第2406页。
②《金史》卷一一〇《冯璧传》，第2431页。
③《金史》卷一〇八《胥鼎传》，第2378页。

侨居河南、陕西，盖不可以数计。百司用度，三军调发，一人耕之，百人食之。其能赡乎？”[①]在这种情况下，只有富者备牛出种，贫者佣力服勤，大力耕垦，才能有效解决粮食问题。事实证明，鼓励耕垦政策取得了较好的效果。高汝砺曾在上书中讲道：“河南自车驾巡幸以来，百姓凑集，凡有闲田及逃户所弃，耕垦殆遍。”[②]

可惜的是，尽管放弃了对黄河以北地区的控制权，“贞祐南渡”也仅使金朝延续了20年的寿命。正大末年，蒙古军队穿过了黄河天险，攻取关中后，向河南地区发动猛攻。金朝君臣在南宋与蒙古的夹击下，终告灭亡。蒙古军队在攻取河南后，强迫大批南下移民北上，史称“壬辰北渡”，“壬辰北渡”在很大程度上抵消了“贞祐南渡”对黄河以南地区的影响。

---

①《金史》卷一〇二《田琢传》，第2250—2251页。

②《金史》卷一〇七《高汝砺传》，第2356页。

第五节　渴望土地

——历史上垦荒型移民潮

中国自古以农立国，而土地为耕作型农业的根本与基础。高天厚土，寸土寸金，世代耕耘的农民将土地视为衣食之源、立身之本。一旦丧失土地，农民就如无根之草，沦为无业的流浪者。古语云："安土重迁，物之常性"，反映的正是广大农民对土地的极度依恋，直接影响到他们对迁移的态度。然而，世上万事万物都处于矛盾的演化之中，既然对原有土地的依恋是阻止广大农民脱离故土最强劲的拉力，那么，对本来就没有土地的人们来说，这种强劲拉力也就子虚乌有了。相反，如果异地他乡有广袤的处女地与荒原在等待开垦，这些渴望土地的人们会迫不及待地走上迁徙之路。随着人口的增长，加之封建土地制度的痼疾，中国封建社会后期人地矛盾愈演愈烈，"无立锥之地"的广大农民苦苦寻觅可以耕作的土地，由此爆发了一次又一次的垦荒型移民潮。

一、湖广填四川

——清代前期向四川盆地的大移民

> 自（明末）兵燹以后，土著绝少。而占籍于此者，率多陕西、湖广、江西之客。
>
> ——民国《达县志》

"湖广填四川"是指清代前期湖广（即今天的湖北、湖南两省）平民向四川及汉中盆地的大规模移民运动。“湖广填四川”的直接原因便是明末清初“蜀乱”所造成的当地人口的锐减。以成都平原为中心的四川地区崇山环绕，沃野千里，物产丰裕，早有“天府之国”的美誉。但这块宝地却无法逃过一次又一次的劫难，其在中国古代政治史上拥有特殊的位置，有“天下未乱蜀先乱，天下已定蜀后定”的说法。明末清初天灾人祸构成的“蜀乱（或称蜀难）”无疑是四川所遭受的历史上最无情的一场重创。曾经身历这场大难的人士痛定思痛，简直无法相信眼前的沧桑巨变：

> 返乎三巴，见夫尸骸遍野，荆棘塞途。昔之亭台楼阁，今之狐兔蓬蒿也；昔之衣冠文物，今之瓦砾鸟鼠也；昔之桑麻禾黍，今之荒烟蔓草也。山河如故，景物顿非，里党故旧，百存一二，握手惊疑，宛如隔世。①

长期以来，人们把明末农民战争领袖张献忠认作这场灾难的罪魁祸首，“张献忠屠蜀”的故事被渲染得沸沸扬扬。但经过现代众多学者的考证，这一错案已被推翻。如官方纂修的《明史》将张献忠所屠人数定为“六万万”，非常荒唐，远远超过明代全国总人口，学者戏称就是加上四川境内的鸡犬，也达不到这一数字。明末张献忠起义军虽有屠戮报复的记载，但相比之下，明朝官军、当地以“摇黄”为首的“土暴子”以及清朝军队对当地平民的屠掠似乎“更胜一筹”。而这一时期自然灾害引发的大饥荒同样也不能忽视。著名学者任乃强先生在这一问题上的观点令人信服，他指出：

---

①〔清〕李馥荣撰：《滟滪囊》卷四记刘达语，转引自《张献忠在四川》第41页引文，《社会科学研究丛刊》，1981年第2期。

> 余写此文（指《张献忠屠蜀辨》），非仅为张献忠辨屠蜀也，欲辨明清间蜀难在于粮食问题而已。诸史记载，未曾顾及社会经济情形，对于农村破产、食粮穷竭之影响，莫或加意叙述，甚至抹杀不谈，致使三百年来对此浩劫之酿成，仅以“张献忠屠蜀”一语盖之，讵不可慨！①

无论如何，明末清初四川人口惊人的剧减是无法否认的铁定事实，在中国历史上也是相当罕见的。明末曾在四川地区传教的天主教传教士在《圣教入川记》中描述道：

> 然四川际此兵燹之后，地广人稀，除少数人避迹山寨外，余皆无人迹。所有地土，无人耕种，不啻荒郊旷野，一望无际。

康熙初年，四川巡抚张德地（时名张刘格）也向朝廷汇报了当地人口凋零的惨状：

> 臣初至保宁（今四川阆中市），见民人凋耗，城郭倾颓。……惟重（庆）属为督臣驻节之地，哀鸿稍集，然不过数百家。此外州县，非数十家或十数家，更有止一二家者。寥寥孑遗，俨同空谷。而乡镇市集，昔之棋布星罗者，今为鹿豕之场。……诚有川之名，而无川之实。②

---

①《张献忠屠蜀辨》，《张献忠在四川》，《社会科学研究丛刊》1981年第2期，第135页。

②见康熙《四川总志》卷一〇《贡赋》引文。

上述记载丝毫没有夸张。清朝初年，四川地区人口的稀少，还可从“虎吃人”的故事中得到充分反映。正由于城镇荒芜，棘榛遍布，一时间，四川许多州县恶虎横行，伤人性命。不少乱定回乡的百姓不幸葬身于虎口。如南充县（今四川南充市）曾招回人丁506名，结果被老虎吃掉258人。人烟之稀少，虎患之猖獗，由此可见一斑。一定数量的人口是政权维系的基础，为此，康熙十年（1671年），四川湖广总督蔡毓荣上言强调：“蜀省有可耕之田，而无耕田之民，招民开垦，洵为急务。”[①]为迅速恢复四川的户口，清朝政府开始采取各种措施招徕外地平民入川垦荒，如官府为移民提供耕牛、种子、口粮等，并将招徕移民的多少，作为官吏叙职升迁的条件，从而大大调动了官吏与平民投身于移民工作的热情。大批外省如湖广、陕西、江西、广东缺地少地的平民闻讯而来，故而，在康熙、雍正两朝形成外地客民入川的高潮。大量方志记载为我们提供了丰富的佐证。如道光《巴州志·风俗》称：“国朝康熙、雍正间，秦、楚、江右、闽、粤之民著籍插占。”又光绪《新繁县乡土志》卷五记云：“康熙时招徕他省民以实四川，湖广之人首先麇至，于是，江西、福建、广东继之。”同治《仪陇县志》卷三也载云：“邑人湖南、北人最多，江西、广东次之，率皆康熙、雍正间入籍。”

外省移民大规模入川的移民潮大致持续了百余年。关于清朝初年四川境内外省移民的分布及数量问题，已引起许多学者的兴趣。康熙二十年（1681年），四川全省只有人口50万，到乾隆四十一年（1776年），全省人口已增至779万。这种异乎寻常的增长，当然主要是大批

① 《清圣祖实录》卷三六，康熙十年六月乙未，中华书局影印本。

外地移民加入的结果。

很容易看出，当时入川耕种的客民不仅来自与四川毗邻的陕西、贵州、湖广，还有远自江西、福建的平民，并没有局限于“湖广”（即湖南、湖北），为何仍将这场大移民定名为“湖广填四川”呢？这必须要从湖广与四川之间频繁的人口迁移历史说起。在四川人口史上，至少发生过两次“湖广填四川”的移民运动，一次发生在元末明初，另一次就是清朝前期的这一次。可以说，每当四川人口发生剧减之后，湖广人总是入川移民的主力。早在宋、元之间，蒙古骑兵与南宋军队就在西南地区展开激烈争夺，四川百姓惨遭涂炭，十存一二。元末农民战争期间，四川地区又是在劫难逃，明朝官府被迫迁徙湖广等地百姓入川。与“洪洞大槐树”现象相类似，明初入川移民中出现了极为有趣的“麻城孝感乡”现象。几乎所有入川的两湖人都宣称自己家族是从湖北麻城孝感乡迁入的，不少地方甚至将明代入川的湖广人称为“老民”，比较而言，明初入川的移民中，湖广人占据了绝对的优势。就在清初“蜀难”之后，残遗川民竟然也主要以湖广移民为主。如康熙七年（1668年），四川巡抚张德地发现：“查川省孑遗，祖籍多系湖广人氏。访问乡老，俱言川中自昔每遭劫难，亦必至有土无人，无奈迁外省人民填实地方。所以，见存之民，祖籍湖广麻城者更多。”民国《资阳县志》卷八甚至明确指出：当地“无六百年以上土著，明洪武时由楚来居者十之六七，闽、赣、粤籍大都清代迁来。”这一说法正道出了事情的症结。既然有明初“湖广填四川”的历史，那么，人们很自然地将清初入川的湖广人与当地“老民”混同起来，这样，“湖广填四川”便成为天下人耳熟能详的大移民事件了，其他各省来的移民往往被忽略不计了。①

二、走西口

——清代向塞北地区的大移民

> 哥哥走西口，小妹妹也难留，
> 止不住伤心泪，一道一道往下流……
> ——山西河曲二人台《走西口》

“走西口”一词流传甚广，尤其是在中国北方。这首先是归功于地方戏曲二人台的著名剧目《走西口》，而这一剧目出现的背景就是清代北方各地平民向长城以北地区垦荒移民运动。在这场移民运动中，山西各地平民充当了最耀眼的角色。

翻阅中华民族发展史，我们不难发现，被称为“世界七大奇迹”之一的万里长城，其实长期是阻隔南北民族的屏障。一次又一次的民族战争，使居住在长城南北的各民族民众饱受苦难与创痛。这些苦痛的回忆往往成为人们心中永远难以消失的梦魇。然而，清王朝建立后，长城内外实现了真正的统一，为沿边居民的生产生活开创了崭新的机遇。对这种局面的出现，许多有识之士道出了发自内心的感叹，如光绪年间山西忻州知州方戊昌指出：

> 我国朝定鼎以来，蒙古慑伏，中外一家，二百余年，从未用兵，忻郡之民如出水火而登衽席，休养生息，户口繁孳。乾嘉之间，习于边情者贸易各部落及西北口外各城，有无相通，权其子

①关于这次大移民的具体过程及分布，参见曹树基等著：《中国移民史》第六卷第三章“西南移民：湖广填四川”，福建人民出版社，1997年，第68—118页。

母，获利倍蓰，忻人不但不受近边之害，转受近边之利。[①]

忻州（今山西忻州市）可谓沿边地区的一个典型代表。长城内外一体化的意义，并不局限于铲除敌对，消弭战乱，更在于展现出长城南北经济发展的巨大潜力。这种潜力首先表现在对南北贸易的需求。出于经济性质及物质的差异，长城南北经济存在着显著的互补性。游牧民族需要中原地区的茶、糖、铁、布匹等生产生活资料，而中原则对马、毛皮等有着巨大的需求量。双边贸易蕴藏的可观利润，吸引着沿边居民投身于“权子母”的行商行列。由此发家致富者多至不可胜数。

其次，与移民运动相关，长城以北地区在广袤的草原之间，还存在着大片宜于农耕的土地，而北方各地随着人口的增加，人均土地占有量不断缩小，人地矛盾日趋突出，因此，缺少土地的北方农民一齐将眼光投向了千里塞外。成千上万到塞外垦荒的农民最终在当地定居下来，与边疆各地人民共同成为塞外的主人。他们也就是“走西口”移民运动的主力军。

然而，“走西口”移民运动的发展也不是一帆风顺的。中国封建王朝长期推行严密的户籍制度，限制居民的自由迁徙，清朝也不例外。如从康熙年间开始，清朝官府做出了限制中原平民向蒙古地区移民的规定，例如禁止内地民人娶蒙古妇女为妻，每年户部颁发印票，限制出口人数，等等。但清朝最高统治者也看到塞外垦荒对缓解中原人地矛盾所起到的积极意义，以乾隆皇帝为例，他曾自豪地说：

① 《忻州直隶州志序》，清光绪六年刻本。

> 古北口外一带，往代号称岩疆，不敢尺寸逾越。我朝四十八部，子弟臣仆，视为一家，沿边内地民人，前往种植，成家室而长子孙，其利甚溥，设从而禁之，是厉民矣。①

既然有最高统治者的“网开一面”，清朝官府的种种限制规定发挥的实际作用就相当有限了，形成“禁者自禁，耕者自耕”的局面。

时至光绪年间，通过“走西口”来到塞外定居的移民已相当多，在当地经济生活中发挥着举足轻重的作用。然而，他们在塞外地区并没有户籍，其常住居民的身份没有得到法律的认可。为了有利于行政管理，维护其合法的权益，山西巡抚张之洞提出在土默特地区推行“客民编籍”的建议，最终获得朝廷的批准，反映出这是顺乎民意之举。张之洞的奏疏大致反映出当地客民的实际状况：

> ……现在该蒙古以耕牧为生者十之二三，藉租课为生者十之七八，至该旗有所谓“游牧地”“户口地”者，自康熙年间以来，久已陆续租给民人，以田以宅，二百余年于兹矣。该民人等久已长其子孙，成其村落，各厅民户何止烟火万家。此等寄民即不编籍，亦成土著，历年既久，寄民渐多……夫大青山以南，归化城以东、以西，延袤数千里，西汉元朔以来，久为郡县，即定襄、云中、五原之境。况国家休养生聚二百余年，士农工商数十万户，断无驱还口内之理。②

---

①《清高宗实录》卷六一二，乾隆二十五年五月壬子，中华书局影印本。

②《张文襄公全集》卷八《口外编籍无碍游牧折》，北京市中国书店1990年影印本，第200—202页。

“士农工商数十万户”，仅指归化城（今内蒙古呼和浩特市）为中心的内蒙古西部地区汉族居民的规模，以每户5口计，那么，光绪年间这一带汉族居民的数量至少有百万人之多，这其中大多数已是移民后裔了。可见，在“走西口”移民运动中，来到塞外的汉民是一个相当庞大的数字。

三、闯关东

——清代向东北地区的移民运动

> 荒城废堡，败瓦颓垣，沃野千里，有土无人，（关东一带）全无可恃，此内忧之甚者也。
>
> ——〔清〕张尚贤《奉天形势疏》

“关东”即指山海关以东地区，主要包括今天辽宁、吉林、黑龙江三个省区的范围，故通常成为东北三省的代名词，人们常将清朝封禁时期关内向东北地区自发的移民运动称为“闯关东”，这自然是清代向这一地区移民运动的重要组成部分。辽阔的东北平原在漫长的历史时期似乎远离中原士人的视野，也是一个较典型的少数民族聚居之地。白山黑水曾经沉寂了太长的时间，她仿佛是“东胡”或“东夷”的专属之地，中原人不能也不愿涉足。不过，倒是一个又一个从这一带走出并叱咤中原的强悍民族给中原人留下了难以忘怀的印象。他们有：从“嘎仙洞”走出的拓跋鲜卑；从松漠之间崛起的契丹人；从白山黑水挥戈南向的女真人……直到关外的满族人势不可挡地攻破山海关，成为新一代王朝——清王朝的缔造者。

明代以前，汉人进入东北地区，面临太多的阻力，如地理环境复杂、众多少数部族聚居，等等。清朝创立者出身于长白山麓，入主中原后，这片广袤的土地理应向各族人民敞开。然而，遗憾的是，满族统治者对这一块“龙兴宝地”却采取了极为特殊的封闭政策。满族作为人口有限的北方民族入主中原，最高统治者十分担心各族人民了解他们的真实底细，因此，为了维护满族八旗出身的神秘性，同时，也为了给满族人保留一个宝贵的存身之地，故多方禁止汉族平民自由进入这一地区，封禁政策应运而生。有清一代对东三省地区的封禁时期长达200余年。

封禁政策的主要措施就是建立“柳边”。《柳边纪略》记云：“古来边塞种榆，故曰榆塞。今辽东皆插柳为边，高者三四尺，低者一二尺，掘壕于其外，呼为柳条边，又曰条子边。西自长城起，东至船厂止，北自威远堡起，南至凤凰山止，设边门二十一座。”柳条边外地区主要设三大将军驻守：盛京将军、宁古塔将军、爱浑（珲）将军（即黑龙江将军）。除驻军外，清代早期东北地区的主要居民就是满族人。

在封禁时代，冰天雪地的东北地区成为大批犯人的流放之地，这些人通称为“东北流人”。这些流人被学者们称为清代东北地区开发的先驱者。如《黑龙江外纪》卷六称：“黑龙江，极边苦寒之地，自设将军镇守，凡旗民杂犯重罪载在刑律者，或以免死，或以加等，发遣兹土，分管束、安插、当差、为奴诸条，各有等差。惟官吏奉谪，远夷徙置，不在常例。其杂犯每岁接踵而至，无虑数百人。”①东北流人中最引人注目的当然是那些被贬窜的朝廷官员，其中不少是清代文字狱及科场案的受牵连者。宁古塔将军驻守的宁古塔城是当时东北流人最著名的聚居地。吴桭臣《宁古塔纪略》记云：康熙年间，由于众多流人的到来，宁古塔（今黑龙江宁安市）已是“人烟稠密，货手客商络

①参见〔清〕西清撰，《黑龙江外纪》，黑龙江人民出版社，1984年。

绎不绝，居然有华夏风景”。流人中不乏在朝野声名显赫的名公硕儒，他们竟形成千里荒原上一道奇异的风景线。有诗证云：

万里关河竟渺茫，沙场一去鬓如霜。
贺兰山外笳声动，鸭绿江头草色黄。
南国佳人多塞北，中原名士半辽阳。
君王倘恤边庭苦，早赐金鸡下白狼。（丁介《出塞诗》）

此诗中“南国佳人多塞北，中原名士半辽阳”为传诵一时的名句，精辟地道出了当时东北流人中巨卿名公云集的情形。这其中包括：《柳边纪略》的作者杨宾与其父，《宁古塔纪略》的作者吴桭臣与其父等。①

关外物产丰富，尤以长白山人参驰名四海。即使在封禁期间，关内人民并没有被封禁政策所吓倒，他们从各种途径穿过“柳边”，采买人参。而清朝最高当局对此也不得不网开一面。如《柳边纪略》称：“……（十年前柳条边外）过客不若今日之多也。今则走山者以万计……非云贵流人，则山东、西贾客，类皆巧于计利。”关外人口的增加，甚至引起了康熙皇帝的注意。他说：“今巡行边外，见各处皆有山东人，或行商，或力田，至数十万人之多。”虽然有“不准多垦一亩，增居一户”的章程约束，但闯出各关口垦荒的流民却日益增多。“以致每查办一次，辄增出新来流民数千户之多。”连嘉庆皇帝都无可奈何地承认：“查办流民一节，竟成具文”。就是在这种情况下，清朝政府也是采取既往不咎的态度，默认既定事实，但决不鼓励。可以说，封禁

①参见李兴盛：《东北流人史》，黑龙江人民出版社，1990年。

时代东北地区移民的进展，全赖这些平民的大胆开拓，这一状况也正是所谓“闯关东”的真实写照，这些勇闯关口的平民以其不畏艰险的坚韧精神赢得了后人的称道：

> 冒斧钺，披荆棘，既入目的地，筚路蓝缕，备极艰辛，始能谋得枝栖，可以糊口。随乃胼手胝足，节衣缩食，以立其家，其拓殖能力之伟大实足敬佩也。①

关内成千上万的农民苦苦地挣扎于没有土地的生存危机之中，而关外拥有广袤的土地却人为荒弃，封禁政策从根本上是荒谬的，其对维护北部边疆安全的危害更是显而易见。沙皇俄国很早就开始了向东北亚地区的渗透，《尼布楚条约》签订后，双方正式确立了边界线。然而，鸦片战争以后，沙俄加紧了对东北地区的侵略，在炫耀武力的同时，通过向边境地区大批移民等手段，大肆侵吞中国领土。边疆危机引起了全国各界人士的关注，一些有远见的大臣纷纷提出移民实边的主张。在财政危机的压迫下，清政府希望通过开放荒地，收拢资金，至此，清朝对关东地区的封禁政策也走到了尽头。从19世纪60年代起，东北地区逐步解禁，在破产及自然灾害的压迫下，中原平民也开始了向东北地区的大移民。如《白山黑水录》生动描述出当时的大移民的情形：

> 由奉天入兴京，道上见夫拥只轮车，妇女坐其上，有小儿哭者眠者。夫从后推，弟自前挽，老媪拄杖，少女相依，踉跄道上

①龚维航：《清代汉人拓殖东北述略》，《禹贡》第六卷第三、四合期，第109页。

……前后相望也，自奉天到吉林之日，逆旅所共寝食者，皆山东移民。

时至光绪年间，清政府在解除封禁之余，进一步采取优惠的政策，鼓励与招徕中原平民前往东三省地区垦荒。如在汉口、上海、天津、烟台等重要都市设立边垦招待所，派遣官员专门负责招收垦荒农民。愿意前往关东的农民一路上可以减免车船票。到当地认垦时，也不需交押租钱。另外，当青黄不接的时候，还可以得到官立银行的贷款接济。为了规范招垦工作，清政府还于光绪三十四年（1908年）及宣统三年（1911年）先后出台了有关招垦问题的章程，可惜，这已是在清政府最后垮台的前夜了。据不完全统计，至光绪二十六年（1900年），东北人口数已达1400万，汉人占80%，同时，放出荒地42.021万公顷，这应该是有清一代向东北大移民的成果。①

民国初年，东北三省继续开展招垦工作。这一时期的开垦工作在很大程度上是对清末开垦运动的清理与补充。如民国三年（1914年），黑龙江行政公署发出公告强调：

从前各户领地到手，不是千晌就是万晌，贪多嚼不烂，只能领就不能开了。就像青田、拜泉、汤原等处，要按照出放的年头计算，都应该升科了，乃所领之地，或仅开了一半，或一点都没开。

由此可见，民国年间东北地区开发的潜力还相当大，“地广人稀”

①龚维航著：《清代汉人拓殖东北述略》，第107页。

的局面并没有根本性的扭转。如民国六年（1917年）的《吉林农报》曾报道："江省招垦局，去春于外省招到垦荒者万余户，奈因地广人稀，不敷分布，又派员前往各灾区招来垦户。"[①]看来，即使到鼓励开垦时期，有勇气敢于离开故土前往北大荒开垦的农户也是难得的。然而，无法否认，有清一代是东北地区开发的黄金时期，时至民国，东北地区已成为中国举足轻重的粮食及经济作物的主要产地，完成了由"北大荒"到"北大仓"的历史性转变，广大移民正是完成这一历史转变的主力军。

①参见孙占文著：《黑龙江省史探索》中"清代黑龙江省的土地开发"与"民国时期黑龙江省的土地开发"两节，黑龙江人民出版社，1983年。

第二章

人才荟萃话繁盛

——移民与文化发达区域的变迁

人是文化的创造者，也是文化的重要载体，因此，人口的迁移，在本质上是一种文化迁移。一个区域文化发展的水平，往往反映在该地区人士受教育的程度及所创造的文化成果之中。而这一切的外在表现均取决于该地区的人才资源。另外，文化作为一种涵盖极广的概念，深入到人类生活的方方面面，即使没有受过系统知识教育的白丁，也可以是多种文化成果（如风俗、语言、实用技能等）的携带者。在大批移民集中于一个区域时，他们所携带的文化因子汇集起来，就会使输入区的文化风貌产生根本性的改观。

第一节　五方杂处的“天府”

——移民与关中文化区的变迁

一、“天府之国”的由来

——西汉以前关中地区的发展

> 太（泰）山不让土壤，故能成其大；
> 河海不择细流，故能就其深。
> 王者不却众庶，故能明其德。
> ——〔秦〕李斯《谏逐客书》

关中，是中国古代史上颇负盛名的地域概念，其核心区域即今天陕西关中平原。时至西汉时期，文人骚客已对关中地区得天独厚的优越环境推崇备至，极尽溢美之词。如西汉名臣张良竭力劝说刘邦定都长安，最重要的理由便是长安无与伦比的优越条件：

> 夫关中左崤函，右陇蜀，沃野千里，南有巴蜀之饶，北有胡苑之利，阻三面而守，独以一面东制诸侯。诸侯安定，河渭漕挽天下，西给京师；诸侯有变，顺流而下，足以委输。此所谓金城千里，天府之国也。[①]

---

①《史记》卷五五《留侯世家》，第2044页。

不难看出，关中地区优越的环境与条件，其实含有多种的因素：一是客观的地理位置及易守难攻的地势；二是良好的农业生产条件（如土壤及灌溉）；三是与周边地区便利的交通条件等。在这些因素中，有纯自然的，如位置与地势；更有人为创造的，如交通、水利及土地开发等。正如外国名谚所称“罗马不是一天建成的”，“天府之国”的关中也不是与生俱来，她凝聚着世世代代关中人民的心血，其中就有移民的功劳。

在《禹贡》“九州”的版图中，关中属“雍州”，在“中国”之外，因此，在秦国强大之前，秦国在中原诸侯国眼里，不过是视之蔑如的“戎狄之邦”。“秦僻在雍州，不与中国诸侯之会盟，夷翟遇之。”[①]因此，秦国历代国君为强国富民进行了不懈的努力，其中相当明智的举措就是重用外来移民，使他们充分发挥聪明才智。如秦穆公听说虞国大夫百里奚富有才干后，巧用五张羊皮将他赎取回来，授以国政，人称“五羖大夫”。后在百里奚的推荐下，又重金迎请其友蹇叔，也授以上大夫之职。后来，秦穆公又发现了戎王的使者由余的出色才识，并深以为忧：“邻国有圣人，敌国之忧也”。之后，秦穆公使用离间计，使戎王疏远由余，由余无奈降秦。秦穆公的眼力不错，采用由余的计谋后，秦国取得突破性的进展，“益国十二，开地千里，遂霸西戎”。秦国任用外来移民取得成功的典型事例还有“商鞅变法”。

商鞅变法的重要举措之一就是“徕民”。传世的《商君书》中有《徕民篇》，对当时这一政策的实施情况进行了分析。首先，徕民政策是有效改变秦国地广人稀状况的重要途径。“今秦之地方千里者五，谷土不能处二，田数不满百万，其薮泽蹊谷、名山大川之材物货宝又不

① 《史记》卷五《秦本纪》，第202页。

能尽为用，此人不称土也。”而与秦国毗邻的三晋地区却陷于人多地狭的困境中。“彼土狭而民众，其宅参居而并处，其寡萌贾息，民上无通名，下无田宅，而恃奸务末作以处，人之复阴阳泽水者过半，此其土之不足以生其民也。”因此，为增强秦国国力，徕民势在必行。“今以草茅之地，徕三晋之民，而使之事本，此其损敌也，与战胜同实。”

商鞅提出“徕民”政策与其本人的经历有直接的关系。“鞅少好刑名之学，事魏相公叔座。”魏国早期首都在安邑（今山西夏县），商鞅在魏国求官、做官，居留了相当长的时间，直到听到秦孝公求贤的消息，才离魏入秦。更值得注意的是，商鞅入秦后，师奉的上客也是一位“晋人”——尸佼，显然是来自三晋的移民。“卫鞅商君谋事画计，立法理民，未尝不与佼规之也。”①可见，商鞅变法的各项措施凝聚着这两位移民的心血。商鞅变法后，秦国国力日益强盛，为最终统一全国奠定了坚实的基础。外来移民的功绩不可抹杀。

后来，秦王嬴政即位后，韩国人郑国来到秦国，建议修建水渠，秦王赞同，这就是为秦国农业发展做出重要贡献的郑国渠。“郑国渠首起雍州云阳县西南二十五里，自中山西部瓠口为渠，傍北山，东注洛，三百余里以溉田。”②然而，秦王后来得知，这是韩王阻挠秦王对韩用兵的阴谋，因此，下令逐客，驱逐各诸侯国入秦之人。当时，楚国上蔡人李斯上《谏逐客书》，将外来移民对秦国发展做出的贡献阐述得淋漓尽致，终于说服秦王收回成命。李斯在这篇名文中讲到：

昔缪公求士，西取由余于戎，东得百里奚于宛，迎蹇叔于宋，来丕豹、公孙支于晋。此五子者，不产于秦，而缪公用之，并国

---

①《史记》卷七四《孟子荀卿列传》下，《集解》引文，第2349页。

②《史记》卷八七《李斯列传》引张守节《正义》，第2541页。

二十，遂霸西戎。孝公用商鞅之法，移风易俗，民以殷盛，国以富强，百姓乐用，诸侯亲服，获楚、魏之师，举地千里，至今治强。惠王用张仪之计，拔三川之地，西并巴、蜀，北收上郡，南取汉中，包九夷，制鄢、郢，东据成皋之险，割膏腴之壤，遂散六国之从，使之西面事秦，功施到今。昭王得范雎，废穰侯，逐华阳，强公室，杜私门，蚕食诸侯，使秦成帝业。此四君者，皆以客之功。由此观之，客何负于秦哉！向使四君却客而不内，疏士而不用，是使国无富利之实而秦无强大之名也。[①]

可见，秦国的强大，关中的富实，都蕴含着客卿的功劳，秦国的成功，在很大程度上取决于有远见的用人政策。作为外来移民的李斯热情歌颂了“海纳百川”的施政思想，这在中国古代政治思想史上闪烁着夺目的光辉。“太（泰）山不让土壤，故能成其大；河海不择细流，故能就其深。王者不却众庶，故能明其德。是以地无四方，民无异国，四时充美，鬼神降福，此五帝、三王之所以无敌也。”[②]因此，秦国的富强，正是以关中地区的发展为标志，当后人赞美秦汉时期关中地区的优越地位时，切不可淡忘广大外来移民的功绩。

①《史记》卷八七《李斯列传》，第2541—2542页。

②《史记》卷八七《李斯列传》，第2545页。

二、英俊之域，冠盖如云

——“实关中”移民潮与西汉长安五陵文化区的鼎盛

汉家陵树满氤氲，千秋万岁灞陵存。

君看桥下春杨柳，落日花飞愁煞人。

——〔明〕王廷相《西京篇》

汉朝开国后，为强干弱枝，屡屡以修建皇陵的名义，大量向关中迁徙关东豪强之家，为关中文化建设注入了勃勃生机。关中在中国文化史上的地位，与汉朝时期长安文化的鼎盛有直接的联系。这些关东移民之所以产生如此深远的影响，首先与其特殊的构成有关，这些关东移民的选择有相当高的标准，从汉初“齐楚大族”“六国（王族）之后”“豪杰名家”，至后来的“訾百万”以上的富豪、官禄二千石以上的高官之家等。这些移民家族后裔日后成为汉朝名臣者不可胜数，如齐国的田氏家族，见于《汉书》者有田千秋、田延年、田何、第五伦等；上党的冯氏家族（包括代郡冯氏），见于《汉书》者有冯唐、冯奉世等。其次，这些名家大族被集中安置于长安诸陵附近，形成了引人注目的移民区，成为天下士民瞩目的地方。著名史学家班固在名篇《西京赋》中描述了当时长安诸陵的盛况：

> 名都对郭，邑居相承，英俊之域，黻冕所兴，冠盖如云，七相五公。与乎州郡之豪桀，五都之货殖，三选七迁，充奉陵邑，盖以强干弱枝，隆上都而观万国。①

①《后汉书》卷四〇上《班固传》，中华书局校勘本，第1338页。

如此众多的名家大族汇聚在一起，必然使诸陵地区的文化风貌大为改观。班固《汉书·地理志》用极其简约的文笔对此做了精辟的说明：

> 汉兴，立都长安，徙齐诸田，楚昭、屈、景及诸功臣家于长陵。后世世徙吏二千石、高訾富人及豪杰并兼之家于诸陵。盖亦以强干弱枝，非独为奉山园也。是故五方杂厝，风俗不纯。其世家则好礼文，富人则商贾为利，豪杰则游侠通奸。濒南山，近夏阳，多阻险轻薄，易为盗贼，常为天下剧。又郡国辐凑，浮食者多，民去本就末，列侯贵人车服僭上，众庶放（同“仿”）效，羞不相及，嫁取（娶）尤崇侈靡，送死过度。

大批特殊移民的汇集，使长安五陵地区文化风貌呈现出异彩纷呈的外在特征，这种特征主要表现为：

1. 高官贵宦的渊薮，西汉政坛的晴雨表。据以往学者的诠释，班固《西京赋》所云“七相五公”均实有其人。如“七相”就是丞相车长秋（长陵人）、黄霸（阳夏人）、王商［西汉有两个王商，一是蠡吾人，一是平陵（即杜陵）］、韦贤（邹人）、平当、魏相、王嘉（平陵人）；“五公”就是太尉田蚡（长陵人）、大司马张安世、大司空朱博（杜陵人）、司徒平晏、大司空韦赏（平陵人）①。当然，关中居民中曾任高官的远不止此数人。如果做一个西汉职官分布图，那么，关中地区的人数及密度无疑会名列前茅。封建时代，官职的升迁，对官员

①葛剑雄著：《西汉人口地理》，第140页。

家族的影响极大。得势者鸡犬升天，失势者破败沦落。随着这些官员的升迁贬斥，关中地面上也上演着一幕幕的悲喜剧。

2. 儒学昌盛，大儒巨子为全国士子所宗仰。中心区世家大姓的倡导经学，通经的学问家不断出现。著名学问家萧望之，原为东海兰陵人，徙居于杜陵。家世以田为业，而萧望之自幼好学，先后从师于兰陵后仓、博士白奇、名儒夏侯胜，研习《齐诗》《论语》《礼服》等儒家经典，学问之精博，受到长安学界的称道。萧望之也深受朝廷的钦服，后为太傅，以《论语》《礼服》等典籍传授太子。五陵最著名的大儒自然非董仲舒莫属。作为一代儒学思想家，董仲舒深受汉武帝的尊崇，鲜明地提出“罢黜百家，独尊儒术”的方针，成为儒学思想史上具有开创意义的里程碑。董仲舒全家被徙于茂陵，儿孙都是学业通博而升至高官。五陵移民被列入《汉书·儒林传》还有易学大师田何（杜陵人）、士孙张、吴章、张山附（平陵人）、郑宽中、涂恽等。[①]

3. 商业发达，商业人口众多，富商大贾云集。古语云：长袖善舞，多财善贾。在诸陵的移民中，有许多是“訾百万”以上的富豪，本身就是经商理财的行家里手。为缓和抵触情绪及保证迁徙顺利完成，西汉朝廷还给徙民不少物质上的赏赐，也使这些富商在经济上减少了损少。不过进入五陵地区后，一些富商的财富及生活的奢华仍让朝野瞠目。如杜陵富豪朱丹继承了父亲的全部遗产，又深受诸位皇帝的宠爱，所受赏赐累达千金，僮仆数以百计，后房妻妾也有数十人，每日醉心于声色与饮食的享受，无不曲尽其妙。又据《三辅黄图》的记载，茂陵大富翁袁广汉藏镪巨万，家仆八九百人，曾在北邙山（今咸阳塬）下修建了一座大型花园，轰动了整个长安。这座花园东西四里，南北

①王子今著：《秦汉区域文化研究》，四川人民出版社，1998年，第41—43页。

五里，构石为山，高十余丈，连绵数里。积沙成岛屿，激水成波涛，巧夺天工，令人叹为观止。各种珍禽异兽充斥其中，各类奇树异草，无所不有。后来袁广汉罹罪被杀，这座花园的鸟兽草木竟被皇家第一园林——上林苑全部收走。茂陵富豪的经济实力由此可见一斑。

4. 游侠风气浓烈，豪杰大侠震动朝野。西汉时期，游侠风气盛行一时，大游侠往往成为世俗人眼中的英雄，在王朝政治、文化舞台上扮演着不同寻常的角色。故而，大史学家司马迁、班固在名著《史记》《汉书》中都列有《游侠列传》（《游侠传》），这在“二十四史”中是绝无仅有的。韩非子曾说：“儒者以文章干扰法政，游侠以武力触犯禁条”。有势力的游侠往往我行我素，对抗官府，对地方治安状况产生不利影响，因此，西汉前期“实关中”过程中，迁徙的重点对象就包括游侠。一些著名游侠也由此进入长安地区，这样，长安一带也就成为当时游侠聚居的中心，时称：“长安炽盛，街闾各有豪侠。”东汉文学家张衡《西京赋》形容当地游侠风气时讲道：“轻死重气，连党结群，寔蕃有徒，其从如云。”轵人郭解就是汉初最出名的大游侠。当时正值徙豪富之家于茂陵，郭解家室贫寒，本不够“豪富”的资格，但官吏还是将他归入迁徙之列。当时任将军的卫青闻说后，向汉武帝求情：“郭解家贫，不应迁入关中。”汉武帝非常巧妙地予以拒绝：“一位布衣能让当朝将军为他求情，此人家庭肯定不会穷困”。果然，当郭解外迁之时，送行的缙绅馈赠他的钱财达千余万。入关之后，关中有名望的人士久仰他的大名，争相与他结交。郭解死后，游侠之风更盛，“为侠者极众”，数不胜数。关中地区知名的侠士有长安樊仲子、长陵高公子、茂陵陈涉、杜陵陈遵等。当然，在所谓“游侠”中，不少是鸡鸣狗盗之徒，故长安偷盗最多，治安状况不佳。另据班固的观点，长安地区豪侠众多，还与其地理位置有关，“濒（终）南山，近夏阳”，容易找到藏身之处。

> ……乐游原上清秋节，咸阳古道音尘绝。
>
> 音尘绝，西风残照，汉家陵阙。（李白《忆秦娥》词）

西汉长安诸陵盛极一时的繁荣，使得诸陵区演变为著名的历史文化景观，构成古都长安文化必不可少的一部分，后世文人骚客在此胜迹咏叹怀旧，流连忘返。唐代大诗人李白《杜陵绝句》云：

> 南登杜陵上，北望五陵间。
>
> 秋水明落日，流光灭远山。

又如唐代诗人崔颢在《渭城少年行》中吟道：

> 长安道上春可怜，摇风荡日曲河边。
>
> 万户楼台临渭水，五陵花柳满秦川……

当然，面对不复再现的繁华景象，更多的诗人表现出无限的感伤：

> 形势今虽在，荒凉恨不穷。
>
> 虎狼秦国破，狐兔汉陵空。（〔唐〕司空图《秦关》）

时至今日，来到古都西安的游客都要去以茂陵为首的汉代陵墓区游赏，人们来这里并无怀旧感伤之情，而是常常为祖先所创造的优秀文明所震撼，人们思考最多的问题就是如何保护这些珍贵的文化遗址，让子孙后代也能有幸重温前人的文化贡献。

三、突厥名王满朝堂

——隋唐时期入居长安城的突厥人及文化影响

> 自古皆贵中华，贱夷狄，朕独爱之如一。故其种落皆依朕如父母。
>
> ——〔唐〕李世民

隋唐时代的长安城是享有世界声誉的国际大都市，关于她的文化风貌，已有众多的研究成果。当时长安最重要的文化特征之一，为荟萃各个周边民族风俗文化，形成自古未有的“胡越一家”的盛况。唐太宗被各族首领尊为“天可汗”，前往长安觐见的各族酋长、使节络绎不绝，不少人从此留居长安，他们为古都长安带来了富有本民族文化特色的风俗，长安风俗也就成为各民族风俗的汇总。

无论迁入人数，还是文化影响，隋唐时期长安城里的北方民族要首推突厥了。突厥对隋唐文化的影响要从其与中原政权之间的关系说起。突厥部落原臣附于柔然，因善于制造金属产品而被蔑称为“锻奴”。突厥部落强大后，向柔然人发起猛攻，并将其赶出漠南草原。突厥部落联盟的强盛，超过了以往任何一个北方民族。《周书·异域突厥传》载：“其地东自辽海以西，西至西海万里，南自沙漠以北，北至北海五六千里，皆属焉。”

而此时中国北部正处于东、西魏分裂之时，突厥人的强大与崛起不会是中原政权的福音。为了在两国交争中得到突厥人的支援，东、西魏都倾其府藏所有，争相结好突厥。如北周为结好突厥，又是联姻，又是赠物，每年奉送的锦彩就达10万段。留居长安的突厥人成为备受尊崇的贵客，待遇极为优厚，“衣锦食肉者，常以千数（一说近万人）”。当时的他钵可汗曾发出如此狂言：“只要我南方的两个儿子孝顺，还担心缺少财物吗?”[①]隋朝建立后，对突厥采取了较为灵活的政策，一方面坚决反击突厥人的南下侵掠，一方面扶植亲汉的突厥首领，有效地遏制了突厥人的嚣张气焰。但到隋末丧乱，大批中原人避难逃至塞外，突厥势力又趋鼎盛。各路豪强虽划地自立，各建名号，但慑于突厥人的武力，相率臣附于突厥可汗，突厥可汗俨然成为华夏九州的最高统治者。唐代史学家李延寿对当时的情形记忆非常深刻：

> 于是分置官司，总统中国，子女玉帛，相继于道，使者之车，往来结辙。自古蕃夷骄僭，未若有斯之甚也。[②]

唐朝初起时，与各路割据豪强一样，对突厥也极尽讨好之情态。高祖李渊甚至尊称可汗为父，前后奉送的财物不可胜纪。进入长安的突厥使者也骄横跋扈，蛮横无理。雄才大略的唐太宗李世民即位后，一改畏惧之态，针锋相对地反击突厥人的威胁，最终大获全胜，生擒颉利可汗，十余万降众入居唐朝边塞安置。

突厥联盟盛极一时的强大，与中原政权长时间的卑辞求欢，在中原士民的心理上留下了强烈的印象，突厥降附后，大批入居边界地区，这对突厥风俗在中原地区的传播产生了特殊的影响。这在长安地区表现得最为明显，因为从北周开始，长安已是突厥降人入居最集中的都会。突厥人降附唐朝后，受到格外优遇，《贞观政要》卷九载：唐朝官府“每见一人初降，赐物五匹，袍一领。”部落首领更是待遇优厚，都

① 《周书》卷五〇《异域突厥传》，中华书局校勘本，第910页。

② 《北史》卷九九《突厥传》后史臣论，中华书局校勘本，第3305页。

被授予高官，或拜将军、或任中郎将，一时间布满朝殿，仅五品以上官就达百余人，几乎占同级官员的一半，大唐王朝简直快成为突厥人的王朝了。这些首领及其眷属入居长安将近一万家。这数万人的特殊居民，本身就是长安城一道奇异的人文景观。突厥风俗也就成为长安都市风俗的一个重要组成部分。如被俘的可汗颉利入居长安后，依然保持原有习俗，在居处搭起圆帐生活，不在汉式的房屋内居住。他去世后，也按照突厥的风俗下葬。一些好奇喜异的中国人士也因此成为突厥风俗的狂热爱好者，太宗李世民之子李承乾就是其中之一。

李承乾曾被立为太子，为赢得李世民的器重，他表面上故作矜持，遵循礼法，但私下里耽于娱乐，逸乐无度。他对北方民族的风俗文化有着一种难以抑止的狂热嗜好。他居住的宫殿甚至成为其效法与排演少数民族风俗舞蹈的舞台。他不仅让宫内成群的奴仆梳起胡人式的椎髻，穿上五颜六色的彩衣，还选出一些相貌类似突厥的臣仆披上羊裘，结起发辫，每五个人成为一组，搭起一个个披毡帐篷。另外，还刻意模仿突厥可汗建起五狼头大旗，长戟列阵，高系幡旗，为自己建起高大的圆顶大帐。他命这些人完全依照突厥人习俗，过起游牧部落的生活，杀羊以烹，抽刀割肉以食。更为甚者，李承乾还在宫内上演突厥人为可汗送终的一幕。他扮演一位死去的可汗，让那些“突厥人”剺面号哭，围着“尸体”纵马狂奔。这一切的表演让李承乾获得了极大的满足，他按捺不住，一跃而起，大声嚷道：

> 要是有一天我登上皇位，君临天下，必率数万精骑，前往边塞金城狩猎，然后解发结辫，投在塞上突厥可汗思摩的帐下，当一名突厥酋长，那该有多么快活啊！

当我们了解到北朝至隋唐突厥人地位的演变状况，就不难理解李承乾这些貌似怪诞的行为。另外，还须补充说明的是，隋唐以前的魏晋南北朝时期是各民族大融合的杂居时代，异族间通婚的现象十分普遍。长期居留于北部中国的地位显赫的汉人家族，一般均难以保持纯正的本族血统。开创隋、唐两大王朝的杨氏与李氏家族也不例外，李渊的皇后窦氏为鲜卑人，李世民的皇后长孙氏为拓跋鲜卑人，李承乾即具有北方民族血统。这样客观的背景，使杨氏与李氏家族对北方民族缺少偏见，容易接受与欣赏各民族的风俗文化。这也是造成“唐人大有胡气”的客观社会背景的主要因素。

第二节 人众方为天下中

——移民与中州文化区的盛衰

自从东周迁都雒邑（今河南洛阳）后，以今洛阳市为中心的河洛地区便在中国政治版图上居于“天下之中”的尊崇地位。“河出《图》，洛出《书》”，河洛地区也就成为天下豪杰关注的焦点。所谓“逐鹿中原”，本意不外乎争夺河洛这块“风水宝地”。秦汉以来，任何一个强盛的中原王朝都不会忽视这一地区。至五代以后，开封与洛阳共同成为中原王朝的两大政治、文化中心，中州文化区也由此在中国文化史上了发挥了难以取代的巨大作用。然而，河洛文化区在全国的地位并不是固定不变的，历经坎坷，几度沉浮。其命运的盛衰消长虽与政治形势息息相关，但也与人口变迁存在直接的联系。人口的众寡，是河洛地区兴盛与否的重要标志，而这一地区的人口形势又是移民运动的直接后果。

一、河洛夙称“帝王乡”

——两汉时期河洛文化区的兴盛

古来名与利，俱在洛阳城。

——〔唐〕于邺《过洛阳》

西周灭亡后，平王东迁，这是东周（也就是春秋战国时期）的开始。诸侯争雄，周王失去了强大的军事实力，已形同虚设，但居住于雒邑的周王依然是最高王权的象征。“河出《图》，洛出《书》”，所谓“问鼎中原”，正反映了河洛地区在天下豪杰心目中无法逾越的尊崇地位。时至西汉时期，河洛地区仍然为人们心目中“大有王气”的风水宝地，汉初大搞分封，却始终不肯在河洛地区另立诸侯王。另外，在经济生活中，洛阳是天下五都（其余“四都”为邯郸、临甾、宛、成都）之一，地位仅次于长安。当地人（时称“周人”）充分利用这一地区四通八达的交通优势，转运懋迁，“周地”的商业繁荣与“周人”的富庶成为人们津津乐道的话题。“洛阳东贾齐、鲁，南贾梁、楚”，成为富冠天下的名都。被誉为古代“商界鼻祖”的白圭就是一位“周人”。他所创立的“人弃我取，人取我与”的经营思想，为后世人广为传颂。在白圭之外，洛阳一带还有一位大商人师史，对这种现象的出现，太史公司马迁评论道：

> 昔唐人都河东，殷人都河内，周人都河南。夫三河在天下之中，若鼎足，王者所更居也，建国各数百千岁，土地小狭，民人众，都国诸侯所聚会，故其俗纤俭习事。
>
> ……周人既纤，而师史（著名富商）尤甚，转毂以百数，贾郡国，无所不至。洛阳街居在齐、秦、楚、赵之中，贫人学事富家，相矜以久贾，数过邑不入门，设任此等，故师史能致七千万。[①]

不过，一些有鄙薄商贾意识的人士如东汉史学家班固对当时河洛风气颇有微词：

---

①《史记》卷一二九《货殖列传》，第3262—3279页。

周人之失，巧伪趋利，贵财贱义，高富下贫，憙为商贾，不好仕宦。[①]

比较而言，司马迁对这一地区民风的认识更深刻，更符合实际。因为三河地区有长期建都的历史，人口稠密，可耕地资源有限，人地矛盾显得较为突出，光靠节俭，解决不了根本的生计问题。如果缺乏最基本的生产资料——耕地，那么，普通百姓如何能务本，从事农业生产活动呢？贵族人口多，必然会对生产生活资料产生较大需求，贸易有无正是满足人们迫切需要的最好途径。洛阳既然拥有“天下之中”的地理优势，一些大富商的成功又为当地做出了极具诱惑力的示范，人们喜为商贾，自在情理之中。如果不考虑人们的实际困难与需求，盲目贬斥商贾，那就太不近人情了。应该说，商业发达为维持洛阳地区密集的人口做出了重要贡献，这对维持“天下之中”的地位也是十分必要的。

两汉之际的社会大动荡，造成天下人口锐减，相比之下，河洛地区受到的破坏较弱，人口依然较多，因此，东汉光武帝刘秀放弃长安，定都洛阳。鉴于洛阳地区人众地狭，土地资源较为有限，东汉官府并没有施行向洛阳的大规模移民行动。但由于政治中心地位的确立，大批官僚士大夫涌入，河洛地区的发展进入了一个崭新阶段。在东汉向洛阳地区的迁入人口中，最引人注目的应属那些辅佐刘秀打下天下的功臣世家及外戚家族。这也是东汉政治的一大特色。这些功臣及外戚大都拥有众多显贵与庞大的家族，形成在东汉政坛上影响巨大的家族

① 《汉书》二八下《地理志下》，第1651页。

集团，他们大都长期居住于首都洛阳。如功臣耿弇一家在东汉一代出过“大将军二人，将军九人，卿十三人，尚公主三人，列侯十九人，中郎将、护羌校尉及刺史、二千石数十百人，遂与汉兴衰云”[①]。外戚窦融一家在东汉初年拥有“一公，两侯，三公主，四二千石，相与并时。自祖及孙，官府邸第相望京邑。奴婢以千数，于亲戚、功臣中莫与为比。”[②]不过，最显赫的家族集团还要属邓、寇两家。“邓氏自中兴后，累世宠贵，凡侯者二十九人，公二人，大将军以下十三人，中二千石十四人，列校二十二人，州牧、郡守四十八人，其余侍中、将、大夫、郎、谒者不可胜数，东京莫与为比。”[③]

这些庞大的家族拥有尊崇的政治地位与经济实力，为满足自身享乐的需要，建造出数量惊人的豪宅大院及亭台园林，使洛阳地区的都市景观呈现出富丽奢华的光彩。在住宅与园林的建造中，梁冀一家的经营是最为豪侈与耀眼的。梁氏“一门前后七封侯，三皇后，六贵人，二大将军，夫人、女食邑称君者七人，尚公主者三人，其余卿、将、尹、校五十七人。（梁冀）在位二十余年，穷极满盈，威行内外”[④]。在梁氏家族气焰熏天之时，梁冀与其妻孙寿在洛阳城中大兴土木，兴造宅院，煞费心机，穷奢极侈，互相夸耀于世。“堂寝皆有阴阳奥室，连房洞户。柱壁雕镂，加以铜漆。窗牖皆有绮疏青琐，图以云间仙气。台图相通，更相临望；飞梁石磴，陵跨水道。”梁冀等权贵也非常讲究生活空间中自然情趣的营造，故而，“广开园囿，采土筑山，十里九坂，以像二崤。深林绝涧，有若自然，奇禽驯兽，飞走其间。”梁冀精

---

①《后汉书》卷一九《耿弇列传》，第724页。

②《后汉书》卷二三《窦融列传》，第808页。

③《后汉书》卷一六《邓寇列传》，第619页。

④《后汉书》卷三四《梁统列传》，第1185页。

心营造的一所著名园林——菟苑，位于洛阳城西连亘数十里，意境奇丽，巧夺天工，为其家势财力的象征，在中国园林建筑史上也占有一席之地。东汉一朝宦官与外戚相继专权，一些宦官家族的巨府豪宅也堪与外戚势家媲美。

然而，真正为洛阳精神文化发展做出贡献的还是那些儒臣文士。东汉洛阳文化发达的主要特征是经学鼎盛。这首先与光武帝本人对经学的提倡有着密切的关系。学者们通过观察，承认西汉王朝的创业功臣大都出身于流氓无赖，而东汉开国功臣大都出身世族，均有“儒将”风采。以刘秀为例，虽以武力开创天下，然对儒学情有独钟，他对经学的爱好对洛阳地区学术的复兴起到了决定性的影响。如《后汉书·儒林列传》载：

> 及光武中兴，爱好经术，未及下车，而先访儒雅，采求阙文，补缀漏逸。先是四方学士多怀协图书，遁逃林薮，自是莫不抱负坟策，云会京师。

东汉多位皇帝雅爱经术，是导致河洛地区儒学大兴的重要原因。“上有所好，下必甚焉”。明帝刘庄等甚至亲自执教，讲解经义，产生了极其热烈的轰动效应：

> 帝正坐自讲，诸儒执经问难于前，冠带缙绅之人，圜桥门而观听者盖亿万计。①

①《后汉书》卷七九《儒林列传》，第2545—2546页。

儒学最高学府——太学在洛阳的重建，是吸引各地士人纷至沓来的又一直接诱因。

“光武初兴，愍其（太学）荒废，起太学博士舍，内外讲堂，诸生横巷，为海内所集。”①

东汉历代君主还专门下诏，要求贵族子弟入太学攻读，甚至连匈奴首领的子弟也送入太学读书，一时间形成了“人人通经”的鼎盛局面。至汉顺帝时，太学规模进一步扩大。《后汉书·儒林列传》载：当时“更修黉宇，凡所造构二百四十房，千八百五十室。”“自是游学增盛，至三万余生。”一座拥有3万多名学生的学府，就是在21世纪的今天，比之于国内外任何一所著名高等院校也毫不逊色。而这一切却发生在公元1至2世纪的洛阳地区，中国古代文明的早熟，由此可窥一斑。许多儒生在通达经术之后，长期留居洛阳从事教育或行政工作，成为洛阳居民中具有高度文化素质的群体。

当然，一批著名学者的出现，更是河洛地区儒学成就的杰出体现，他们有：

一代思想巨著《论衡》的作者——著名思想家王充，原籍会稽上虞（今浙江上虞），而他的学识完全得益于在洛阳的游学经历。王充到达京师洛阳后，进入太学攻读。洛阳地区学者云集，藏书宏富的文化环境让他如鱼得水，如饥似渴地遨游于知识的空间。因“家贫无书，（王充）常游洛阳书肆，阅所卖书，一见辄能诵忆，遂博通众流百家之言。”②

---

①《后汉书》卷四八《翟酺传》，第1606页。

②《后汉书》卷四九《王充传》，第1629页。

著名文学家、科学家张衡也是洛阳太学毕业生中的佼佼者。张衡为南阳西鄂（今河南南阳）人。他自幼聪慧过人，下笔成章。后进入洛阳太学学习，“遂通五经，贯六艺”。张衡后任太史令，先后制造了地震仪、候风鸟等先进仪器，成为中国古代科技史上的一颗巨星。[①]

然而，如此繁盛富丽的洛阳城在东汉末年，竟被奸雄董卓付之一炬。史载：当时洛阳城内“贵戚室第相望，金帛财产，家家殷积”，正是一派富裕兴旺的光景。没想到丧心病狂的董卓放纵士兵疯狂剽掠，淫妇女，抢财货，强制驱迫洛阳数百万人口迁往关中，最后，纵火焚烧，宫室、巨宅、民居灰飞烟灭，可叹一代名都浩劫过后，“二百里内无孑遗”[②]。后来，曹操之子、著名文学家曹植路过洛阳时，吟诗道：“步登北芒坂，遥望洛阳山。洛阳何寂寞，宫室尽烧焚……中野何萧条，千里无人烟……”[③]千载之后，我们依然可以感受到诗人“长歌当哭”的凄惨心境。

二、“西天”也无此名城

——北魏后期河洛文化区的复兴

> 自晋、宋以来，号洛阳为荒土，此中谓长江以北，尽是夷狄。昨至洛阳，始知衣冠士族，并在中原……
>
> ——〔南朝·梁〕陈庆之

北魏迁都洛阳，为这一古都的发展带来了新的契机。迁都之前，

①《后汉书》卷五九《张衡传》，第1897—1909页。

②《后汉书》卷七二《董卓列传》，第2325—2327页。

③《文选》卷二〇《送应氏诗》，第277页。

洛阳地处南北割据政权的边境地区，久罹战乱，破败不堪。大批南迁人口使这一荒废已久的故都重新焕发出夺目的光彩。不仅如此，迁都改制，正值北魏发展史上的巅峰时期，国力鼎盛，来自雁北的王公贵族、官僚大臣在洛阳新居的规划上穷其精巧，斥资无数，富丽堂皇的各种建设使洛阳平添了一道侈丽的风景线。《洛阳伽蓝记》卷四“城西”载：

当时四海晏清，八荒率职，珠囊纪庆，玉烛调辰，百姓殷阜，年登俗乐。鳏寡不闻犬豕之食，茕独不见牛马之衣。于是帝族王侯，外戚公主，擅山海之富，居川林之饶，争修园宅，互相夸竞。崇门丰室，洞户连房，飞馆生风，重楼起雾，高台芳榭，家家而筑；花林曲池，园园而有，莫不桃李夏绿，竹柏冬青。

拓跋氏（元氏）王公之中，河间王元琛被称为豪富之首。他曾遣使者前往西域购求名马，得到十余匹骏马，以银为食槽，以金为锁环。亭台馆阁及日常器皿，精妙无比，府内财货山积，不可胜数。他常常感叹：“不恨我不见石崇（晋朝富豪），恨石崇不见我！”结果把生性贪暴而心胸狭窄的章武王元融气得三日卧床不起。当时，与元琛财富相颉颃的王公还有高阳王元雍及清河王元怿等。他们的豪宅都成为洛阳城中耀眼夺目的景观。

当时洛阳城中大臣豪宅要首推张伦之家了。张伦为北魏开国元勋张衮之玄孙。他的住宅位于城东昭德里。“斋宇光丽，服玩精奇，车马出入，逾于邦君。园林山池之美，诸王莫及。伦造景阳山，有若自然。其中重岩复岭，嵚崟相属，深蹊洞壑，逦递连接。高林巨树，足使日月蔽亏；悬葛垂萝，能令风烟出入。崎岖石路，似壅而通；峥嵘涧道，盘行复直。是以山情野兴之士，游以忘归。”（卷二“城东”，第100页）天水人姜质在观赏张家园林后，称赏不已，特作《亭山赋》颂扬其绝美景致。

北魏国力的强大，洛阳都市的繁盛，吸引着大批周边民族人民向洛阳涌来，洛阳由此成为当时具有国际性的大都会，一座名副其实的移民城市。名著《洛阳伽蓝记》用生花之笔为我们出神入化地描绘出当时的盛况：

> 自葱岭已西，至于大秦（古罗马帝国）。百国千城，莫不欢附。商胡贩客，日奔塞下，所谓尽天地之区已。乐中国土风，因而宅者，不可胜数。是以附化之民，万有余家。门巷修整，阊阖填列，青槐荫陌，绿树垂庭，天下难得之货，咸悉在焉。（卷三“城南”，第161页）

为安置来自四面八方的“附化之民”，北魏官府专门在伊洛之间、御道两旁建有“四夷馆”。来自不同地域的人分别住进不同名号的馆舍。不过，四夷馆只是过渡性的寓舍，一般在三年之后，四夷馆的异乡客会被重新安置在洛阳城内，从而成为洛阳的正式居民。

> 道东有四馆：一名金陵，二名燕然，三名扶桑，四名崦嵫。道西有四馆：一曰归正，二曰归德，三曰慕化，四曰慕义。吴人投国者处金陵馆，三年已后，赐宅归正里……北夷来附者处燕然馆，三年已后，赐宅归德里……东夷来附者，处扶桑馆，赐宅慕

化里。西夷来附者得崦嵫馆，赐宅慕义里。[①]

对异族他国归附之人，做出如此精心而妥善的安置，充分显示出当时北魏统治者的自信与胸襟。

不同民族、不同国度的人们聚居在伊洛之间，不仅带着对名都的仰慕之情，更带着各地迥然不同的风土人情。如南方移民集中的城南归正里：

民间号为吴人坊，南来投化者多居其内。近伊、洛二水，任其习御。里三千余家，自立巷市，所卖口味，多是水族，时人谓为鱼鳖市也。（卷二“城东”，第117页）

北魏时期河洛文化成就的另一大标志就是佛教兴教，洛阳古都成为当时首屈一指的佛教大都会，各国僧侣纷纷来到洛阳。

时佛法经像，盛于洛阳，异国沙门，咸来辐辏。负锡持经，适兹乐土。世宗故立此寺（城西永明寺）以憩之。房庑连亘，一千余间。庭列修竹，檐拂高松，奇花异草，骈阗阶砌。百国沙门，三千余人，西域远者，乃至大秦国，尽天地之西垂。（卷四“城西”，第235页）

河洛地区佛寺林立，成为城市建设中的一大特征。

---

①《洛阳伽蓝记》卷三“城南”，第160页。

逮皇魏受图，光宅嵩、洛，笃信弥繁，法教逾盛。王侯贵臣，弃象马如脱屣，庶士豪家，舍金财若遗迹。于是昭提栉比，宝塔骈罗。争写天上之姿，竞摹山中之影。金刹与灵台比高，广殿共阿房等壮。(《洛阳伽蓝记》原序)

北魏末年，洛阳城内最宏伟的寺院就是胡灵太后所立的永宁寺了。这座寺院修建于熙平元年（516年）。主体建筑为九层浮屠，为架木结构，高九十丈。浮屠之上，又有宝刹，也有十丈之高。宝刹顶离地面一千尺。远离京师百余里之外，就能看到这座高耸入云的宝刹。这座佛塔的内部装饰也代表了当时的建筑艺术的最高水准。“殚土木之巧，穷造形之妙，佛事精妙，不可思议。绣柱金铺，骇人心目。至于高风永夜，宝铎和鸣，铿锵之声，闻及十余里。”波斯国胡人（疑为南印度人）菩提达摩是中国禅宗的始祖，当时也来到洛阳。他在永宁寺佛殿前被这座无与伦比的建筑惊呆了，自称年已一百五十余岁，遍历各国，但即使是在西天极乐世界也没有目睹过如此精丽的宝刹（卷一“城内”，第1—5页）。

有些寺院景致宜人，成为洛阳士民休憩游玩的好去处。如城西宝光寺周围“葭芙被岸，菱荷覆水，青竹翠竹，罗生其旁。京邑士子，至于良辰美日，休沐告归。征友命朋，来游此寺，云车接轸，羽盖成阴，或置酒林泉，题诗花圃，折藕浮瓜，以为兴适。”（卷四“城西”，第199—200页）好一幅优游和谐的都市生活画卷！

洛阳城内建寺，至北魏末年至于极盛，但也出现了畸形发展的态势。神龟元年（518年），尚书令元澄对此进行了抨击：

……尔来十年，私营转盛，罪摈之事，寂尔无闻……自迁都已来，年逾二纪，寺夺民居，三分且一……今之僧寺，无处不有。或比满城邑之中，或连溢屠沽之肆，或三五少僧，共为一寺。梵唱屠音，连檐接响，像塔缠于腥臊，性灵没于嗜欲，真伪混居，往来纷杂……昔如来阐教，多依山林，今此僧徒，恋著城邑……[①]

此后不久，执政的胡灵太后及满朝文武数百人丧生于“河阴之变”，僧徒与佛寺的极盛竟成为北魏亡国之兆，洛阳古都文化由此面临着破灭的横祸。

河阴之变，是北朝洛阳地区发生巨变的转折点。契胡尔朱荣率领部众进入洛阳，为铲除朝廷权贵对他的威胁，将胡灵太后母子及满朝大臣驱至河阴，大肆屠戮，王公卿士及朝臣死者三千余人。尔朱荣部众的残暴屠杀引起了河洛百姓的惊恐，四散逃奔，以避灾祸。“贵室豪家，弃宅竞窜；贫夫贱士，襁负争逃。”（卷一“城内”，第7页）为超度死者，“其家多舍居宅，以施僧尼，京邑第舍，略为寺矣”[②]。东魏天平元年（534年），高欢认为洛阳过于接近西魏及南朝边境，逼迫孝静帝迁都邺城（今河北临漳县西南）。由于缺乏必要的准备时间，迁徙过程十分狼狈混乱。

如此惨痛的丧乱及大规模的人口迁出，对洛阳地区的冲击是巨大的。至武定五年（547年），杨衒之有事重游洛阳，看到的是一片衰残景象：城郭崩毁，宫室倾覆，寺观化为灰烬，庙塔变为丘墟。城墙遍布蒿艾，里巷处处荆棘，各类野兽在荒废的门阶内造穴，山鸟在昔日的庭树上筑巢。牧童在闹市废墟上放牧牛羊，农夫在宫殿遗址里耕耘。

---

①《魏书》卷一一四《释老志》，第3044—3045页。

②参见《魏书》卷一一四《释老志》，第3047页。

匆匆十余年，弹指一挥间，而洛阳的兴废已恍若隔世，怎能不让人悄然而生“沧海桑田”之叹？[1]

三、贤俊皓首馆阁间
——北宋时期诸国降臣的文化贡献

> 令公献籍朝未央，敕书筑第优降王。
> ——〔宋〕晁补之《芳仪曲》

宋朝人士喜欢“京、洛”并称，“洛”即洛阳，而“京”即北宋首都东京汴梁（今河南开封市）。赵匡胤通过“黄袍加身”登上帝位后，对南北割据政权展开了强大的攻势，在消灭这些割据势力之后，往往将那些亡国君臣及其家眷迁入首都汴梁，这类政治性移民对汴梁城的繁荣起到了重要的作用，竟然使汴梁城一下子拥挤起来。时人杨侃《皇畿赋》对此进行了生动而形象的描述：

> 太祖以神武独断，太宗以圣文诞敷，平江表，破蜀都，下南越，来东吴，北定并汾，南取荆湖。是故七国之雄军，诸侯之陪臣，随其王公，与其士民；小者十郡之众，大者百州之人，莫不去其乡党，率彼宗亲，尽徙家于上国。何怀土之不闻，甲第星罗，比屋鳞次。坊无广巷，市不通骑。[2]

五代十国时期，战乱不休，黄河以北地区遭受严重破坏，以汴梁、

①本节引文非特别注释，均出于《洛阳伽蓝记》，上海古籍出版社，1978年。

②〔宋〕吕祖谦编：《宋文鉴》卷二，《景印文渊阁四库全书》，台湾商务印书馆影印本，第1350册。

洛阳为中心的河南地区也在劫难逃。战争的破坏与文化的衰落往往成正比。相比之下，南方许多割据小国却保持着相对稳定的发展态势，藏书富赡，人才济济，拥有丰厚的文化资源。北宋统治者非常重视文化资源的争夺，大批饱学之士无疑是最可宝贵的文化财富，他们的北迁为汴梁的文化发展注入了生机。如后蜀名臣毋昭裔曾力劝后主孟昶雕版印刷《九经》，为后蜀文化振兴做出了贡献。他又命门下学士句中正、孙逢吉等人雕版印制《文选》《初学记》《白氏六帖》等典籍，这实为中国印刷史上的一件盛事。后来，毋昭裔的后人将这些雕版带到汴梁，献给朝廷，从此，这些稀有的典籍广布士林，可谓功德无量。又如后唐、后蜀两国移民中有一些声名卓著的艺术家。李煜本人就是一个多才多艺的书画家，其国中翰林待诏董源为一代山水画大师，而徐熙为花鸟画大家，后唐亡后，徐熙、董羽等一些画家进入汴梁。同时，“蜀主好事，故艺能之士精书画者众矣。”蜀国艺能之士中最负盛名者当推一代画坛巨匠黄筌。黄筌为成都人，早年即以擅长绘画驰名于巴山蜀水。他兼采众家之长，笔意豪赡，脱尽俗气，超迈前贤。被人誉为“前无古人，后无来者”。迁入汴梁后，黄筌入翰林图画院供职与徐熙并称“黄、徐”，同为花鸟画开门立派的宗师。黄筌诸子也多善画，随其父供职于图画院。诸子中最出色的是黄居寀，以画艺精湛深受朝野人士的推重，比之其父黄筌有“青出于蓝”之誉。这批才华卓著的艺术家无疑为北宋画坛增添了夺目的光彩。①

除翰林图画院外，接纳这批移民最集中的文化机构要数崇文院了。北宋官府为妥善安置大批降王、陪臣的到来，着实动了一番脑筋，可谓用心良苦。对那些降王及其眷属，北宋官府都提供了宽敞的住宅及

①参见陈高华编：《宋辽金画家史料》，文物出版社，1984年。

丰厚的赏赐，降王子弟封官晋爵，备受关照。目的就为了让这些亡国之君免去怀旧的感伤，优游度日。与此同时，各国降臣几乎被北宋官府全数录用。但在这些降臣的任用上，北宋朝廷自然有戒备之心，他们是不能随意离开汴梁的，而朝廷之中又不可能有这么多实缺，因此，一批饱读诗书的文臣进入北宋最大的文化机构——崇文院之中。

汴梁城中的崇文院的前身为昭文馆、集贤馆、史馆等三馆，始建于后梁贞明年间。起初，馆舍地处宿卫军士驻地，环境嘈杂，房舍简陋狭窄。太平兴国初年，宋太宗赵光义驾临此地，十分不满，对左右随从讲道："像这样简陋不堪的房舍，怎么能容纳天下藏书，招揽天下贤俊呢?"立即命人重选馆址，另行修建。不久，新的馆合竣工，规模宏丽，几乎可与皇宫内院相媲美，特赐名为崇文院。不难发现，将大批文臣强迁的同时，北宋执政者还尽力搜集各类文献图书。如"江南藏书之盛为天下冠"，南唐灭亡后，这些藏书一股脑运到了开封。崇文院建成后，将搜集的图书全部收藏其中，后来，赵光义又将三馆中最精良的图书，另造书库收藏，这就是秘阁。据粗略统计，至宋真宗即位之时，崇文院及秘阁所藏书已将近四万卷。

馆藏书籍的激增，必然带来繁重的校勘、整理工作。据宋人王明清《挥麈后录》的记载，到太平兴国年间，北上入汴的降王大都过世，他们手下的大臣们不免产生"物是人非"的悲凉之情，对远迁的生活颇有厌倦之意。碰巧，北宋在平定南方诸国的同时，大力搜集图书，奖励主动献书之家，馆阁藏书迅速增加。太宗赵光义即将这些南方旧臣组织到馆阁之中，从事校雠整理工作，并编纂大型类书。生活待遇优厚，无复后顾之忧。许多文臣在图书编纂生涯中度过了一生。宋朝著名的四大类书《册府元龟》《文苑英华》《太平御览》《太平广记》等都是这些文臣辛勤工作的结晶。

宋太宗的做法无疑是仁慈而明智的，既可使这些文士免却思念故国之苦，又可为国家文化建设事业做出贡献。这些降臣亡国之前，大都待遇优厚，家境丰裕。移居开封后，因携带家眷，生活负担较为沉重。加之人地两生，没有额外的经济收入。除少数高官外，许多移民生活拮据，度日艰难，不免会怨气满腹。而北宋官府也不可能无条件地赡养这一特殊的移民群体。而这些昔日的朝臣都饱读诗书，娴于文辞，招入崇文院正是人尽其才，两全其美。“四大类书”是中国古代文化史上的丰碑，具有难以取代的重大价值。如被誉为“类书之冠”的《太平御览》长达一千卷，所引经史图书达1690种，时至今日，这些引用的古书十之七八已经失传，后世学者得益于《太平御览》的引用，才有机会看到这些古代典籍的片光只羽。又如《册府元龟》卷数最为庞大，几乎是《太平御览》的一倍，所用资料全部来自以往的17部正史，成为后人校勘正史资料的极好参照。

诸国降臣的成就并不止于此。如南唐名臣徐铉与后蜀句中正等人校正《说文解字》，也是一件了不起的贡献。后汉许慎所著《说文解字》是中国最早的文字学著作。徐、句二人都是造诣精深的文字学家、书法家。他们对这部著作进行了校定、整理，后人称为“大徐本”。今天，许慎原书已经失传，徐铉等人所校之书成为后世学者研究《说文解字》及古文字学的奠基石。因此，当后人感叹宋代文化的伟大成就时，切不可忘记这群离乡背井的亡国之臣所付出的心血。

第三节　南人多是北人来

——移民与江南文化区的兴盛

> 江南好，风景旧曾谙。日出江花红胜火，春来江水绿如蓝，能不忆江南？
>
> 江南忆，最忆是杭州。山寺月中寻桂子，郡亭枕上看潮头。何日更重游？
>
> ——〔唐〕白居易《忆江南》

如此轻灵明艳的词句，不知勾起多少人对江南水乡无限的向往之情。“上有天堂，下有苏、杭”，苏州、杭州秀绝天下的美丽景致，共同构筑起人们梦想中的江南。文人骚客对江南美景尽情地讴歌，不仅丰富了祖国的文学艺术宝库，更增加了江南文化的神奇魅力。然而，在上古时期，人们心目中的江南并没有如此美丽动人，前往江南甚至被视为畏途。江南地区的开发以及江南风景的驰名宇内，有赖于大批北方移民的不懈努力。

一、江南卑湿，丈夫早夭

——先秦及秦汉时期江南文化带的低落

> 自交址（趾）至会稽七八千里，百越杂处，各有种姓。
>
> ——〔唐〕颜师古引臣瓒注《汉书·地理志》

江南，顾名思义，意为“长江之南”。古文献中出现的“江南”有多种含义，广义的“江南”不仅包括今天的江、浙地区，而且包括湖南及江西等地。与所谓“楚越之地”相当。在先秦时期，楚、越等国被中原诸侯视为“蛮夷之地”，其文化发展程度与中原诸大国有较明显的差距。周文王之叔父吴太伯逃到荆蛮之地，依从当地风俗，“文身断发”，获得“荆蛮”居民的支持，建立起以荆蛮之人为核心的“句吴之国”。后来，吴国一度强大，称雄一时，但中原人士对他们依然有“蛮夷之吴”的印象。越国虽然与吴国长期争战，但风俗与吴国极为相近，言语相通，因而被中原人士同样视为“蛮夷”之类。据传说，楚国的祖先也是黄帝流落在蛮夷的子孙，但楚国国君常常以“蛮夷”自居。秦始皇统一六国后，在全国范围推行统一的郡县制度与文化体制，但承六国之旧，各地居民及风俗差异还相当明显。在中原人心目中，长江以南仍是较为荒僻的地方。西汉司马迁曾在《史记·货殖列传》中描述道：

> 总之，楚、越之地，地广人希，饭稻羹鱼，或火耕而水耨，果隋蠃蛤，不待贾而足，地埶饶食，无饥馑之患，以故呰窳偷生，无积聚而多贫。是故江、淮以南，无冻饿之人，亦无千金之家。

可见，在秦汉初年，长江以南大部分地区尚处于火耕水耨的原始农业时代，然而物产丰富，人口稀少，仰赖天赐，没有饥馑之忧。不过，两汉时期文献记载却表明了当时中原人对南方暑湿气候的恐惧。司马迁紧接着上文即指出：“江南卑湿，丈夫早夭”。东汉班固赞同这样的观点，在《汉书·地理志》也重复了“江南卑湿，丈夫早夭”的论断。很明显，在两汉人心目中，江淮以南完全不是一块令人向往的乐土。最出名的事例便是贾谊谪居长沙了。据《史记·贾生传》记载，贾谊博学多才，为人所忌，被遣往长沙国任太傅。生长于河南洛阳的贾谊早就闻听长沙卑湿，男子寿促，因而郁郁寡欢，悲伤不已，《吊屈原赋》《鹏鸟赋》等名作都是其忧郁心境的写照。后来淮南王刘安为阻止汉武帝征伐闽越，上书极言南方地区的险恶环境：

> 南方暑湿，近夏瘅热，暴露水居，蝮蛇蠚生，疾疠多作，兵未血刃而病死者什二三。虽举越国而虏之，不足以偿所亡。①

所谓“卑湿”“下湿”或“暑湿”，不外乎地势低洼，湿度过大以及过于炎热等几个方面，这些客观状况对早期农业开发是十分不利的。另外，江淮以南地区土壤黏性过大，在铁制工具并不普及的时代，在这些地区从事农耕是十分困难的。此外还必须指出，两汉人对楚越地区的畏惧并不只在于当地“卑温”或“暑湿”的自然条件，还在于当地居民的构成。秦汉时期，江南地区的土著居民主要是吴越国人的后裔，即所谓“越人”，又称为“百越”。西汉初年，还发生了两次越人向江淮地区的大规模迁徙。越王勾践之后无诸与摇，因佐汉伐楚，被分别立为闽越王与东海王。建元三年（公元前138年），闽越进攻东海王都城东瓯（今浙江温州市），东瓯向汉朝求救，闽越退走后，“东瓯请举国徙中国，乃悉举众来，处江、淮之间”。后来，南越国反叛汉朝，东越（即闽越）与之往来密切，也起兵造反，汉朝军队平定叛乱后，汉武帝认为“东越狭多阻，闽越悍，数反复”，于是下诏命“军民皆将其民徙处江淮间。”②两次大规模的内徙，使江淮地区几乎成为百越民族的世界。唐颜师古《汉书地理志注》引臣瓒曰：“自交趾（今越

① 《汉书》卷六四上《严助传》，第2781页。

② 《史记》卷一一四《东越列传》，第2980—2984页。

南北部）至会稽（今浙江绍兴）七八千里，百越杂处，各有种姓。”古代越人的回归，无疑会使越族风俗重新弥漫江淮地区，成为该地风俗的主导特征。直到东汉末年及三国时期，江浙一带仍然有大量“山越（山居的越人）”活动，难怪中原汉族士大夫视江南为畏途了。

二、避难者的新天地

——南朝时期江南文化区的崛起

金陵昔日何壮哉，席卷英豪天下来。

——〔唐〕李白《金陵歌送别范宣》

东汉末年，中原大乱，北方人民为逃避灾祸，成群结队地向江南地区迁徙。“避乱江南”的记载在史籍中屡屡出现。与刀刃交下，干戈日起的残酷动乱相比，江南地区的气候缺陷已不足为虑了。因此，“四方贤大夫避乱江南者甚众”。随着人口的增加与农业生产的发展，江南地区除却了神秘莫测的面纱，成为中原人民得以安居乐业的新家园。

吴国的建立，是江南文化发展的一个重要契机。吴国不少官僚都是来自北方的移民。首都建业（今江苏南京市）开始成为江南地区首屈一指的政治、经济、文化重镇，它的发展是当时江南文化兴起的重要标志。吴国主孙皓等人曾迁都武昌（今湖北鄂州市），结果遭到群臣的强烈反对，不久又不得不返回建业。当时童谣歌道：“宁饮建业水，不食武昌鱼；宁还建业死，不止武昌居。”时至晋朝，著名文士左思撰《三都赋》，将魏、蜀、吴三国国都建设成就加以颂扬，说明了建业城市文化建设丝毫不逊色于北方的邺都（今河北临漳县西南）。

西晋末年的“永嘉南渡”是中国历史上前所未有的南迁运动，对江南文化发展也带来了难以估量的影响与动力。早在“永嘉南渡”之前，王导等人已极力劝说司马睿经营江南重镇建康（因避西晋愍帝名讳，建业改为建康）。“永嘉丧乱”爆发后，大批中原世家大族奔向江浙一带避难，这些世家大族也就成为东晋政权依赖的基础力量。最著名的就是以王导、王敦为首的琅邪临沂（今山东费县东）王氏家族。王导、王敦分掌民政与军政大权，王氏子弟布列朝班，故时谚云：“王与马（司马氏），共天下。”“永嘉丧乱”使中原地区的礼乐文明遭受灭顶之厄，大批世族人士具有较高的文化造诣，他们向东南地区的汇集，对迅速提高当地的学术文化地位发挥了重要作用。隋朝开皇初年，秘书监牛弘曾回顾南北朝时期文化发展的艰难历程：

> 永嘉之后，寇窃竞兴，因河据洛，跨秦带赵。论其建国立家，虽传名号，宪章礼乐，寂灭无闻。……故知衣冠轨物，图画记注，播迁之余，皆归江左。晋、宋之际，学艺为多，齐、梁之间，经史弥盛。①

以儒学为例，一些饱学之士南迁，成为东南一带颇具号召力的儒学宗师。如东莞姑幕（今山东诸城）人徐邈，在“永嘉之乱”中与同乡臧琨率子弟及乡人千余家迁居京口。在孝武帝即位后，在谢安的举荐下，官补中书舍人，为皇室顾问，校定儒家经典，受到学者推重。又鲁国人孔衍，为孔子之后裔，南迁江东后，深得司马睿等人的倚重。后世学者已注意到，总体而言，两晋时期，世崇老庄之学，玄风大炽，儒学发展处于低谷，这种状况一直延续至宋、齐两朝。直到萧梁时期，南方文化才发生了较大飞跃。天监四年（505年），萧衍下诏设置五经

① 《隋书》卷四九《牛弘传》，第1299页。

博士，“广开馆宇，招内后进”。平原（今山东平原县）人明山宾等四人各主一馆，“馆内有数百生，给其饩廪。其射策通明者，即除为吏，十数年间，怀经负笈者云会京师。”萧衍还遣博士祭酒到州郡立学，在其倡导下，梁国内出现研习儒家经典的热潮。[①]在萧衍等人崇经重文政策的激励下，一批卓有成就的学者、文士相继出现，独领风骚。他们中间不少是北方移民及其后裔。如清河东武城（今河北清河县西北）人崔灵恩从北魏奔梁后，位兼国子博士，“聚徒讲授，听者常数百人”。所讲内容精微，深受当地儒者拥戴。与崔灵恩同时奔梁的北方儒学家还有孙详、蒋显、卢广、宋怀方等人，也都任国子博士，聚徒讲学，其中卢广以“音辞清雅，不类北人”而广受好评。南朝儒学家出于移民后裔者，还有清河东武城人张讥、太原晋阳人王元规，他们均著论宏富，子弟如云。

除儒学外，移民在哲学、文学及史学等领域同样有卓著建树。如：

著有《神灭论》的一代无神论思想家范缜为南乡舞阴（今河南泌阳市西北）人；著有《诗评（品）》的著名文论家钟嵘为颍川长社（今河南长葛市东）人；编撰《千字文》的周兴嗣为陈郡项（今河南沈丘县）人；一代文学批评巨著《文心雕龙》的作者刘勰为东莞莒（今山东莒县）人；科技奇才祖冲之为范阳遒（今河北涞水县北）人，等等。[②]

由此可见，正如东晋等朝的建设有赖于外来移民一样，南朝文化发展史如果没有北方移民的参与，将是难以想象的。

①参见《梁书》卷四八《儒林传》，中华书局校勘本。

②参见《梁书》卷四八《儒林传》、卷四九、卷五〇《文学传上、下》，中华书局校勘本。

三、繁华钱塘梦

——南宋杭州城内的“汴梁遗风”

> 东南形胜，三吴都会，钱塘自古繁华。烟柳画桥，风帘翠幕，参差十万人家。云树绕堤沙，怒涛卷霜雪，天堑无涯，市列珠玑，户盈罗绮，竞豪奢。
>
> 重湖叠巘清嘉，有三秋桂子，十里荷花。羌笛弄晴，菱歌泛夜，嬉嬉钓叟莲娃。千骑拥高牙，乘醉听箫鼓，吟赏烟霞。异日图将好景，归去凤池夸。
>
> ——〔宋〕柳永《望海潮》

一代才子柳永的这首《望海潮》词，历来被誉为刻画钱塘（今杭州市）风景的上佳之作。据说金朝海陵王完颜亮闻听此词后，咏赏久之，深深被“三秋桂子，十里荷花”的清丽景致所陶醉，遂有兴兵南下，吞并南宋之意，结果，身败名裂，含恨而终。一首绝妙好词竟挑起了一场战争，也称得上是千古奇事。不过，才华横溢的柳永在这首词中却犯了一个常识性的错误，因为说“钱塘自古繁华”，实在是言过其实。

且不说先秦时期江浙一带为“断发文身”的荆蛮之民所占，就是至六朝时期，钱塘还远不能与建邺、江陵等都城相媲美。现代历史地理学家谭其骧先生曾对杭州历史进行了深入的考察，指出从秦汉到两宋，杭州城市发展经过了以下几个阶段：

1. 秦汉六朝八百年为一期——山中小县时代；

2. 隋唐三百年为一期——江干大郡时代；

3. 五代北宋二年四十年为一期——吴越国都及两浙路路治时代；

4. 南宋一百四十年为一期——首都时代。[①]

钱塘城市驰名海内在很大程度上要归功于五代十国时期钱镠等人的苦心经营。在唐末五代的激烈动荡之后，金陵（今南京）等江南大都会遭严重破坏后，平稳发展的杭州遂成为“东南第一州”。北宋著名文学家欧阳修对这一变化进行了较全面的说明：

> 若乃四方之所聚，百货之所交，物盛人众为一都会，而又能兼山水之美，以资富贵之娱者，惟金陵、钱塘。然二邦皆僭窃于乱世，乃圣宋受命，海内为一，金陵以后服见诛，今其江山虽在，而颓垣废址，荒烟野草，过而览者，莫不为之踌躇而凄怆。独钱塘自五代时知尊中国，效臣顺，及其亡也，顿首请命，不烦干戈，今其民幸富完安乐。又其习俗工巧，邑屋华丽，盖十万余家，环以湖山，左右映带，而闽商海贾，风帆浪泊出入于江涛浩渺、云烟杳霭之间，可谓盛矣。[②]

柳永词中所描绘的正是北宋时杭州的盛况，但杭州城市发展更大的飞跃，这位才子并没有看到。靖康南渡后，以杭州为中心的江南地区文化发展迎来了一个前所未有的高潮。南宋大理学家朱熹指出：“靖康之乱，中原涂炭，衣冠人物，萃于东南。”[③]作为行在所（临时首

---

①谭其骧：《杭州都市发展之经过》，《长水集》（上），人民出版社，1987年，第417页。

②《欧阳修全集·居士集》卷四十《有美堂记》，北京市中国书店影印本，1986年，第280—281页。

③《晦庵集》卷八三《跋吕仁甫诸公帖》，《景印文渊阁四库全书》，第1145册。

都）的临安更是人才济济之区，“中朝人物悉会于行在”。[①]衣冠人物而外，大批北方普通士民又避难入居杭州。南宋朝廷为安置这些中下层士民，特地在江河码头等交通要地设立接待处，当时临安城内外这类接待处多达二十余个。又因为接待处多设于佛寺之中，当时人因此称为接待寺。临安最大的接待寺是今湖墅夹城巷附近的妙行寺。该寺地处运河码头，外来士民投奔者最多。[②]

南宋大诗人陆游在《老学庵笔记》中称：“大驾初跸临安，故都及四方士民、商贾辐辏。”这句话准确地道出了南渡初期杭州城内移民构成的特征。就迁入杭州的外来移民而言，人数最多又最引人注目的自然是来自故都（即汴梁，今河南开封市）人。高宗南逃之初，杭州城屡遭破坏，人口凋零，十存二三。可以说，南宋杭州城是在外来移民的推动下复兴的，而大批汴梁移民的到来，在很大程度上决定了杭州城城市文化风貌的特征。

汴梁城市生活的糜烂奢华，是相当出名的。对此，宋室皇家的奢侈行为难辞其咎。宋徽宗时期的“花石纲”行动最为臭名昭著，害得无数平民倾家荡产，天下怨声载道。在皇族成员的引导下，贵族官僚骄奢淫逸，挥霍成风。北宋大史学家司马光曾在《论财利疏》中对此提出强烈批评：

> 宗戚贵臣之家，第宅园囿，服食器用，往往穷天下之珍怪，极一时之鲜明。惟意所致，无复分限，以豪华相尚，以俭陋相訾，

① 《陆放翁全集·渭南文集》卷一五《傅给事外制集序》，北京市中国书店，1986年影印本，第86页。

② 林正秋著：《南宋都城临安》第六章《人口与家庭》，西泠印社出版社，1986年，第175—177页。

愈厌而好新，月异而岁殊。①

定都临安后，以赵构、秦桧为首的南宋君臣无复北还之思，醉心于西湖畔迷人的山水之中，大肆修建宫室、园林、豪宅，豪华奢侈程度比之汴梁，有过之而无不及，很快使“东南第一州”（宋仁宗赵祯语）大放光芒。现代学者通过细致考察后指出：

> 西湖绿水黛瓦之间，“一色楼台三十里”，御园、王府，大小园囿不知其数；城内南北十余里，贵宅、宦居、幽园、雅舍亦不下百余处。南宋临安园林，数量之多甲于天下，而奢侈之风，亦不亚于汴京。②

关于南宋杭州人文氛围中的移民特征，我们不妨看看两位明朝人士的感想。沈士龙在《东京梦华录序》中讲道：他曾路过汴梁城，看到当地居民住宅之门屏及商店隔扇式样，都与“武林”（即浙江杭州市）城内完全相同，心中不禁非常奇怪。后来读《东京梦华录》记载汴梁风俗有：贵家士女小轿不垂帘幕，端阳节时卖葵蒲艾叶，七夕节时吃油面糖煎果，重阳节所吃插糕上树剪彩小旗，十一月廿四日祭祀灶神，以及穷苦人家扮鬼神驱祟等，都与杭州相同。至此，才醒悟：原来杭州城中的风俗都是南渡移民传入的风尚。杭州人郎瑛在《七修类稿》更明确指出：杭州城中方言，比周围各郡更加动听，其主要原因就是南宋初年汴梁人随高宗南渡，在此永久定居下来，因此，当地

①吴涛著：《北宋都城东京》，河南人民出版社，1984年，第131页引文。

②姚毓璆、郑祺生：《南宋临安园林》，《南宋京城杭州》，政协杭州市委编，1985年，第229页。

方言与汴梁方言极为相似。按现代语言学家的定义，南宋杭州实际形成了一个独特的方言岛。如果杭州城内的语言、风俗到明代还与汴梁相似，那么，南宋时期，杭州城可以称得上是汴梁城的翻版了。

据《梦粱录》《都城纪胜》诸书的记载，南宋杭州城中数饮食业与娱乐业中“汴梁遗风”最为显著。如《都城纪胜》称：“都城食店，多是旧京师人开张，如羊饭店兼卖酒。”又“南食店谓之南食，川饭分茶。盖因京师开此店，以备南人不服北食者，今既在南，则其名误矣。”仔细琢磨，杭州城内“南食店”的出现，也不完全是“照搬照抄”导致的错误。如果杭州城内遍布汴梁人开设的北方风味的饭馆，自然有必要标明专供南方口味食物的“南食店”。《梦粱录》也云：“杭城食店，多是效学京师人，开张亦效御厨体式，贵官家品件。”又“汴京熟食店，张挂名画，所以勾引观者，流连食客。今杭城茶肆亦如此，插四时花，挂名人画，装点门面。”

应该指出：杭州城内的“汴梁遗风”的炽烈，不仅在于大批汴梁移民的到来，还在于人们的刻意营造。不仅饭馆如此，当时杭州城内各式商店都竭力“效学汴京气象”（即模仿汴梁城的特色），理由很简单，当时杭州城内皇亲国戚、达官贵人大都来自汴梁，饭馆熟悉的汴梁风貌使这些移民有“宾至如归”的亲切感，自然会频繁光顾，生意红火。再加上高宗赵构及后宫人员，经常传唤街上货贩，因而，所有商家不敢苟且行事，特别讲究商品质量。否则，生意成败事小，冲犯“天颜”就会大祸临头。《鸡肋编》卷中还提道：为了让皇室舒适地度过南方炎热的夏天，杭州城内特地引进北方窖藏技术，以提供消暑的冰块，“皆如京师（即汴梁）法”。

杭州城中最抢眼喧闹的娱乐场所是“瓦舍”，同样是北方移民从汴梁城移入的。“瓦舍”起源于何时，已无法考定，但在汴梁城中非常盛行，灯红酒绿，妓女成群，既是文人墨客放浪形骸之处，也是富家子弟流连忘返的好地方。南渡之初，杭州城驻守大批北方籍军士，思乡情切，又百无聊赖。为避免这些军士无事生非，扰乱社会治安，在一些将领的主持下，杭州城内外创立多处瓦舍，招集妓乐，成为军卒们闲暇娱乐的场所。后来，瓦舍生意红火，数量急剧增加，富家子弟成为频繁光顾的主客，挥金如土，逸乐无度。如《梦粱录》卷一九《瓦舍》称："今贵家子弟郎君，因此荡游破坏，尤甚于汴都也。"

其实，当时杭州城内，荡游挥霍的远不止于"贵家子弟郎君"。古语云："心安即为家"。在上层统治者苟且偷安、屈辱求和的思想引导下，除少数稍知良知的人士外，大多数王公贵族、达官显宦早已不再有"收复神州"的念头，更把被掳北迁的徽、钦二帝抛在了脑后，抱定"今朝有酒今朝醉"的信条，在醉生梦死中消磨光阴。南宋词家文辰翁曾无奈而辛酸地吟道："一勺西湖水，渡江来百年歌舞，百年酣醉……"南宋学者周密也在《武林旧事·西湖游幸》中讲道：当时杭州城内"贵珰要地，大贾豪民，买笑千金，呼卢百万。以至痴儿呆子，密约幽期，无不在焉。日縻金钱，靡有纪极。故杭谚有'销金锅儿'之号，此语不为过也。"因此，杭州城内就出现了这样耳熟能详的讽刺诗：

山外青山楼外楼，西湖歌舞几时休？
暖风薰得游人醉，只把杭州作汴州。

当品味这首讽刺诗的时候，后人也不要忘记当时杭州城内客观的移民文化背景。"走在杭州，如在汴梁。"大批移民的南迁与刻意营造，无论是语言，还是四时风俗，南宋的杭州城与旧都汴梁如出一辙，难分彼此，实在是太相像了。北方移民在这里听到的是熟悉的乡音，吃到的家乡风味的食品，玩乐享受，一应俱全，哪里还有离乡背井、寄人篱下的苦涩与忧伤？自然优游度日，快乐无涯，何必去自讨苦吃，投身于金戈铁马的疆场！福祸相倚，实在难以说清，南宋杭州城内浓郁的“汴梁遗风”，对大批北方移民来讲，究竟是陶陶乐事，还是隐形灾祸呢?!

第三章

燕山胡骑鸣啾啾

——周边民族内迁与中原文化

中国古代史也是一部民族融合史，民族融合的根本途径在于不同的民族走到一起，在共同的地域里长期生活在一起。只有这样，才能消除各民族间心理与文化心态上的差异，培养民族间的感情及相互依存的关系。而这一途径则非移民莫属。大批周边民族进入中原地区，对中国文化发展也做出了特殊的贡献。周边民族进入中原的过程，既是学习与接受华夏（汉）族文化成就的过程，也是以自身特有的民族文化特征影响中原文化的过程。

第一节　胡越一家聚中华

——内迁——周边民族接受汉化的捷径

一、从“塞外胡虏”到“汉家皇亲”

——匈奴族的内迁与汉化过程

> 夫帝王岂有常哉?!
> 大禹出于西戎，
> 文王生于东夷，
> 顾惟德所授耳。
> ——〔十六国〕刘渊

匈奴是最早对汉族中原王朝产生重大影响的北方游牧民族，以至于在匈奴族消失之后，而匈奴或“胡（‘匈奴’二字之促读）”依然是域外及北方民族的代名词。从现有文献资料分析，后来出现在塞外的游牧民族，就其生产方式及风俗习惯而言，与匈奴也大同小异。《史记·匈奴列传》有关其生产生活特征的记载云：

> ……居于北蛮，随畜牧而转移……逐水草迁徙，毋城郭常处耕田之业，然亦各有分地。毋文书，以言语为约束……其俗，宽则随畜，因射猎禽兽为生业，急则人习战攻以侵伐，其天性也……

匈奴族生产生活方式的形成，在很大程度取决于所在地理区域的自然环境。秦统一六国后，筑成万里长城，从此，这条万里长城就成为匈奴族活动区与汉族中原王朝辖区的分界线。当匈奴部落强盛之时，其控制区域相当辽阔，西接月氏、氐、羌，东接秽貉、朝鲜，包括今内蒙古自治区与蒙古国等地。大致处于今天的蒙古高原，属寒温带气候。

历史时期各个游牧民族与中原王朝的关系都经历了复杂的演变过程。其中匈奴族与中原王朝的敌对状态维持时间最长，关系发展也最为曲折。早在战国时期，匈奴人对中原诸国的侵袭已相当频繁。秦与西汉时期，长城南北曾爆发过多次大规模的战争，造成生命财产的巨大损失。东汉时期，南北关系发生了重大变化。建武二十四年（48年），南北匈奴分裂，南边八部拥立比为呼韩邪单于，归款五原塞。之后，匈奴族内迁出现了两次大的飞跃。首先，东汉官府允许南单于入居云中，并设置匈奴中郎将之职，其责任就是率领官军护卫入居的匈奴部众。这也是南匈奴部众正式内迁的开始。后来，南单于又徙居西河美稷（今内蒙古自治区准格尔旗西北），而南匈奴各部主要入居于东汉缘边诸郡，相当于今天内蒙古中西部及山西、河北两省北部。《后汉书·南匈奴传》载云：

> 使韩氏骨都侯屯北地（治今甘肃庆阳县），右贤王屯朔方（治今内蒙古杭锦旗），当于骨都侯屯五原（治今内蒙古包头市），呼衍骨都侯屯云中（治今内蒙古托克托县），郎氏骨都侯屯定襄（治今内蒙古和林格尔），左南将军屯雁门（治今山西右玉县），要籍骨都侯屯代郡（治今河北蔚县）。皆领部众，为郡县侦罗耳目。

可见，当时南匈奴各部与东汉边防军队一起，共同担负起抵抗北匈奴的重任。到东汉永平年间，南匈奴在反击北匈奴的战争中取得重大胜利，大批北匈奴部众也南迁加入南匈奴之中，部族势力也趋于强盛。如永平二年（59年），“是时，南部连克获纳降，党众最盛，领户三万四千，口二十三万七千三百，胜兵五万一百七十”[①]。北匈奴在东汉与南匈奴的联合攻击下，陷于土崩瓦解的状态，南匈奴日趋强大，但他们却没有因此产生回归塞外的愿望，相反，南匈奴内迁的步伐进一步加快，到曹魏时期，匈奴的核心部分已居住于今天山西省的中、西、南部，当时人们也由此称内迁南匈奴为“并州胡”。从“塞外虏”到“并州胡”，实为匈奴发展史上的巨大飞跃。又因其主体分为五部，故又被称为“五部胡”，《晋书·刘元海载记》载其五部分布格局为：

> 左部居太原兹氏（今山西汾阳市），右部居祁（今山西祁县东南），南部居蒲子（今山西隰县），北部居新兴（今山西忻州市一带），中部居大陵（今山西文水县东南）。

当匈奴长期游牧于长城以北之时，其风俗特征并没有明显的改变。但在其南下之后，风俗与心理状态都有显著的变化。倾向于中原王朝的南匈奴部落开始入居汉朝缘边地区后，他们与北匈奴之间的差异越来越明显。如公元88年，趁北匈奴内外交困，实力大为削弱之际，南单于上书东汉朝廷，有意借助东汉的力量，吞并北匈奴。在这份上书中，他表达了对东汉朝廷的感激之情：

---

①《后汉书》卷八九《南匈奴列传》，中华书局校勘本，第2953—2954页。

> 臣累世蒙恩，不可胜数……臣伏念先父归汉以来，被蒙覆载，严塞明候，大兵拥护，积四十年。臣等生长汉地，开口仰食，岁时赏赐，动辄亿万，虽垂拱安枕，惭无报效之地……[①]

无疑，“生长于汉地”的匈奴贵族与生长于塞外的匈奴酋长存在着不容忽视的差别，东汉朝廷给予南匈奴上层人物十分丰厚的待遇，并允许匈奴贵族子弟前往京师洛阳太学读书，享有与汉族贵族同等的就学机会，这对培养他们亲汉的感情以及提高汉化水平是相当关键的。与此同时，匈奴上层贵族也积极与汉族士大夫交游，与汉族朝廷及士大夫的关系日益融洽，深受汉族文化熏染。这一点在刘渊等人身上表现得特别明显。汉族传统士大夫出于狭隘的民族偏见，往往对少数民族的风俗习惯极尽丑化之能事，然而就在地位崇高的“正史”（如《晋书》）中，后世的史官却对刘渊等人的汉化程度做了十分肯定的记述。这引起了众多研究者的关注。

刘渊，字元海，因名犯唐高祖李渊名讳，故史书习称其字。他是十六国时期最早出现的刘氏汉国的创立者。据载，他是新兴（今山西忻州市）匈奴人，是匈奴单于冒顿之后。因汉高祖将皇族女子嫁与冒顿为妻，故而，冒顿后裔都以刘为姓氏。刘渊之父为左贤王刘豹。刘渊虽出身于匈奴酋长之家，但自幼就以好学闻名，拜上党籍儒士崔游为师，攻读《诗经》《易经》《尚书》等儒家经典，尤其喜爱《左传》《孙子兵法》等书，博览《史记》《汉书》及诸子百家之书，学识大进，并州地区的汉族名士，如屯留崔懿之、襄陵公师彧、太原王浑等人都

---

① 《后汉书》卷八九《南匈奴列传》，第2952页。

与他有深厚的友谊。西晋末年，刘渊曾任匈奴五部大都督，声望更著，“幽冀名儒，后门秀士，不远千里，亦皆游焉。”[①]可以说，除却其民族属性，我们很难发现刘渊与一般汉族士人的差别。晋末大乱，刘渊等人经过深思熟虑，决定打出恢复刘氏汉室政权的旗号，他说：“我是刘氏皇族的外甥，与刘氏子弟约为兄弟，兄位弟承，有何不可!?”俨然以汉室继承人自居。这一宣扬收到良好的效果，刘渊汉国创立之初，闻讯而来的华、夷人士达数万人。刘渊任命著名儒士雁门人范隆为大鸿胪，上党人朱纪为太常。

除刘渊外，刘氏汉国的后继者及主要匈奴族官员也都具有较深的汉文化素养，如头号功臣刘宣（字士则），也是匈奴贵族后裔，以儒生孙炎为师，好学精思，废寝忘食，深受汉族友人的推重。晋末纲纪大乱，刘宣多方策划，极力劝说刘渊自立称王。刘渊死后，王位为其子刘聪所篡夺。刘聪执政后虽有“暴虐”之名，然其汉文化造诣却超过其父。他自幼聪悟好学，博通经史，广涉百家之言，《孙子兵法》等书能背诵如流。精于书法，文笔畅达，创作述怀诗百余篇，赋、颂等50余篇，称得上是一位颇有成就的才子。弱冠后，刘聪游历京师洛阳，汉族名士争相与之订交。其出类拔萃的人格魅力显然出于他对汉族传统文化的极高造诣。

从塞外游牧民族到深入中原创立汉族模式的政权，匈奴族的这一巨大飞跃得益于内迁，得益于接受汉族文化。尽管当时汉族士大夫将“十六国”的出现称为“五胡乱华”，但我们可以清楚地看到以刘氏汉赵国为代表，当时所谓“少数民族政权”其实是由汉化的内迁民族的上层人物与汉族士大夫共同构成。尽管这些政权带有较多的民族性特

① 《晋书》卷一〇一《刘元海载记》，第2647页。

征，然就其根本属性而言，其与中原汉族政权并无二致。这应该是内迁少数民族接受汉文化的典型体现。

二、迁都改制慕汉化
——拓跋鲜卑的内迁与汉化

> 迁都嵩极，定鼎河瀍，庶南荡瓯吴，复礼万国，以仰光七庙，俯济苍生。困穷早灭，不永乃志。
>
> ——〔北魏〕孝文帝遗诏

在南迁中原之前，拓跋鲜卑的文化风俗与匈奴等塞外游牧民族并无明显差别，正如《魏书·序纪》所载“畜牧迁徙，射猎为业，淳朴为俗，简易为化，不为文字，刻木纪契而已，世事远近，人相传授”等。拓跋鲜卑接受汉化的历史应从太子沙漠汗时算起。与匈奴族相比，拓跋鲜卑内迁与接受汉文化速度之快，是惊人的。沙漠汗是始祖力微的长子，力微时，拓跋部落的聚居中心已转移至定襄盛乐（今内蒙古和林格尔西北）。曹魏景元二年（261年），拓跋鲜卑与魏国通好，沙漠汗入洛阳为质。此后长期在洛阳居住，与魏国士大夫交往密切，多方学习中原的文化与技能，“风彩被服，同于南夏”，受到其部落大夫的忌恨，在北归途中惨遭杀害。但拓跋鲜卑汉化道路并没有因此而断绝。后来，拓跋部落内部纷争，为取得后赵国的支持，什翼犍又入质邺都（今河北临漳县西南）。他在邺都居住时间长达十余年，深受后赵国制度文化的影响，后来回到代国即位后，就按照后赵模式进行改革。封置百官，分掌众职。又想定都灅源川。由于皇后王氏等人的反对而暂时作罢。但什翼犍并没有放弃定都的努力，在即位第四年秋九月，又筑盛乐城于故城南八里。可以说，什翼犍在位时期，拓跋鲜卑在国家建设方面取得了长足的进步。

天兴元年（398年），拓跋珪在消灭后燕政权后，正式由盛乐迁都平城（今山西大同），在大批汉族士人的帮助下，一个新兴国家在塞北崛起。北魏初期的国家制度也是按汉族王朝的模式建立起来的。拓跋珪对文化教育十分重视，“始建都邑，便以经术为先，立太学，置五经博士生员千有余人。天兴二年春，增国子太学生员三千。”[①]当时，北魏的统治中心区仍集中于雁门关以北地区，出身于北方游牧民族的统治者能够如此重儒学，建学校，是非常难能可贵的。

拓跋鲜卑的汉化程度在拓跋氏皇族身上表现得最为突出，从什翼犍时期起，随着国内汉族士人的增多，拓跋氏王族后裔已开始建立子孙学习汉族典籍的传统。拓跋珪自幼遭受国难，颠沛流离，但以身作则，依然在汉族典籍上下了一番功夫，他崇尚黄老之学，还亲自向诸王讲解黄老典籍。太宗拓跋嗣的文化水平比拓跋珪更高出一筹，不仅博览群籍，还能著书立说，可以说是一位学者型的帝王：

> 帝礼爱儒生，好览史传。以刘向所撰《新序》《说苑》于经典正义多有所阙，乃撰《新集》三十篇，采诸经史，该洽古义，兼资文武焉。[②]

当然，拓跋鲜卑帝王中倾心汉文化的杰出代表还要属孝文帝拓跋（元）宏。他不仅天资聪颖，好学不倦，且极有文才，下笔成章。这种对传统汉文化出类拔萃的造诣与才干就是在汉族皇王中也是极为少见的。《魏书·高祖纪》载云：

---

①《魏书》卷八四《儒林传》，第1841页。

②《魏书》卷三《太宗纪》，第64页。

> 雅好读书，手不释卷。《五经》之义，览之便讲，学不师受，探其精奥。史传百家，无不该涉。善谈《庄》《老》，尤精释义。才藻富赡，好为文章，诗赋铭颂，任兴而作。有大文笔，马上口授，及其成也，不改一字。自太和十年已后诏册，皆帝之文也，自余文章，百有余篇。

正是拥有如此高深的汉文化造诣，拓跋宏有意一统天下，拥有四海，成为华夏文化的正统代表，因此，他对代都平城的地理位置十分失望，克服重重阻力，迁都洛阳。迁都洛阳后，孝文帝厉行种种汉化政策，力度之强，范围之广，可谓前无古人，后无来者，是中国古代史上的一次意义极为深远的文化改革运动。孝文帝改制的核心在于“全盘汉化”。他不仅在官方场合废止鲜卑族语言、服饰，还将拓跋鲜卑的姓氏一并改为汉姓，并且代迁而来之人，均入籍为河南洛阳人，不准入居洛阳的鲜卑贵族死后返葬塞北。更可贵的是，拓跋（元）宏在力矫鲜卑旧俗的同时，大力起用汉族才学之士，为北魏后期文化建设的鼎盛做出了积极贡献。《魏书·儒林传》称当时盛况为：“时天下承平，学业大盛。故燕、齐、赵、魏之间，横经著录，不可胜数。大者千余人，小者犹百数。”如果没有拓跋氏皇族对汉文化的推重与提倡，这种盛况的出现是难以想象的。

三、彼耕此种捐旧风

——女真人的内迁与汉化

> 猛安人与汉户，今皆一家，彼耕此种，皆是国人。
>
> ——〔金〕唐括安礼

金朝创始者出于生女真（或称女直），在其兴起之前，尚处于较原始的文化发展阶段，风俗纯朴，受到契丹等邻近民族的压迫与歧视。

> 生女直地有混同江、长白山，混同江亦号黑龙江，所谓“白山、黑水”是也……黑水旧俗无室庐，负山水坎地，梁木其上，覆以土。夏则出，随水草以居，冬则入处其中，迁徙不常……生女直无书契，无约束，不可检制……尚未有文字，无官府，不知岁月晦朔，是以年寿修短莫得而考焉。①

女真族自太祖完颜阿骨打时崛起，定都于会宁（今黑龙江阿城县南白城）。灭辽之后，辽国原来契丹族大臣与汉族大臣成为其王朝建设的骨干，各种制度均继承辽朝的旧规。攻灭北宋之后，又取得了汴梁城中大部分汉文图籍，许多宋朝大臣也跟随北上，为学习汉文化提供了良好的条件。在这种氛围中，女直（真）皇族直接受到汉文化的影响。如太宗完颜晟于天会五年（1127年）已下诏举行科举考试，选拔人才，以充实各级官府。皇统元年（1141年）二月，金熙宗完颜亶亲

①《金史》卷一《世纪》，第2—4页。

自前往孔子庙祭祀，北面拜行弟子礼，表达了对这位儒家先圣的崇敬。以帝王之尊，行此大礼，其影响之大，是可以想象的。祭拜仪式结束后，熙宗还对随从说："朕幼年游佚，不知志学，岁月逾迈，深以为悔。孔子虽无位，其道可尊，使万世景仰。大凡为善，不可不勉。"此后，他用心攻读《尚书》《论语》《五代》《辽史》等书籍，至于夜以继日的程度①。

在旧史籍中，海陵王完颜亮往往被刻画成一位淫暴至极的君王，但他在女真人汉化史上却占有相当重要的地位。据说海陵王相貌酷似汉人，自幼喜好读书，交结儒生，表现出过人的记忆力与文学才能，"一咏一吟，冠绝当时。"正是出于对汉文化的喜爱，海陵王在即位后的第二年，即决定迁都燕京（今北京市）。宋人宇文懋昭所著《大金国志》卷一三《海陵炀王纪年上》载云："国主嗜习经史，一阅终身不复忘，见江南衣冠文物，朝仪位著而慕之。"可见，完颜亮有深深的"江南情结"，特别是在看到柳永描述杭州景色"三秋桂子，十里荷花"等词句后，更是思恋不已。他曾密遣画师随使南宋，归来后，将临安（今杭州市）风景绘于屏风之上。完颜亮仔细观赏后，无限感慨，遂有南侵之志，在屏风上题诗云：

> 自古车书一混同，南人何事费车工（攻）？
> 提师百万临江上，立马吴山第一峰。②

但海陵王未免操之过急了。为了实现其吞并江南的野心，海陵王不顾女真族大臣的反对，又迁都汴梁，并在民怨沸腾的情况下，亲统

① 《金史》卷四《熙宗纪》，第77页。
② 〔宋〕宇文懋昭撰：《大金国志》卷一四《海陵炀王纪年中》，第199页。

大军南侵。结果，众叛亲离，为不满的将士所杀，身败名裂，遭到人们无情地唾骂。南宋人谢处厚曾赋诗云："谁把杭州曲子讴？荷花十里桂三秋。那知卉木无情物，牵动长江万里愁。"①

但是，女真人汉化的脚步没有因此而中辍。金世宗完颜雍曾对此感慨不已："自海陵迁都永安（即燕京），女真人浸忘旧风……今之燕饮音乐，皆习汉风。"世宗本人对女真旧俗颇有怀恋，屡屡告诫皇族子弟不可忘记女真旧俗："汝辈自幼惟习汉人风俗，不知女直纯实之风，至于文字语言，或不通晓，是忘本也。"②可见，当时的皇族子弟连女真文字语言都弃而不学了。不过，完颜雍的这些言论不过是怀旧心理作怪而已，因为他在位时期仍然继续留居燕京，没有迁回会宁的意向。史载"世宗、章宗之世，儒风丕变，庠序日盛。"③汉化速度比起海陵王时期有过之而无不及。

与海陵王相似，章宗完颜璟同样"博学工诗"，如他有一首牡丹诗为时人传诵："洛阳谷雨红千叶，岭外朱明玉一枝。地力发生虽有异，天工造物本无私。"承安四年（1199年），章宗下诏在燕京城内建最高学府——太学，该太学设施齐备，完全仿效汉族王朝学校式样，规模相当可观，"总为屋七十有五区。""公卿以下子孙并入学受业，每季临观，课其优劣，学徒甚盛，诸生献诗颂及赋者四百人。"④可以说，当时包括女真贵族子弟在内的高级官员后裔都进入太学攻读，章宗本人还时时亲临测试，以汉文水平定诸生优劣，"学而优则仕"，"士繇科第位至宰辅者接踵"。学业成为步入仕途的捷径，这种提倡会极大地增

①〔元〕刘一清撰：《钱塘遗事》卷一，《景印文渊阁四库全书》。

②《金史》卷七《世宗纪》，第159页。

③《金史》卷一二五《文艺传》序，第2713页。

④《大金国志》卷二〇《章宗纪年》，中华书局，1986年，第275页。

进各族学生学习汉文的热情。尽管世宗、章宗曾不止一次下诏禁止女真人改汉姓，着南人衣装，但在儒风日炽的环境中，即使不改汉姓，着汉装，也不影响女真人对汉文化的倾慕。

攻灭北宋后，金朝统治者为了有效控制大片国土，将女真族人组成屯田军，入居中国北部地区。关于这些屯田军的生活状况，宋人张棣《金虏图经》载云：

> 自本部族徙居于中土，与（汉族）百姓杂处，计其户口给赐官田，使自播种，以充口食……（军士出征之时）老幼在家依旧耕耨……所居止处，皆不在州县，筑寨处村落间。

女真屯田军分布地域相当广袤，“自燕山之南，淮陇之北，皆有之，多至六万人，皆筑垒村落间。”①这些女真人虽保持旧有的猛安谋克制度，负有镇戍之责，但他们与汉族人一样从事农业生产，故又称为“军户”。可以说，屯田军的组建及内迁，是女真族全面摆脱旧有生产生活方式，接受农耕文明的开始。对此，大臣唐括安礼明确指出：“猛安人与汉人，今皆一家；彼耕此种，皆是国人。”②

贞祐二年（1214年），在蒙古人攻势的逼迫下，金宣宗迁都汴梁（今河南开封）。从此，金朝逐步丧失了对黄河以北大部分地区的控制权，大多数女真军户也随之南下，集中于河南等地，史称“贞祐南渡”。面对蒙古人的凶猛攻势，金宣宗及手下已汉化的女真族大臣再也没有其祖先的雄野之风，只是在唉声叹气的无奈中消磨光阴。据《大金国志》卷二五载：“宣宗幼美风姿，好学，善谈论，尤工于诗，多招

---

①《大金国志》卷十二《熙宗纪年四》，第173页。

②《金史》卷八八《唐括安礼传》，第1964页。

文学之士，赋诗饮酒。”又据刘祁等人的回忆，宣宗与群臣每当听到蒙古军队大举进攻的消息，以为末日将临，相对无言，失声流涕；每当蒙古军队退却，战事稍为平息之时，君臣又张灯奏乐，举杯相庆。[①]同时，完全脱离了塞北地区的风土环境之后，女真族部众也不再好勇尚武，娴于骑射，与汉族士民混而为一，难分彼此了。元朝实行民族歧视政策，把女真人、契丹人与中国北方的汉族人列为一等（即“汉人”），可见，经过长期的共同生活，他们与“汉人”差别已经逊于“汉人”与“南人”（即南宋境内的汉族人）的区别了。

---

①〔金〕刘祁撰：《归潜志》卷七，第70页。

第二节　堂堂“天府”成“戎落”

——周边民族内迁与中原文化区的转型

两种文化的接触与影响总是相互的，虽具有明显的倾向性，但在相当长的一段时间里，双向性渗透的态势往往是势均力敌的。华夏（汉）族与周边民族的文化接触与碰撞充分证明了这一点。继夏、商、周三代之后，华夏族在典章制度、学术思想及文学艺术方面取得了巨大进步，与周边民族相比，占有整体上的文化优势，进入秦汉以后，虽屡经摧残，然不绝如缕，显示出顽强的生命力。另一方面，在长期的生产生活实践中，周边民族也创造了自己别具风采的文化风俗，以及丰富多彩的实用性创造，特别是在衣食住行等方面的用品，与华夏族相比，并无优劣高下之分，能够极大地满足其他民族人民厌恶陈腐、追求新异的心理。因此，我们不难发现，在某一少数民族上层人物热心学习儒家典籍文化的同时，其风俗习惯却受到汉族士民的喜爱，并在他们中间广泛地传播。在周边民族内迁的过程中，如果在某一地区居民中占有相当高的比例，则有可能使当地民俗明显“胡化”，即异族化。这种现象在中国文化史上并不少见。

一、羌笛悠悠绕长安

——氐、羌族入居与关中文化区的转型

黄河远上白云间，一片孤城万仞山。
羌笛何须怨杨柳，春风不度玉门关。
——〔唐〕王之涣《凉州词》

唐代著名诗人王之涣的这首《凉州词》，用流畅而极富美感的文字描绘出唐代的边塞风情，成为传颂千古的名篇。但人们在欣赏这篇名作时，也应了解到，古代玉门关并不是隔绝西北民族文化内传的障碍。历史时期随着周边民族的内迁，悠悠的羌笛曾回响在华北大地，飘进古都长安。

秦汉以来，关中地区作为华夏汉族最重要的文化区之一，历来广受推重。但关中地区地处西北，是周边民族南迁后的重要聚居区，秦国正是在所谓“戎狄”的包围下强大起来的。然而，秦国的富强只能暂时震慑周围少数民族部众，而不可能从根本上改变当地的民族结构。秦汉时期的“实关中”移民运动，其迁入地也仅限于关中一带。在考察关中地区经历盛衰变迁的时候，人们往往忽视了周边少数民族人口的增加，只有当周边民族的活动对中原王朝的政治构成强有力威胁的时候，封建统治者才惊讶地注意到种落蕃息的“夷狄”。历史时期以氐、羌族为主的周边民族的内迁，对关中地区的政治、经济、文化诸方面的发展产生了巨大的影响，关中地区的文化风貌由此出现了深刻而显著的变化，其主要趋向即“戎狄化”。

氐、羌族很早就出现在汉文史籍之中，《诗经·商颂》中就有“昔有成汤，自彼氐、羌，莫敢不来享，莫敢不来王”的记载。古籍中

“氐”“羌”常常连用或混用，古代学者们大都认为氐、羌同源，在我们今天看来，两个民族间虽存在某些差别，但其风俗的相似性是相当突出的。在先秦时期，氐、羌两族同属于“西戎”，散居于今天的西北地区。氐人集中于今天甘肃、陕西、四川三省的交界地区，而羌人发源地则在今青海省河湟地区，出于这种客观地理位置的不同，氐人与汉族中原王朝的关系较为平和，如氐人最重要的聚居地之一是武都百顷山，又称为仇池山，在今甘肃省西和县西南。汉武帝时期开拓西南，在氐人聚居区设置武都、陇西、阴平等郡，其中设十三氐道，以与为汉族居民所置的县相区别。

而羌人的内迁及叛乱则影响巨大。为了与匈奴人争夺西域地区，西汉军队在名将霍去病等人的指挥下大举北进，在河西走廊一带先后设置河西四郡，即敦煌、酒泉、张掖、武威。一些羌族酋豪依附汉朝，入居汉朝边塞之内，故有护羌校尉之设。然而，随着羌族人口的剧增以及汉朝官府的治理失当，汉羌矛盾迅速升级，至西汉后期，爆发了大规模的羌人叛乱事件。汉朝派重兵镇压后，采取优抚酋豪，罢兵屯田等政策，才维持了边塞局势的暂时平静。东汉建立后，为消除“羌乱”的威胁，开始将羌人内迁。关中（即三辅地区）即氐、羌人内迁的主要安置地之一。如建武十一年（35年），东汉名将马援击败先零羌之后，将羌众内迁，安置于天水（治今甘肃通渭县）、陇西（治今甘肃临洮县）、扶风（治今陕西兴平市）三郡。这是羌人大规模内迁关中的开端。当时实际迁入区并不仅限于上述三郡，如晋人江统曾回忆道：

建武中，以马援领陇西太守，讨叛羌，徙其余种于关中，居冯翊（今陕西大荔县）、河东（今山西西南部）空地，而与华人杂

处。数岁之后，族类蕃息……[1]

此后，这种内迁形成一种惯例，每当东汉军队平定一次“羌乱”后，总有不少降服的羌人内迁到关中一带。这势必造成关中地区羌人数量的急增。如永平六年（63年），窦固击败反叛的羌人之后，将降服之众内迁，安置于三辅地区。“越是后来，西羌之人入关者越多，除三辅外，安定、北地、上郡等地无不有羌。”[2]羌人的内迁，不仅没有遏制羌人的反叛势头，反而促使汉羌矛盾更加激化，“羌乱”或“羌叛”几乎与东汉一朝相始终。羌人人口的快速增长，也正与羌人反抗力量的增强形成正比关系。

至三国时期，氐、羌人内迁的趋势更加突出。如建安二十四年（219年），曹操为防止武都地区的氐人支持刘备军队，一次就将氐人五万余落迁至扶风、天水二郡，从而引起氐人大量向关中一带集中。氐、羌合流，几乎构成了当地人口的主体部分。这自然引起了汉族士大夫的忧虑。如西晋初年，江统著《徙戎论》，其核心思想就是强调关中地区内迁的氐、羌人对汉族王朝统治的巨大威胁，主张将这些氐、羌人迁回河湟故地。他明确指出：“且关中之人百余万口，率其少多，戎狄居半。”[3]这里所云“戎狄”包含了众多进入关中的其他民族，然应以氐、羌族人为主。这种特殊的民族构成，对当地风俗产生了决定性的影响。

与匈奴人相比，氐、羌人之所以与汉族王朝发生如此特殊的关系，其中一个重要的原因便是氐、羌人风俗习惯的复杂性。首先，氐人自

---

①《晋书》卷五六《江统传》，第1531页。

②马长寿著：《碑铭所见前秦至隋初的关中部族》，中华书局，1985年，第8页。

③《晋书》卷五六《江统传》，第1533页。

古即为一个定居性民族，住房形式以板屋为主。氐人从事的主要产业为农业与畜牧业，就经济形式而言，与汉族之间存在很大的兼容性。羌人早期居住于河湟地区时，以游牧生活为主。“所居无常，依随水草。”然自从始祖无弋爰剑从秦地学回农耕技术之后，开始田畜并重，农耕业与畜牧业占有同样重要的地位。这为他们内迁后很快适应并定居于关中地区，创造了良好的条件。但氐、羌与汉族之间的文化差异还是非常突出的，以羌族为例：

> 其俗氏族无定，或以父名母姓为种号。十二世后，相与婚姻，父没则妻其后母，兄亡则纳釐嫂，故国无鳏寡，种类繁炽。不立君臣，无相长一，强则分种为酋豪，弱则为人附落，更相抄暴，以力相雄。杀人偿死，无它禁令。其兵长于山谷，短于平地，不能持久，而果于触突，以战死为吉利，病终为不祥。①

显然，氐、羌族的一个鲜明风俗特征就是崇尚武力，勇敢善战。进入内地后，当他们受到严酷的民族压迫时，强烈的反抗精神会自然迸发出来。“羌胡被发左衽，而与汉人杂处，习俗既异，言语不通，数为小吏黠人所见侵夺，穷恚无聊，故致反叛。”②“羌乱”的频繁发生，也可从一个侧面说明，进入关中地区后，氐、羌族在相当长的时间里，依然保持着自己特有的民族精神与风俗特征。

氐、羌族人聚居于关陇地区，也为自己民族政权的建立奠定了基础。十六国时期，氐人苻氏的前秦政权，与羌人姚氏后秦政权先后在关中地区建立起来，因而吸引更多的氐人、羌人向这一地区聚居，数

① 《后汉书》卷八七《西羌传》。第2869页。
② 《后汉书》卷八七《西羌传》，第2878页。

量相当可观。如前秦强盛之时，抱负远大的苻坚声称氐人“族类弥繁”，将关陇一带氐人15万户迁至关东各军事重镇。学者们据此估计，当时关中附近地区的氐人至少在20万户以上，按每户5人计，氐族总人口应在100万以上[①]。这显然比西晋时期江统对“戎狄”人口的估计有巨大的飞跃。

羌人数量及实力仅次于氐人。公元386年，羌人首领姚苌在羌、匈奴、汉等各族人士的支持下，在长安称帝，建立后秦政权。尽管后秦在数十年之后，为东晋所灭，但可以肯定，大多数羌族平民依然留居在关陇地区，因此，到北魏时期，三秦地区“华夷杂居”的文化风貌依然相当显著，关陇地区各族人民的反叛风起云涌。关中地区有著名的羌族聚居区，如杏城、李润堡等。权势显赫的大太监王遇就是冯翊李润镇羌人。太和年间置华州，其州治就在李润堡。据学者考证，李润堡大致在今陕西澄城县西南。[②]关于这一带的文化风貌，北魏华州刺史元燮曾在上表中称：

> 谨惟州治李润堡，虽是少梁旧地，晋、芮锡壤，然胡夷内附，遂为戎落。城非旧邑先代之名，爰自国初，护羌小戍。及改镇立郡，依岳立州，因籍仓府，未刊名实。窃见冯翊古城（今陕西大荔县），羌、魏两民之交，许、洛水陆之际，先汉之左辅，皇魏之右翼，形胜名都，实惟西蕃奥府……

因此，元燮请求将州治从李润堡迁至冯翔古城，得到了世宗的同

①见《碑铭所见前秦至隋初的关中部族》，第10页。
②见《碑铭所见前秦至隋初的关中部族》，第46页。

意。[①]乐安王拓跋范镇守长安，世祖因其年少，考虑到“三秦民夷，恃险多变”，特选一些清廉有才干的官员相助。[②]然而，北魏一朝，三秦地区仍然是民族起义的高发区。如卢水胡盖吴领导的起义就震动一时，多次击败官兵的镇压。魏将陆俟在评价关中形势时曾云：

> 夫长安一都，险绝之土，民多刚强，类乃非一。清平之时，仍多叛动，今虽良民，犹以为惧，况其党与乎？

后来，安定卢水胡刘超等人又聚众万人反叛，拓跋焘特命陆俟为长安镇大将，前往镇压。[③]显而易见，当时的关中根本不是北部中国文化发达之区，而是少数民族风俗特征占优势的各民族杂居之地。

李白在《观胡人吹笛》一诗中吟道：“胡人吹玉笛，一半是秦声。”这位吹笛的胡人显然是关中的居民。学者们往往十分赞赏氐、羌族上层人物，如苻坚、姚苌等人接受汉化的热情与高度汉文化素养，却没有充分估计到在特定环境下民族文化所固有的顽强性，尤其是在大批普通平民集体入居之后，民族特性会在新的移民社区中长期维持。直到隋唐时期，关中地区依然有不少羌村存在，大诗人杜甫有多首吟咏羌村的诗篇，表达了诗人与羌族父老的深厚情谊。而此时距离东汉初年羌人向关中地区的内迁已有700多年的时间了。

---

①《魏书》卷一九下《安定王燮传》，第518页。

②《魏书》卷二四《崔玄伯附徽传》，第624页。

③《魏书》卷四〇《陆俟传》，第902—903页。

二、巍巍吕梁“山胡”家乡

——匈奴入居与稽胡文化区的出现

胡人别种，延蔓山谷，酋渠万族，广袤千里，凭险不恭，恣其桀黠。

——〔东魏〕孝静帝册命语

一般说来，以长城一线为界，历史上南北主要民族关系的发展大致可分两大阶段：一是对峙时期，一是入居时期。比较而言，对峙是南北民族关系中最常见的态势。在这一时期汉族边缘地区难以摆脱北方民族的种种影响，而这种影响对当地风貌的形成起到了不可忽视的作用，山西西部及北部地区自然不能例外。在上述山西文化区域的变迁轨迹中，我们已经清楚地看到了这一点。然而，当北方游牧民族入居汉地之后，即成为真正的移民之后，南北民族的关系就进入了一个复杂而特殊的阶段。笼统地说，南北民族融合的大趋势是“汉化”，即非汉民族逐步接受农耕经济及中原文化。然而实际状况往往要复杂得多。文化的影响总是双向进行的，移民本身是文化最活跃的载体，如迁入地为抛荒已久之区，汉族人口极其稀少，大量异族移民的进入就会使当地成为较纯粹的、具有异族特征的文化区域。匈奴人的内迁与稽胡文化区的出现就是一个典型例证。

匈奴人大规模南迁始于东汉初年，南匈奴首先入居的诸郡（即北地、朔方、五原、云中、定襄、雁门、代郡等）就包括今天的雁门关以北地区。至魏晋时期，南匈奴的居留区进一步向南伸展，覆盖了山西大部分地区，并形成几大聚居中心。如兹氏县（今吕梁汾阳市）、祁县（今晋中祁县）、蒲子县（今临汾隰县）与新兴县（今忻州市）等。

其中今天山西吕梁地区已成为南匈奴部众聚居的主要区域之一，十六国时期刘渊首先在离石（今吕梁市离石区）发难，显然与这一移民运动的大背景直接相关。而在刘渊南迁平阳之后，这一区域似乎为世人所遗忘，直到“山胡”出现之后。

事实上，内迁的匈奴等周边民族并没有退出这一大片地区。到北魏前期，更有大批“河西胡”向黄河东岸地区迁移。如《魏书·太宗纪》载：神瑞元年（414年），“河西胡酋刘遮、刘退孤率部落等万余家，渡河内属。”二年（415年），“河西胡刘云等，率数万户内附。”北魏官军曾大举镇压反叛的内迁胡族，除疯狂屠杀外，一次掳获降众就达10万多口。[①]足见当时东迁河西胡族人的繁盛。然而，终北魏一朝，也没有能遏制“山胡”人的反抗运动。

学者们对“山胡”的渊源尚有争论，我们同意这种观点：即“山胡”的来源是多元的，是多种内迁民族混同后的遗存，其中以匈奴苗裔为主。[②]“山胡”的主要聚居区就在西河、离石一带（即今山西吕梁地区），北魏统治者虽曾多次对“山胡”进行大规模进攻，但收效不大，“山胡”的势力甚至日益强盛，起义及反抗活动连绵不断，成为北朝统治者的心腹大患，北魏末年甚至形成所谓“胡荒”，“汾、晋之间略无宁岁”[③]。东、西魏分裂后，以并州晋阳为根基的北齐政权向“山胡”进行了多次大规模的清剿，大肆屠杀之余，将大批“山胡”部众外迁。与此同时，宇文泰等人也出兵追讨，解散其境内山胡部落。[④]然而这些措施依然不能完全清除“山胡”的影响，直到唐代前

①参见《魏书》卷二九《叔孙建传》。

②参见马长寿著：《北狄与匈奴》，三联书店，1962年。

③《周书》卷四九《稽胡传》，第897页。

④参见《北齐书》卷一、二《神武纪》（上、下），《周书》卷二七《韩果传》等。

期，并州的“山胡”才算销声匿迹。

数量庞大的“山胡”（又称“稽胡”），长期居住在包括今山西西部、陕西北部、甘肃东部的辽阔地区，实际上形成了十分独特的“山胡文化区”。关于山胡文化区的主要特征，《周书·稽胡传》进行了十分精辟的概括：

> 稽胡一曰步落稽，盖匈奴别种，刘元海五部之苗裔也。或云山戎、赤狄之后。自离石以西，安定以东，方七八百里，居山谷间，种落繁炽。其俗土著，亦知种田。地少桑蚕，多麻布。其丈夫衣服及死亡殡葬，与中夏略同。妇人则多贯蜃贝以为耳及颈饰。又与华民错居，其渠帅颇识文字。然语类夷狄，因译乃通。蹲踞无礼，贪而忍害。俗好淫秽，处女尤甚。将嫁之夕，方与淫者叙离，夫氏闻之，以多为贵。既嫁之后，颇亦防闲，有犯奸者，随事惩罚。又兄弟死，皆纳其妻。虽分统郡县，列于编户，然轻其徭赋，有异齐民。山谷阻深者，又未尽役属。而凶悍恃险，数为寇乱。

与其他文献资料相参证，我们可以对山西境内的“山胡”情况有一个较全面的认识：

首先，山胡区范围相当广，“自离石以西，安定以东，方七八百里”。安定即今甘肃泾川县，离石即今吕梁市离石区。显然这种估计过于保守。如东魏孝静帝在鼓吹高洋等人的功绩时曾说：“胡人别种，延蔓山谷，酋渠万族，广袤千里。凭险不恭”①，云云。另外，各种史

①参见《魏书》诸帝本纪。

籍往往以居留中心地为各地山胡命名，而这正为我们确定其活动区域提供了方便。这类名号有“离石胡”“西河胡”“吐京（今山西石楼县）胡”“河西胡”“并州胡”“汾州吐京胡”等[①]。又据《周书·韦孝宽传》载：“汾州之北，离石以南，悉是生胡，抄掠居人，阻断河路。”《周书》所载是以北周辖境为限。以黄河一线为界，稽胡区可分为东、西两个部分，而东部应为当时中国北方山胡或稽胡居留最集中的区域。这一区域又以离石、吐京为核心，完全覆盖了今天的吕梁地区。

其次，由于山胡“居山谷间”，再加上当地属长城以南农耕区及华夏族聚居区，因此，稽胡部众无论在生产方式还是在习俗上与纯粹游牧民族已有相当明显的差距，其文化属性具有明显的过渡性与交叉的特色。崇山峻岭间的丘陵地带缺乏从事游牧业的客观条件，同时，“又与华民错居”，稽胡之众已掌握初步的农业生产与纺织技术，如“其俗土著，亦知种田，地少桑蚕，多麻布”。长期与汉族居民共同生活，不可避免地受到汉族文化风俗的熏染。如“其丈夫衣服及死亡殡葬，与中夏略同”“其渠帅颇识文字”等。

第三，即使如此，山胡本身依然保存着浓厚的原始游牧民族特征，与华夏族间文化风俗的差异同样是显而易见的。其主要表现为：（1）保持本民族特有的语言。稽胡“语类夷狄，因译而通。”（2）保持收继婚等原始习俗。如“俗好淫秽，处女尤甚。将嫁之夕，方与淫者叙离，夫氏闻之，以多为贵。”“又兄弟死，皆纳其妻。”

南北朝时期“山胡”或“稽胡”区的形成还有两方面的客观条件，一是吕梁地区自然环境状况。这一地区农业生产的条件较为恶劣，在很大程度上限制了当地经济与文化的发展。吕梁山脉从北向南纵贯全

①《北齐书》卷四《文宣纪》，第46页。

区，适合农业生产的、较为平坦的地块均在吕梁山脉东侧，为太原盆地的边缘。吕梁山脉以西至黄河基本上是丘陵山地。境内山势险峻，道路崎岖，与山西其他地区相比，人烟稀少，农业生产比较落后，在生产条件十分原始的古代更是如此。特别是吕梁山脉以西，由于群山环抱，与外界交通不便，形成相当封闭的自然小区，恰好为“山胡”提供了适宜的栖身之地。这绝非偶然的巧合。

二是当地汉族人口的稀少。在北朝统治时期，上述稽胡区属汾州辖境，据《魏书·地形志》，汾州户口情况为“户六千八百二十六，口三万一千二百一十”，境内户口分布状况为：

郡名	户数	口数
西河郡	5388	25388
吐京郡	384	1513
五城郡	257	1101
定阳郡	797	3208

汾州五郡之中，西河郡在离石以东，所辖介休等县今属晋中地区，其户口占汾州总户口的80%以上。其余三郡户口相加不到总户口的20%，稽胡较为集中的地区如吐京，汉族人户屈指可数。作为“山胡”聚居中心区的离石却没有任何记录。在北周军队的清剿记载中，稽胡俘虏数字相当可观，足以证明当地稽胡居民数量之庞大。其次，这些数字本身还值得推敲。查《魏书·地形志》，吐京郡、五城郡、定阳郡等三郡下均有“孝昌中陷，寄治西河”的记载，明确了自北魏孝昌年间丧乱后，上述三郡实际已废弃，其郡中汉族居民之大部必随之外迁，故孝昌以后，当地更成为山胡的地盘。在人口比例上，稽胡必居当地

居民的绝对多数，这正是吕梁地区成为稽胡文化区的客观基础。[①]另外，北魏统治者在征伐山胡的同时，还有意迁走当地的汉族居民，这同样有助于增加山胡部众所占的人口比例。如太平真君九年（448年）二月，“徙西河离石民五千余家于京师（即山西大同市）。”[②]“五千余家”并不是一个十分惊人的数字，但对汉族居民本身就十分稀少的西河郡来说，其影响就不同寻常了，我们可以想象当地汉人的稀少。这一切无疑都为吕梁地区“稽胡区”的出现创造了便利。总之，北朝时期并州境内“山胡”文化区的出现并非偶然，是数百年来匈奴族人入居汉地的特有成果，也是中国文化史上具有特殊意义的重要课题。

三、齐鲁不见读书郎

——唐代河北藩镇地区的“胡风”

自从胡骑起烟尘，毛毳腥膻满咸洛。
女为胡妇学胡妆，伎进胡音务胡乐。
——〔唐〕元稹《法曲》

现代著名史学家陈寅恪先生在名著《唐代政治史述论稿》中对唐代河北藩镇的“胡化”问题进行了十分深入的研究，他精辟地指出：

唐代中国疆土之内，自安史乱后，除拥护李氏皇室之区域，

①谭其骧先生在黄河史研究中，曾细致地考察两汉时期黄河中游地区人口状况，指出由于匈奴等游牧民族的南迁，至东汉时期至少在边郡十郡范围内（包括吕梁地区），汉人已成了少数民族。进而以此为依据，对东汉以后黄河安流问题提出了创见。北方游牧民族南迁的复杂影响由此可见一斑。见《何以黄河在东汉以后会出现一个长期安流局面》，《长水集》（下），人民出版社，1987年，第1—33页。

②《魏书》卷四下《太武帝纪》，第102页。

> 即以东南财富及汉化文化维持长安为中心之集团外，尚别有一河北藩镇独立之团体，其政治、军事、财政等与长安中央政府实际上固无隶属之关系，其民间社会亦未深受汉族文化之影响，即不以长安、洛阳之周孔名教及科举仕进为安身立命之归宿。故论唐代河北藩镇问题必于民族及文化二端注意，方能得其真相所在也。①

根据陈先生的考定，河北藩镇地区的“胡化”倾向，直接来源于周边民族的内迁，因此，欲了解这种“胡化”问题的形成与发展，必须从民族迁移说起。而在考察民族迁移与河北藩镇问题时，最重要的线索就是“蕃（同番）兵蕃将”以及“安史之乱”的影响。

据记载，安禄山与名将哥舒翰关系很不融洽，唐玄宗李隆基经常从中调解，让他们结拜成兄弟，但效果依然不理想。一次，安禄山来到长安，李隆基特派太监高力士为之宴请接风，哥舒翰也出席宴会。为了打破尴尬的局面，安禄山对哥舒翰说道：“我父是胡人，母为突厥人，公父是突厥人，母是胡人，你我族类相同，为何不能相亲相善呢?”面对这种“民族感情”的诱惑，哥舒翰似乎并不领情，反唇相讥：“古人说，野狐嗥叫，是不祥之兆，因为它忘本啊!”讽刺安禄山身为胡人，却不知其父，惹得安禄山恼羞成怒：“突厥竟敢如此欺辱我!”要不是高力士在旁解劝，两人差点在酒席前厮打起来。

安禄山与哥舒翰的争论，从一个侧面道出了唐代政治史上的一大特色，即“蕃将蕃兵”的众多。《新唐书》为此特列《诸夷蕃将列传》，而像高仙芝、哥舒翰、安禄山等著名的蕃将都是单独列传的。就族源

① 《陈寅恪史学论文选集》，上海古籍出版社，1992年，第575—576页。

而言，唐代蕃将大致可分为三大类：一是来源于降附的北方的突厥族与回纥族（即回鹘）；一是来源于归附的东北民族，如契丹、奚人以及朝鲜境内的高丽人；一是来源于内迁的西域民族（当时称为“胡”）。据《新唐书·逆臣传》的记载，安禄山为营州柳城胡人，“通六蕃语，为互市郎。”史思明为突厥种人，“与安禄山同乡里，通六蕃译，亦为互市郎”。显然，安禄山与史思明，这两大叛军主帅，具有极其相近的民族文化背景与生活阅历。唐朝初年置营州都护府在柳城（今辽宁朝阳市），主要功能是为了控制与震慑缘边的契丹与奚两族（时称“两蕃”）。武则天在位时，“两蕃”反抗唐朝统治，迫使营州内迁到幽州渔阳（今北京市）。唐玄宗时，契丹与奚族归降，营州又迁回柳城。关于幽州与营州一带民族风俗状况，我们可以从著名边塞诗人高适的《营州歌》中找到答案：

营州少年厌原野，皮裘蒙茸猎城下。
虏酒千钟不醉人，胡儿十岁能走马。

大诗人李白也在《幽州胡马客歌》中称颂了胡族侠士的英姿：

幽州胡马客，绿眼虎皮冠。
笑拂两只箭，万人不可干。
弯弓若转月，白雁落云端……

安禄山与史思明正是在这种环境中成长起来的。作为内迁民族的后裔，他们通晓多种民族语言，熟悉各边疆民族的风俗习惯。在蓄谋叛乱之时，安禄山身兼范阳、平卢、河东三道节度使，有意识地利用自己在这方面的优势。如为了增加军事实力，安禄山特别注重收揽各族将士，大大增强了军队的战斗力。如他豢养各族壮士八千人为其义子，恩威并施，手握精兵，天下无敌。

> 禄山谋逆十余年，凡降蕃夷皆接以恩，有不服者，假兵胁制之。所得士，释缚给汤沐、衣服，或重译以达，故蕃夷情伪悉得之。禄山通夷语，躬自尉（同慰）抚，皆释俘囚为战士，故其下乐输死，所战无前。①

因叛军中精兵强将均来自少数民族，故天宝十四载（755年）叛乱发生后，人们指叛军为“羯胡”或“胡贼”。“渔阳鼙鼓动地来，惊破霓裳羽衣曲。”叛军从蓟城（今北京市）南下后，攻陷大片北方城池。今天黄河以北的河北、山东等地全部落入叛军的控制之中。叛军还攻占了唐朝两大都城，即西京长安与东京洛阳。而唐朝请来平定叛乱的援军也为回鹘人，与叛军族类相近。这些胡族军士的南侵，一时间竟让“胡风”吹遍了唐王朝政治、文化中心区。元稹《胡旋女》云：

> 天宝欲末胡欲乱，胡人献女能胡旋。
> 旋得明王不觉迷，妖胡奄到长生殿……

又刘禹锡《平齐行》云：

> 胡尘昔起蓟北门，河南地属平卢军。

---

①《新唐书》卷二二五上《逆臣安禄山传》，第6417页。

> 貂裘代马绕东岳，峄阳孤桐削为角。
> 地形十二虏意骄，恩泽含濡历四朝。
> 鲁人皆解带弓箭，齐人不复闻箫韶……

“安史之乱”平定后，唐朝政府为了安抚归降的叛将，以高官厚禄加以封赏，让其继续握有重权，镇守河北诸地，也就成为日后河北藩镇的主帅。这些藩镇拥有独立的军政与民政大权，飞扬跋扈，主帅去世后，由其副帅继承或将士推举，俨然一个个独立王国。唐朝官府往往束手无策，听之任之。这些藩镇主帅及其后继者与安、史二位相似，大都具有异族血统。

如卢龙（即幽州，治今北京市）节度使李怀仙为柳城胡人，与安禄山同乡同种，曾为叛军骁将；后任节度使李茂勋为回鹘酋长阿布思的后裔；

魏博（治今河北大名县）节度使史宪诚为内徙的奚人后裔；

镇冀（又名成德，治今河北正定县）节度使李宝臣、其子李惟岳为内徙范阳的奚人；后任节度使王武俊为契丹人；王廷凑为回鹘阿布思族人，等等。

因此，河北藩镇与“安史叛军”在民族文化背景上一脉相承，同为河朔“胡化”集团，河北地区的“胡化”倾向在“安史之乱”后不仅没有消退，反而大有增强，故而，“天下指河朔若夷狄然。”熟悉河北藩镇实情的卢龙籍唐将田弘正在上表中相当准确地道出了河北地区的演变：“臣家本边塞，累代唐人……驱驰戎马之乡，不睹朝廷之礼……伏自天宝已还，幽陵肇乱，山东奥壤，悉化戎墟，官封代袭，刑赏自专。”[①]当地汉族人士也完全“胡化”，“未知古有人曰周公、孔夫子者，击球饮酒，马射走兔，语言习尚无非攻守战斗之事。”[②]直到唐朝灭亡，河北藩镇地区始终没有归入中央王朝的统辖。

唐太宗李世民曾有名言云：“自古皆贵中华，贱夷狄，朕独爱之如一。故其种落皆依朕如父母。”从移民史的角度上看，唐代的蕃将蕃兵不过是无数周边民族向中原地区移民的代表，每一位蕃将的家族史，就是异族入居中原历史的缩影。大量异族移民的内迁，不可避免地带入了异族的文化风俗，使一些重要迁入区的文化风貌发生了强烈的变化。据《隋书·地理志》的记载，隋代河北中北部地区的风俗特征还是汉文化占主导地位：“人性多敦厚，务在农桑，好尚儒学，而伤于迟重。”而至唐“安史之乱”后，河北中北部则变为远离儒教的“戎墟”，可见，搞清楚各地居民的民族渊源，实为研究地域文化特征的第一要义。

---

①《旧唐书》卷一四一《田弘正传》，第3849—3850页。

②《故范阳卢秀才墓志》，《全唐文》卷七五五，中华书局，1983年影印本。

第四章

历经风雨绽奇葩

——移民的文化贡献

移民是文化传播最重要的载体，人口迁移实质上是一种文化的迁移；而移民更是文化的创造者，无论群体，还是个人，移民都显示出创造文化的能力。对于一些高素质的移民个人及群体，人口迁移这一客观过程在很大程度上激发出他们创造才能的发挥，或提供给他们充分发挥创造才能的机遇。

第一节　梦断故园山川

——移民与文学创作

南朝人江淹在名篇《别赋》中叹道："黯然销魂者，唯别而已矣！"离别，对每一个血肉之躯而言，都是一个难以忘怀的情感难关。远离故园，身处异乡，却是所有移民的共同遭遇。如果说"安土重迁"是人之常情，那么离乡背井的遭遇对绝大多数移民而言，都是痛楚难堪的，特别是对那些强制性移民而言，迁徙之路往往是痛彻心肝的血泪之路。满腔的痛楚需要宣泄，文学创作就是宣泄人们情感的重要途径。

古代中国是诗歌的国度。金代学者刘祁在《归潜志》中指出："夫诗者，本发其喜怒哀乐之情，如使人读之无所感动，非诗也。"艺术来源于生活，如果诗人自身没有特殊的情感历程，又如何能创作出惊天地泣鬼神的感人作品呢？而迁徙就是一种相当特殊的生活经历，同时也为多愁善感的移民衍化出一段铭心刻骨的心路历程，满腔的苦涩会凝聚为泣血的诗句，成为诗人对这一心路历程的永久纪念。

此外，大规模的移民运动往往引起一个政权或一个区域社会的兴衰，这种沧桑巨变也会反映在文学作品之中。文人墨客们会用他们的笔和纸，表达他们的思索、愤懑及彷徨。他们所创作的文学作品也就成为反映那个时代变迁的第一手资料。

一、离江南后思江南

——北朝江陵移民与庾信《哀江南赋》

庾信文章老始成，凌云健笔意纵横。
——〔唐〕杜甫《戏为六绝句》

江陵移民发生在公元554年，为南朝梁承圣三年。当年11月，西魏军队攻陷梁都江陵（今湖北荆州市江陵县）后，实施了一次大规模的移民行动。“擒梁元帝（萧绎），杀之，并虏其百官及士民以归。没为奴婢者十余万，其免者二百余家。”[①]除老弱之人皆被杀外，所有移民被强制迁往长安，这次移民是对江陵人口的彻底性迁出，其中包括城中梁朝的文武百官及绝大部分士民，其中被没为奴婢者就有10余万人。这场强迫性的迁徙对所有移民来说都是一场刻骨铭心的惨痛经历，大批文人士大夫沦为奴仆，更遭横暴的虐待。为此，庾季才向宇文泰据理力争：“君王无知，抗拒有罪；官绅何辜，沦为奴婢?!”宇文泰为缓和这批移民的怨愤，下令开释数千人。[②]

这批移民中也有一些人受到了格外的优待，如著名文士王褒、颜之仪、庾季才、王克、刘瑴、宗懔、殷不害等。当时已执掌朝中大权的宇文泰对这批高素质移民的到来倍感欣喜，他说：“昔平吴之利，二陆（指吴国著名文人陆机、陆云兄弟）而已。今定楚之功，群贤毕至。可谓过之矣。”[③]当即授予王褒、王克、殷不害等人车骑大将军、仪同三司等官职，被待为上宾，赏赐丰厚，给予了相当优厚的礼遇。这些

①《周书》卷二《文帝纪下》，中华书局校勘本，第36页。
②《北史》卷八九《庾季才传》，中华书局校勘本，第2948页。
③《周书》卷四一《王褒传》，第731页。

移民对北周文化建设做出了重要的贡献。后来南朝陈霸先曾想设法赎回王褒等人，北朝方面同意放回一些人士，但爱惜才名最高的王褒与庾信两人，拒不同意放回。王褒与庾信也从此定居于北方，度过了他们的后半生。异地为客的落寞、有家难归的绝望清晰地反映在他们的文学创作之中。

王褒，字子渊，祖籍琅邪临沂（今山东费县东），是梁朝声望卓著的文学家、书法家。北迁之后，深受周朝皇帝的信任，但依然无法消除内心的故园之思。一次，故友周弘让之兄作为聘使来到长安，王褒被特许作书向故友致意，这封书信便是一篇抒发思乡之情的佳作，文中讲道：

> 征蓬长逝，流水不归，舒惨殊方，炎凉异节……顷年事遒尽，容发衰谢，芸其黄矣，零落无时。还念生涯，繁忧总集……河阳北临，空思巩县；霸陵南望，还见长安。所冀书生之魂，来依旧壤；射声之鬼，无恨他乡。白云在天，长离别矣，会见之期，邈无日矣。援笔揽纸，龙钟横集。①

可谓声声悲泣，字字生血，生离死别之痛，跃然纸上。然而，他魂归故壤的愿望终究没能实现。不过，反映江陵移民思乡之苦的最著名的篇章，还要数庾信的《哀江南赋》。

庾信，字子山，南阳新野（今南阳市新野县）人，是南朝著名文士庾肩吾的公子。他自幼聪敏绝伦，极有文学才能。江陵被围困时，他正作为梁元帝的使者住在长安。江陵城陷后，他也被留在长安城。

① 《周书》卷四一《王褒传》，第731—732页。

庾信的后半生生活在长安，虽然受到周朝诸位皇帝的厚遇，名位尊崇，但他却抹不去发自内心深处的“乡关之思”。这位文坛巨擘的许多作品浸透着深深的哀伤。如他的《怨歌行》将自己比作一位无奈北嫁的南国新娘：“家住金陵县前，嫁得长安少年。回头望乡泪落，不知何处天边？胡尘几日能尽？汉家何时更圆？为君能歌此曲，不觉心随断弦。”千古名篇《哀江南赋》更是凝聚着他无尽的愁思。

《哀江南赋》文辞宏富，气势非凡，交织着庾信十分复杂的情感。哀怨悲愤，一齐诉诸笔端，整篇文章呈现出诡谲多姿、一咏三叹的艺术魅力。庾信在文首即声明，此赋是其个人痛苦遭遇的纪念，“不无危苦之辞，唯以悲哀为主。”在感叹江表王气将尽之后，他回顾了庾氏家族转迁历程，“逮永嘉之艰虞，始中原之乏主。民枕倚于墙壁，路交横于豺虎。”永嘉大乱之后，庾氏一族迁至南阳，仍在当地拥有较高声望。“文词高于甲观，模楷盛于漳滨。”在萧衍在位初期，梁朝国家发展趋于鼎盛。“于时朝野欢娱，池台钟鼓。里为冠盖，门成邹鲁。连茂苑于海陵，跨横塘于江浦。东门则鞭石成桥，南极则铸铜为柱。树则园植万株，竹则家封千户……草木之藉春阳，鱼龙之得风雨。五十年中，江表无事。”而“侯景之乱”使梁朝士民陷于苦痛的深渊。庾信本人也开始了四处奔投的落魄生涯。然而，痛苦正一步步紧逼而来，江陵失陷后的强徙，更是浸透了南朝士民血与泪的回忆。

> 水毒秦泾，山高赵陉。十里五里，长亭短亭……秦中水黑，关上泥青。于时瓦解冰泮，风飞电散。浑然千里，淄、渑一乱。雪暗如沙，冰横似岸。逢赴洛之陆机，见离家之王粲。莫不闻陇水而掩泣，向关山而长叹。况复君在交河，妾在清波。石望夫而逾远，山望子而逾多。

随着时间的推移，以庾信为代表的这些江陵移民对故国的思念反而越来越急切。“提挈老幼，关河累年。死生契阔，不可问天。况复零落将尽，灵光巍然。日穷于纪，岁将复始。逼切危虑，端忧暮齿。”[①]他们多想在有生之年实现归乡之梦啊。有家不能归的苦痛，也许是任何富贵荣华都无法抹去的。

《楚辞·招魂篇》末有二句为：“目极千里伤心悲，魂兮归来哀江南。”取名于此的另一名赋《伤心赋》也是庾信思乡之苦的宣泄。庾信先后有多名子女在丧乱中殒命。北迁以来，已经成人的女儿与孙子又不幸早亡，这种沉重打击让渐入暮年的庾信无限感伤，特作《伤心赋》以记之。他在赋中讲道：

> 悲哉秋风，摇落变衰。魂兮远矣，何去何依？望思无望，归来不归……在昔金陵，天下丧乱，王室板荡，生民涂炭……况乃流寓秦川，飘飖播迁。从官非官，归田不田。对玉关而羁旅，坐长河而暮年。已触目于万恨，更伤心于九泉……望陇首而不归，出都门而长送……人生几何，百忧俱至！……一朝风烛，万古埃尘。丘陵兮何忍，能留兮几人……[②]

离开宾朋如云的南国，离开亲族聚居的故土，对多愁善感的一代文豪是无限痛苦的，然而我们不能不承认，如果没有这种痛苦的经历，庾信恐怕也难创造出如此沉雄激越的壮丽辞章。诗圣杜甫曾在《戏为六绝句》中赞云：“庾信文章老更成，凌云健笔意纵横。”庾信在南朝

① 《哀江南赋》见《周书》卷四一《庾信传》，第734—742页。

② 《庾子山集注》卷一，中华书局，1980年，第58—63页。

时，与著名才子徐陵齐名，所作骈体文崇尚结构之典雅工整，辞藻之绮丽丰赡，风靡一时，二人每成一文，立即传诵于京城之中，成为当时梁朝国内青年学子争相仿效的楷模，人们称之为“徐、庾体”。二人之文学成就与造诣在伯仲之间，难分高低。但是，庾信北迁以后，出现了新的创作高峰，其文学作品的深度与广度已较前有大的飞跃，从而奠定了在中国文学史上举足轻重的地位，远远超过了徐陵的文学成就，这早已成为学术界的公论。如《四库全书总目提要》的作者公允地评论道：

> 至（庾）信北迁以后，阅历既久，学问弥深，所作皆华实相扶，情文兼至，抽黄对白之下，灏气舒卷，变化自如，则非（徐）陵之所能及矣。

因此，研究庾信的文学成就，离不开对江陵移民过程及移民生活的分析。否则，我们根本无法体味这位大文学家真实的心境与创作动机。

二、去国忧思成绝唱
——南唐移民与李煜词

> 词至李后主而眼界始大，感慨遂深，遂变伶工之词而为士大夫之词。
>
> ——王国维《人间词话》

同样是丧失家邦的亡国之君，同样在迁入地有着较为优裕的生活，但对迁徙却有两种截然不同的反应。一种是以三国时蜀国后主刘禅

（小字阿斗）为代表。蜀国灭亡后，降主刘禅举家北上，入居洛阳。他被封为安乐县公，食邑万户，并赐给绢万匹，奴婢百人，刘氏子孙封侯封官者达50多人。待遇可谓相当优厚，刘禅也从此在洛阳城中过起了无忧无虑的逍遥生活。一天，司马昭设宴款待刘禅及蜀国旧臣。席间，司马昭命优人表演起蜀国的娱乐节目，在场的蜀臣不免触景生情，万分感伤。唯独刘禅谈笑自若，丝毫没有伤感的模样。连征战沙场的老将司马昭也不免叹息："人之无情，竟能到如此地步？！"过了几日，司马昭特意问刘禅："你难道不思念巴蜀故地吗？"刘禅很干脆地回答道："我在这里过得很开心，一点也不想念巴蜀。"这也就是成语"乐不思蜀"的由来。另一种态度则是虽然衣食无忧，却始终无法忘却亡国之痛，对故国的思念与日俱增。南唐后主李煜就是后一种态度的典型。

一代词曲圣手李煜是一位不成功的皇帝，虽没有多少令人不齿的斑斑劣迹，却不幸沦为一个亡国之君。这种人生道路上的剧变对他文学创作产生了强烈影响。南唐国定都金陵（今江苏南京市），疆域包括今江苏、安徽、江西三省之地，本来是南方诸国中实力相当雄厚的。少年时代的李煜就显示出过人的才华，然而，他的足迹却长期停留在王宫内院之中，缠绵于充满脂粉气息的温柔之乡。作为尊贵的王太子，他受到所有人的宠爱，所见所闻，不过是后宫妃嫔的温情抚慰与娇艳宫女的燕语莺声。"生于深宫之中，养于妇人之手。"作为多愁善感的才子，李煜同样流连于风月场，醉心于男女情愫。他与大、小周后的爱情故事，也成为脍炙人口的风流传奇。因此，这一时期所创作的诗词虽技巧精妙，但浮艳有余，内蕴不足。内容不外乎宫廷生活与男女相悦之情，读其词，甜腻的脂粉气扑面而来。如《菩萨蛮》：

铜簧韵脆锵寒竹，新声慢奏移纤玉。眼色暗相钩，秋波横欲流。

雨云深绣户，未便谐衷素。宴罢又成空，魂（一作梦）迷春睡中。

李煜对填词有特别的嗜好。据载当宋朝军队兵临金陵城下时，李煜依然在为填写一首新词而咬文嚼字，煞费苦心。南唐终究败亡于北宋之手。国破家亡的奇耻大辱终于让李煜彻底清醒了，冷森森的剑戟和厉声的诟詈驱走了飘逸的裙带与温柔的笑语，屈辱与痛楚深深触动了麻木不仁的心灵，让其发出了令人心酸的哀歌：

四十年来家国，三千里地山河。
凤阙龙楼连霄汉，玉树琼枝作烟萝。
几曾识干戈！

一旦归为臣虏，沈腰潘鬓销磨。
最是仓皇（一作苍黄）辞庙日，教坊犹奏别离歌。
垂泪对宫娥！

因迟迟不肯归降，李煜到达汴梁后的待遇显然比不上其他降王，但其家族受到的待遇并不是太差。他的亲族大都封官赐第，他本人也被封为违命侯，依然可以保持着较为舒适的生活。但就在这种状况下，李煜却显示出与刘禅完全不同的精神状态，终日闷闷不乐，郁郁寡欢，甚至以泪洗面，与旧时宫女相对哀叹。

为了排解满腔的愁怨，李煜在汴梁更加潜心于词曲的创作，真情实感的宣泄以及长时间的缜密推敲，使他的词作无论在境界与技巧上都达到了一个前所未有的高度。你听：

别来春半，触目愁肠断。砌下落梅如雪乱，拂了一身还满。雁来音信无凭，路遥归梦难成。离恨恰如春草，更行更远还生。（《清平乐》）

林花谢了春红，太匆匆！无奈朝来寒雨晚来风！ 胭脂泪，相留醉，几时重？自是人生长恨水长东！（《相见欢》）

无言独上西楼，月如钩。寂寞梧桐深院锁清秋。 剪不断，理还乱，是离愁。别是一般滋味在心头。（《相见欢》）

帘外雨潺潺，春意阑珊。罗衾不耐五更寒。梦里不知身是客，一晌贪欢。 独自莫凭栏，无限江山，别时容易见时难。流水落花春去也，天上人间！（《浪淘沙》）

现代学者将李煜的文学创作分为前、后两个时期，并对后一时期作品的特征及影响力进行了细致入微的评述：

这些作品在思想内容上有一个共同的凝聚点与闪光点，就是集中写亡国之痛、故国之思。字字流淌着血泪，句句饱和着愁恨，其忧愤悔恨之情达到了无以复加的地步！

这是一个从天堂堕入地狱，从帝王沦为阶下囚的人，一个途穷路绝而又不甘泯灭的人，一个在即将走完人生之路又怀着无限悔恨对往昔进行审视反思的人的心灵呼喊。它是词人独特经历的产物，又综合了人生的某些共同性，因而，它不但能使心怀亡国之痛的人，而且也能使多少伤春悲秋的人、生活道路坎坷的人同声恸哭，共抛珠泪！①

可以说，词曲成为李煜生命价值的标尺，他所完成的最著名的一首词——《虞美人》称得上是一首离愁的绝唱，但也成为这位大词人的绝命词：

春花秋月何时了？往事知多少！小楼昨夜又东风，故国不堪回首月明中！

雕栏玉砌应犹在，只是朱颜改。问君能有几多愁？恰似一江春水向东流。

当时正值太平兴国三年（978年）七夕之夜，李煜让自己原来宫中的歌女在乐师的伴奏下高唱起这首《虞美人》词，曲调哀婉凄恻，一咏三叹，歌声传得很远很远。宋太宗赵光义本来对诸位降王就多有猜忌之心，当左右密探将这一消息向他汇报后，赵光义不由勃然大怒：李煜竟敢在大宋“天子脚下”明目张胆地怀念“江东故国”！显然是在发泄对大宋朝攻亡南唐的怨恨，是可忍，孰不可忍?！为了进一步了解李煜的真实想法，赵光义别有用心地派南唐旧臣徐铉前去探望李煜。李煜见到往日旧臣，不由百感交集，长吁短叹，情不自禁地悔恨道：“现在真后悔当初错杀了两位直言敢谏的忠臣潘佑与李平。”徐铉将李煜的话原原本本地告诉了赵光义，赵光义又是火冒三丈，杀机顿起，不客气地派使者给李煜送去了牵机毒药，可怜一代词曲圣手由此魂断

①傅正谷、王沛霖著：《南唐二主词析释》前言，天津古籍出版社，1988年，第5—6页。

异乡。

著名学者王国维先生在《人间词话》中对李煜之词推崇备至：

> 词至李后主而眼界始大，感慨遂深，遂变伶工词而为士大夫之词。
>
> 尼采谓："一切文学，余爱以血书者。"后主之词，真所谓"以血书者"也。

王国维先生又说："客观之诗人，不可不多阅世。阅世愈深，则材料愈丰富，愈变化，《水浒传》《红楼梦》之作者是也。主观之诗人，不必多阅世，阅世愈浅，则性情愈真，李后主是也。"王先生此言不免有些偏颇。国破家亡、降为臣虏的遭遇，应该是一种并不普遍的人生经历，正是这种经历让李煜痛定思痛，感伤万分，许多作品都是这种悲伤心境的真实写照。如果没有这段刻骨铭心的悲惨经历，李煜依旧悠闲地徜徉于皇宫内院的桃红柳绿之中，怎么可能创作出充满家国之思的千古名篇呢？还是词学名家龙榆生先生所言一语中的："后主之词之高不可攀，由多方面之涵濡与刺激，迫而自然出此，非专恃天才或学力者之所能为也。"①

三、故国山河落照红

——靖康南渡与南宋诗词创作

> 落日熔金，暮云合璧，人在何处？染柳烟浓，吹梅笛怨，春

① 《龙榆生词学论文集》，上海古籍出版社，1997年，第208页。

> 意知几许！元宵佳节，融和天气，次第岂无风雨？来相召、香车宝马，谢他酒朋诗侣。
>
> 中州盛日，闺门多暇，记得偏重三五。铺翠冠儿，撚金雪柳，簇带争济楚。如今憔悴，风鬟霜鬓，怕见夜间出去。不如向、帘儿底下，听人笑语。
>
> 〔宋〕李清照《永遇乐》

宋代女词人李清照在“靖康南渡”后颠沛流离，漂泊不定，意气消沉。步入晚年的她十分怀念当初在汴梁（今河南开封市）生活的美好情景，这首《永遇乐》便是词人驰誉士林的怀旧之作。那是一段多么值得回忆的光阴：一轮夕阳将金黄色的色彩涂满了半个天空，朵朵白云如宝石般剔透晶莹。袅袅的柳枝在雾色朦胧中摇曳，悠扬的笛声中透出一丝丝淡淡的忧伤。当年，元宵佳节是汴梁城一年四季中最丰盛的节日，亲朋好友车马相邀，何等的盛情！街市上车水马龙，妇女们服饰艳丽多姿，个个笑语盈盈。而如今流落他乡，韶光不再，容颜憔悴，只有躲入闺阁之内空自感怀……据说南宋词人刘辰翁被这首词深深打动，反复吟咏之余，流下了激动的泪水。

唐诗、宋词是中国文学发展史上两座登峰造极的伟大丰碑。就宋词而言，南宋在词创作上的整体成就，要超过北宋。现代学者胡云翼先生指出：

> 词至南宋发展到了高峰。向来人们都认为宋朝是词的辉煌灿烂的黄金时代，如果把这话说确切一点，这光荣称号应归于南宋前期。这时期爱国主义词作突出地反映了时代的主要矛盾——复杂的民族矛盾，放射出无限的光芒。清初朱彝尊在《词综·发凡》

里曾经把南宋词提得很高，他说："世人言词，必称北宋，然词至南宋始极其工，至宋季始极其变。"①

"靖康南渡"是北宋与南宋的分界点，这场大规模南迁运动，也是一场震撼力巨大的社会剧变，它影响到当时的绝大部分汉族人士，包括大批才华横溢的文人墨客。南渡是他们生命历程中的刻骨铭心的经历，完全改变了他们的生活之路。南渡之后，以赵构、秦桧为首的南宋执政者被女真人的攻势吓破了胆，完全不理被掳的徽、钦二帝，满足于东南一隅的偏安。面对被女真人侵夺的故国河山，无数富有爱国热情的人士满腔悲愤，扼腕叹息，用诗词来宣泄积郁心中的亡国之痛、思乡之情。"靖康南渡"对宋词创作的影响是十分深刻的，就外在表现而言，主要体现于两个方面：一是许多知名词人改变了自己以往的创作风格，创作了一批直接反映家国之痛的佳作；二是一些词人抱着昂扬的爱国热忱，主张收复失地，指斥苟且偷安，形成了直面现实的豪放派词人群体。

李清照正是体现前一种影响的著名词人。李清照，号易安居士，原本出生于一个生活优裕的官僚家庭。后嫁与著名学者赵明诚，夫妻二人相敬如宾，在披览文卷、品尝香茶、赋诗填词的雅趣中消磨时光。这种无忧无虑的悠闲生活曾在这位才女的早期词作中表露无遗。如《如梦令》云：

常记溪亭日暮，沉醉不知归路。兴尽晚回舟，误入藕花深处。争渡，争渡，惊起一滩鸥鹭。

---

①见《宋词选》前言，上海古籍出版社，1997年，第11—12页。

然而，“靖康丧乱”犹如平地升起的狂飙，将词人抛入匆匆南奔的人流，彻底改变了原来的生活轨迹。痛失家园的屈辱与无奈，让这位才女写下了如此沉雄无比的诗篇：“生当作人杰，死亦为鬼雄。至今思项羽，不肯过江东。”后来丈夫赵明诚也不幸因病去世，孤苦伶仃的女词人在无尽的苦痛中受尽了煎熬，无尽的心酸化为催人泪下的词作：

> 寻寻觅觅，冷冷清清，凄凄惨惨戚戚。乍暖还寒时候，最难将息。三杯两盏淡酒，怎敌他、晚来风急！雁过也，正伤心，却是旧时相识。
>
> 满地黄花堆积，憔悴损，如今有谁堪摘？守着窗儿，独自怎生得黑，梧桐更兼细雨，到黄昏、点点滴滴。这次第，怎一个愁字了得！（《声声慢》）

朱敦儒在词坛地位虽不及李清照，却在描述亡国之痛的创作中独树一帜，留下了不少精彩的好作品。据载，朱敦儒是河南洛阳人，崇尚遁世离俗的神仙生活，词风一贯洒脱飘逸。但在“靖康南渡”后，他流落南方各地，对远离故国之痛楚感触很深，他在词作中表达出满怀悲愤与哀伤。如《采桑子》（彭浪矶）云：

> 扁舟去作江南客，旅雁孤云。万里烟尘，回首中原泪满巾。
>
> 碧山相映汀洲冷，枫叶芦根。日落波平，愁损辞乡去国人。

又《临江仙》云：

直自凤凰城[①]破后，擘钗破镜分飞。天涯海角信音稀。梦回辽海北，魂断玉关西。

月解重圆星解聚，如何不见人归？今春还听杜鹃啼。年年看塞雁，一十四番回。

又《沙塞子》云：

万里飘零南越，山引泪，酒添愁。不见凤楼龙阙、又惊秋。

九日江亭闲望，蛮树绕，瘴云浮。肠断红蕉花晚、水西流。[②]

当然，在婉约派词人极力宣泄家国之痛的同时，更有一些豪放之士积极主张恢复中原，他们用手中的笔抒发出激昂的斗志与热情，从而大大扩展了词曲艺术的表现手法与内容，其中代表人物就是南宋词坛豪放派领袖辛弃疾、张孝祥、陈亮等人。在这些作家的作品中，我们几乎看不到多少离愁别恨，字里行间只有对收复故国的炽热渴望、对投降思想的无情抨击以及对生不逢时的强烈愤慨。如一代词曲巨匠辛弃疾为山东济南人，曾参加抗金义军，失败后南下。他文学造诣极深，词风凝重苍凉，大气磅礴。很多作品脍炙人口，涉及内容十分广泛，既有对山河破碎的感慨，又有收复故国的雄心，更有壮志难酬的悲怆。如《菩萨蛮》（书江西造口壁）云："郁孤台下清江水，中间多少行人泪！西北望长安，可怜无数山。"又如《贺新郎》云："我最怜君中宵舞，道男儿到死心如铁。看试手，补天裂！"《破阵子》云："了却君王天下事，赢得生前身后名，可怜白发生！"辛弃疾的好友陈亮虽

①指朱敦儒的故乡北宋西京洛阳。

②朱敦儒词参见《樵歌》，上海古籍出版社，1998年。

为浙江人，但思想认识及词风与辛弃疾极为相似，他的一首《水调歌头》堪称是豪放派词人的思想宣言：

> 不见南师久，漫说北群空。当场只手，毕竟还我万夫雄。自笑堂堂汉使，得似洋洋河水，依旧只流东。且复穹庐拜，会向藁街逢。
>
> 尧之都，舜之壤，禹之封。于中应有，一个半个耻臣戎。万里腥膻如许，千古英灵安在，磅礴几时通。胡运何须问，赫日自当中。

总之，“靖康南渡”绝不是仅仅关系到宋朝嬗变的政治事件，而是一个波澜壮阔的社会巨变，它影响到当时每一位汉族人士的个人生活与前途命运，种种不堪忍受的境遇不可避免地引发了人们心灵深处的思想“裂变”。那些多愁善感的文人骚客，心中迸发出的感触更为深刻，从而大大激发了他们的创作热情，笔下流淌出的美文便成为他们内心世界种种情愫的真实记录。如果脱离对这些历史背景及个人经历的深刻剖析，我们不可能真正触摸到宋词发展演变的脉络，真正理解各位词家的情感历程。

第二节　梅花香自苦寒来

——移民与学术研究

我们这里所谓“学术研究”包含的内容是十分广泛的，覆盖了除文学艺术创作之外的所有文化建设领域。这里既包括哲学、文学、史学，以至学术发展史等纯学术研究，也包括对当时典章制度的制定、学校教育以及文化政策的调整与建议等。在悠久的中国文明发展史上，移民的学术成就无疑是丰富多彩的。而我们在这里只是选取移民过程本身与学术贡献有密切关系的事例进行说明，而不想泛泛而论。

一、苦读成栋梁

——平齐民的文化贡献与刘孝标《世说新语注》

> 容体不足观，勇力不足恃，族姓不足道，先祖不足称，然而显闻四方，流声后裔者，其惟学乎？
>
> ——〔北齐〕魏收《魏书·儒林传》录古语

《世说新语》是南朝宋刘义庆撰辑的一部笔记小说体名著，搜集了大量汉末魏晋君臣士大夫的事迹，分门别类，是研究魏晋南北朝历史的重要参考书。而且，其文辞华美，描写生动，在中国文学史上也占有重要的地位。更值得注意的是，南朝萧梁时刘峻（字孝标）为《世说新语》作注，旁征博引，所引经史杂著四百余种，诗赋杂文七十余种。这些引述的书籍后来大部分亡佚，因此，《世说新语注》倍受学者推重，成为古代史上与《三国志注》《水经注》等名著相媲美的注书。但是，很少有人注意到它的作者刘峻来自北魏历史上著名的移民群体——平齐民。

平齐民来自青齐地区，包括北魏青（治今山东青州市）、齐（治今山东济南市）二州之地，相当于今天山东中部与南部地区。南朝宋大明八年（464年），宋武帝刘骏去世，其子刘子业登基继位。然而，仅过了一年，变乱骤起，刘子业被其叔父刘彧杀死，刘彧自己做了皇帝，是为宋明帝。也正在这一年，北魏献文帝拓跋弘继位，改元天安。刘彧的杀侄篡位之举引起朝廷大乱，一些反对刘彧的大臣纷纷归降北魏，这其中就有徐州刺史薛安都、兖州刺史毕众敬、青州刺史沈文秀、冀州（归入魏后改为齐州）刺史崔道固等。北魏朝廷喜出望外，立即派遣大军前往接收。没料到，沈文秀、崔道固中途反悔。北魏大将慕容白曜奉命南攻，最终占领了上述诸州。北魏皇兴三年（469年），为了惩罚青、齐士民的反抗，北魏军队将青、齐地区参与抵抗的士族数百家迁往代都平城一带。为安置这批移民，北魏官府特地设置平齐郡。

然而，几十年之后，就在这批平齐民中，出现了一批名震北魏朝野的名臣巨卿，他们中有任中书令、祭酒、太常卿的刘芳，有任吏部尚书、尚书仆射的崔亮，有任中书令、中书监、侍中的崔光等，形成了北魏末年政坛上最富有地域性色彩的一支力量。青齐人士在北魏政坛的崛起与壮大，也就成为特别值得关注的现象。青、齐两州本是南迁的北方士族较为集中的地区，这些青齐人士具有自身独特的优势。他们大都为名门望族之后，具备足以炫耀的门阀背景，而这正是日后跻身政界不可或缺的条件。更为突出的是，身为名门望族之后裔，又来自文化较为发达的地区，这些平齐户大多有攻读经训典籍的家规或传统，在生活困顿之时还努力维持，这在当时平城地区是相当突出的。“北人何用知书”[①]是拓跋族及其他鲜卑化大臣与百姓的普遍心态，这更使平齐户中刻苦攻读的风尚显得异常可贵。

起初，贫穷的平齐民大多以“佣书（即替人誊抄书籍）”为业。如房景伯“生于桑干（今山西山阴县东），少丧父，以孝闻。家贫，佣书自给，养母甚谨。”后被提拔为给事中、司空长史。其胞弟房景先的事迹更为动人。“幼孤贫，无资从师，其母自授《毛诗》《曲礼》。年十二，请其母曰：‘岂可使兄佣赁以供景先也？请自求衣，然后就学。’母哀其小，不许。苦请，从之，遂得一羊裘，忻然自足。昼则樵苏，夜诵经史，自是精勤，遂大通赡。”[②]房景先后任太学博士、著作佐郎等职，其精湛的学识受到当时儒学宗师刘芳、崔光等人的推崇。这并不是极其个别的现象，如刘芳本人也是一个苦学成才的典型。

> 慕容白曜南讨青齐，梁邹降，芳北徙为平齐民，时年十六。南部尚书李敷妻，司徒崔浩之弟女；芳祖母，浩之姑也。芳至京师，诣敷门，崔耻芳流播，拒不见之。芳虽处穷窘之中，而业尚贞固，聪敏过人，笃志坟典。昼则佣书，以自资给，夜则读诵，终夕不寝，至有易衣并日之弊，而澹然自守，不汲汲于荣利，不戚戚于贱贫，乃著《穷通论》以自慰焉。[③]

另外，在崔光、崔亮、蒋少游等人的传记中均有穷时为人“佣书”的记录。而日后巍然屹立于北魏廊宇之中的名臣正是这些自幼熟习坟

---

①《魏书》卷二一《广陵王羽传》，第550页。

②《魏书》卷四三《房景先传》，第977—978页。

③《魏书》卷五五《刘芳传》，第1219页。

典、娴于文辞之人。

其次，平齐民的崛起当然还仰仗北魏朝中世族后裔大臣的鼎力相助以及他们自己的积极争取。平齐民大都为世族之家，因而他们与较早进入北魏朝中的世族大臣往往保持着相当复杂的戚属或联姻关系。有些大臣有意发展这种关系，作为扩充自身势力的手段，流落的平齐民更把这层关系作为日后向上攀升的阶梯。在援引举荐方面，高允颇为典型。

> 显祖平青、齐，徙其族望于代。时诸士人流移远至，率皆饥寒。徙人之中，多允姻媾，皆徒步造门。允散财竭产，以相赡赈，慰问周至。无不感其仁厚。收其才能，表奏申用。时议者皆以新附致异，允谓取材任能，无宜抑屈。①

著名大臣李冲也以“好士”著称。他在权重朝堂之时，“而谦以自牧，积而能散，近自姻族，逮于乡闾，莫不分及。虚己接物，垂念羁寒，衰旧沦屈由之跻叙者，亦以多矣。时以此称之。”②由高允与李冲荐拔的青齐人士，数量相当可观。

第三，平齐民虽然具备了跻身朝堂的家世背景与文章才学，但是要真正实现其光宗耀祖的目的，必须得恰逢其会。孝文帝拓跋宏的汉化政策提供了这样的机会。自冯太后死后，孝文帝亲政，他多次下诏命州县荐举才学之士。如太和十五年（491年）八月，“诏诸州举秀才，先尽才学。”二十年三月，“诏诸州中正各举其乡之民望”。二十一

---

①《魏书》卷四八《高允传》，第1089页。
②《魏书》卷五三《李冲传》，第1180页。

年五月，“诏其孝友德义、文学才干，悉仰贡举”[1]。这完全是配合孝文帝迁都改制的举措。然其选拔人才也有侧重。“太和中，高祖选尽物望，河南之士，才学之徒，咸见申擢。”[2]史载甚明，大多数平齐民的起家发迹均在孝文帝太和年间。

北魏孝文帝迁都改制，青齐人士获得了大展身手的舞台，这也是青齐人士最重要的文化贡献。这一点似乎不难理解。平齐民正是依靠其特殊的家世、经历以及娴习经典而平步青云，孝文帝拓跋宏也正是利用他们这些优势来为其出力。如蒋少游是平齐民中涌现出的工艺大师，曾任中书博士、将作大匠，在朝士衣冠的制定，太庙、太极殿及洛阳园林建设中发挥了重要作用。[3]在改制中，平齐民中为孝文帝出力最多的还要数崔亮。崔亮因学业优异，被名臣李冲推荐为中书博士，他的突出才能终于被孝文帝发现。

> 高祖在洛，欲创革旧制，选置百官，谓群臣曰：“与朕举一吏部郎，必使才望兼允者，给卿三日假。”又一日，高祖曰：“朕已得之，不烦卿辈也。”驰驿征（崔）亮兼吏部郎。俄为太子中舍人，迁中书侍郎，兼尚书左丞……亮自参选事，垂将十年，廉慎明决，为尚书郭祚所委，每云：“非崔郎中，选事不办。”……自迁都之后，经略四方，又营洛邑，费用甚广。亮在度支，别立条格，岁省亿计。又议修汴、蔡二渠，以通边运，公私赖焉。[4]

---

①上述引文见《魏书》卷七《高祖纪》。

②《魏书》卷四三《刘休宾传》，第969页。

③《魏书》卷九一《蒋少游传》，第1971页。

④《魏书》卷六六《崔亮传》，第1476—1477页。

就个人学术成就而言，青齐名臣中首推刘芳。多年的潜心苦读，终于使刘芳成为一位广博精深的学问家。在拜任中书博士后，刘芳的才学得到了朝中士大夫的推重。南朝著名文士王肃投奔北魏，闻听刘芳的讲论后，深为叹服，称其为无所不知的“刘石经”。后来，刘芳还引经据典，就太学建设、郊祀、礼乐等制度问题提出了重要的建议，影响极大，成为一代儒学宗师。刘芳著述丰富，就《魏书》记载，他个人著作有：《类辨》三卷、《徐州人地录》四十卷、《急就篇续注音义证》三卷、《毛诗笺音义证》十卷、《礼记义证》十卷等，可惜均亡佚，没有留传下来。不过，他在北魏学术史上的重要地位还是应给予充分肯定。但在中国文化史上，平齐民中贡献最大的应推刘孝标。

刘峻，字孝标，平原郡平原县（今山东平原县）人。刘峻自幼丧父，青齐地区陷落时，年仅八岁，与母亲被掠至中山（今河北定州市），当地人刘宣出于怜悯之心，以束帛赎出他，并教他读书。但魏朝官吏听说刘峻在南方还有亲属，恐他有南归之心，又将他徙至桑乾。年幼的刘峻虽经历如此辛酸的变故，但好学不倦，“家贫，寄人庑下，自课读书，常燎麻炬，从夕达旦，时或昏睡，爇其发，既觉复读，终夜不寐，其精力如此”。

齐永明年间（即魏太和年间），刘峻从桑干返回江南，继续潜心读书。“自谓所见不博，更求异书，闻京师（即金陵，今江苏南京市）有者，必往祈借，清河崔慰祖谓之‘书淫’。”[①]回到南朝后，刘峻的仕宦生涯也颇多坎坷，并未受到重用。梁武帝萧衍以喜好文学出名，广纳才学之士，却很不喜欢刘峻。无可奈何之余，刘峻退居东阳紫岩山，吴郡、会稽人士多从其学。

①上述记载见《梁书》卷五〇《刘峻传》，中华书局校勘本，第701页。

但是，刘峻的学术成就却受到学者们的高度称赞。如他完成《类苑》之后，刘之遴寄信示意，请求借阅。他在这封信中提到当时士人对该书的评价："闲闻足下作《类苑》，括综百家，驰骋千载；弥纶天地，缠络万品。撮道略之英华，搜群书之隐赜。铅摘既毕，杀青已就。义以类聚，事以群分。述征之妙，扬、班俦也。"[①]至于《世说新语注》更是为古今学者奉为注书之楷模。宋朝高似孙曾对该书进行了认真的爬梳整理，他说：

> 宋临川王义庆采撷汉晋以来佳事、佳话，为《世说新语》，极为精绝。而犹未为奇也。梁刘孝标注此书，引援详确，有不言之妙，如引汉、魏、吴诸史及子、传、地理之书，皆不必言。如晋氏一朝史及晋诸公列传、谱录、文章，皆出于正史之外，纪载特详，闻见未接，实为注书之法。

据高似孙清理所及，刘峻注释中，引述晋朝的史料就达166种[②]，确实令人惊叹。然而，对刘孝标的学术成就的研究却有不少疑点，如为何他能采取这样的注书方式，难道纯属个人的苦心孤诣吗？显然不会如此简单。现代著名历史学家陈垣先生在研究北朝佛教典籍时，惊奇地发现，多部重要佛教典籍的笔受者竟是一代大学者刘孝标。由此，陈先生精辟地指出：

> 孝标逃回江南后，有两大著述：其一为《世说新语注》，引书一百六十余种，至今士林传诵。其一为《类苑》，一百二十卷，隋

①《艺文类聚》卷五八，上海古籍出版社，1965年，第1043页。

②《纬略》卷九"刘孝标世说"条，《守山阁丛书》，博古斋1922年影印本。

> 唐三《志》皆录。南宋末陈氏撰《书录解题》时，始说不存。以今日观之，孝标之注《世说》及撰《类苑》，均受其在云冈石窟时所译《杂宝藏经》之影响。印度人说经，喜引典故，南北朝人为文，亦喜引典故。《杂宝藏经》载印度故事，《世说》及《类苑》载中国故事。当时谈佛教故事者，多取材于《杂宝藏经》；谈中国故事者，多取材于《世说新语注》及《类苑》，实一时风尚……（梁武帝）曾策"锦被"事，咸言已罄。帝试呼问峻，峻请纸笔，疏十余事，坐客皆惊。及峻《类苑》成，帝即命诸学士撰《华林遍略》以高之。其博洽见忌如此。其根底全植根于云冈石窟寺为沙门时也。①

陈先生的分析可谓一针见血，切中要害。刘孝标的治学方式既不是无源之水，也不是个人的突发奇想，而是与其特殊的学习经历有关。北魏代都佛学兴盛，平齐民中不少人如刘芳参与了佛籍的誊写抄录工作，深受其佛学思想及著述方式的影响。刘孝标成功地将印度佛籍注释方式运用于中国古籍的注解，不仅为后人保留了大量古代文献，还开创了古书注释的范例，不愧为中国学术文化史上一大功臣。

①陈垣：《云冈石窟寺之译经与刘孝标》，《陈垣史学论著选集》，上海人民出版社，1981年，第264页。

二、博涉贯南北

——颜之推与《颜氏家训》

> 予一生而三化，备荼苦而蓼辛，
> 鸟焚林而铩羽，鱼夺水而暴鳞。
> 嗟宇宙之辽旷，愧无所而容身。
> ——〔北齐〕颜之推《观我生赋》

北齐颜之推所著《颜氏家训》被推为“古今家训之祖”，在漫长的中国封建社会史上影响极为深远，传统士大夫将其奉为治家训子之圭臬。“篇篇药石，言言龟鉴，凡为人子弟者，可家置一册，奉为明训，不独颜氏。”就家训意义而言，这部书无非宣扬了一些儒家思想所遵奉的道德规范。这类语录式的教条，虽有可取之处，但在学术史上并没有什么特殊的价值。如云“夫风化者，自上而行于下者也，自先而施于后者也。是以父不慈则子不孝，兄不友则弟不恭，夫不义则妇不顺矣（治家篇）。”又“夫君子之处世，贵能有益于物耳，不徒高谈虚论，左琴右书，以费人君之禄位也（涉务篇）。”其实，《颜氏家训》的价值绝不止于此。

> 北齐黄门侍郎颜之推，学优才赡，山高海深。常雌黄朝廷，品藻人物，为书七卷，式范千叶，号为《颜氏家训》。虽非子史同波，抑是王言盖代。其中破疑遣惑，在《广雅》之右；镜贤烛愚，出《世说》之左。①

---

①宋本《颜氏家训》序，见王利器集解：《颜氏家训集解》，上海古籍出版社，1980年，第543页。

这里将《颜氏家训》的学术价值与《广雅》《世说新语》相提并论，实非过誉。《颜氏家训》内容宏富，条理清晰，历来为学者所推重。如《音辞》篇就被音韵学家们奉为瑰宝。周祖谟先生称："黄门此制，专为辨析声韵而作，斟酌古今，掎摭利病，具有精义，实为研求古音者所当深究。"[1]然而，我们所要强调的是，《颜氏家训》的学术成就得益于颜之推本人的经历，而颜之推本人正是北朝时期北上的南方移民。

颜之推为琅邪临沂（今山东临沂市）人。早在颜之推出生前，颜氏家族已卷入了移民大潮中。九世祖颜含随晋元帝南渡，从此定居于建康（今南京市）。颜之推自幼好学，博览群书。侯景之乱时，颜之推一度被掳，后投奔江陵。江陵被西魏攻破后，颜之推携妻子逃往北齐。他在北齐曾官至黄门郎，最为清显，长期在邺都（今河北临漳县西南）生活。北齐破亡后，又入周、隋为官。后卒于开皇年间。颜之推曾撰《观我生赋》反映其复杂的身世及人生感受，实可与庾信《哀江南赋》相映生辉。该赋文字优美，节奏清畅，且出于个人亲身体验，具有实录性质，对反映这一段历史颇有参考价值。如金陵地区在侯景之乱后，"野萧条以横骨，邑阒寂而无烟，畴百家之或在，覆五宗而翦焉"（原注：中原冠带随晋渡江者百家，故江东有《百谱》，至是在都者覆灭略尽）。又如江陵陷落后，"民百万而囚虏，书千两而烟炀，溥天之下，斯文尽丧。（原注：北于坟籍少于江东三分之一，梁氏剥乱，散逸湮亡。唯孝元鸠合，通重十余万，史籍以来，未之有也。兵败悉焚之，海内无复书府。）怜婴孺之何辜，矜老疾之无状，夺诸怀而弃草，踣于途而受掠。"深切地控诉了这场灾难对中国文

---

[1]《颜氏家训音辞篇注补序》，转引自《颜氏家训集解》叙录，第11页。

化及无辜百姓的巨大伤害。

在南北转迁过程，颜之推本人及其家庭生活也经历了严峻的考验。这一点在《观我生赋》中有真切的反映。文中讲道：“予一生而三化（原注谓：颜之推在梁朝时，遇上侯景杀害简文帝而篡位；在江陵，恰逢梁元帝被北周军队攻灭；最后北齐为北周所灭，一生三次成为亡国之人），备荼苦而蓼辛，鸟焚林而铩翮，鱼夺水而暴鳞，嗟宇宙之辽旷，愧无所而容身。”[①]但这种自南而北的奔波经历，对颜之推的学术成就却是大有益处的。南北朝长期分裂，造成南北人民彼此间的隔阂与思想观念上的差异，再加上固有的地域差别，南北文化的不同风貌成为学者们关注的一个重要问题，而艰苦备尝的颜之推本身就是一位学识广博的学者，根据自己的亲身实践，在这一方面体会深刻，对这一问题进行了多方面的探讨与分析，这也大大提高了《颜氏家训》的学术价值。

古语云：“十里不同风，百里不同俗。”风俗的地域差异，在疆域辽阔的华夏大地表现得十分突出，历来是文人学士谈论的热点话题。颜之推出生于恪守儒家礼法的士大夫家族，对这一问题相当敏感，在《颜氏家训》中屡屡提及“江左”（或江东）与“河北”（或山东）的风俗的差异。如在婚姻习俗上：“江左不讳庶孽，丧室之后，多以妾媵终家事；疥癣蚊虻，或未能免，限以大分，故稀斗阋之耻；河北鄙于侧出，不预人流，是以必须重娶，至于三四，母年有少于子者。”（后娶第四）

在消费心理上：“今北土风俗，率能躬俭节用，以赡衣食；江南奢侈，多不逮焉。”（治家第五）

---

① 《北齐书》卷四五《颜之推传》，第618—626页。

在男女社会地位上："江东妇女，略无交游，其婚姻之家，或十数年间，未相识者，惟以信命赠遗，致殷勤焉。邺下风俗，专以妇持门户，争讼曲直，造请逢迎，车乘填街衢，绮罗盈府寺，代子求官，为夫诉屈。此乃恒、代之遗风乎？"（同上）

在士人习尚方面："江南谓世之常射，以为兵射，冠冕儒生，多不习此……河北文士，率晓兵射……三和宴集，常縻荣赐。"（杂艺十九）

"江南此学（指算学）殊少，唯范阳祖暅（即祖冲之之子，大数学家）精之，位至南康太守。河北多晓此术。"（同上）

《颜氏家训》在古代音韵研究中的重要地位，历来为学者所推重，其对南北音韵的对比研究，尤其值得关注。他以当时南京与洛阳的方言为主，描述并分析了南北方言的主要特征及形成原因，并举出了大量具有说服力的实例：

> 南方水土和柔，其音清举而切诣，失在浮浅，其词多鄙俗。北方山川深厚，其音沉浊而鈋钝，得其质直，其辞多古语……而南染吴、越，北杂夷虏，皆有深弊，不可具论。（音辞十八）

颜之推对古书校勘学的贡献也不容低估，他特别对南北方传播的重要文籍进行了详尽的对勘。自从"永嘉南渡"后，流落南方的汉族士大夫均指北方为"夷狄之地"，将流传在北方的汉族典籍都斥为"伪书"，不屑一顾。而颜之推却能本着严谨而公正的学者态度，实事求是地对勘、评判南北方的古籍版本优劣。他指出："校定书籍，亦何容易，自扬雄、刘向（汉朝两位著名的版本目录学家），方称此职耳。观天下书未遍，不得妄下雌黄。或彼以为非，此以为是；或本同末异；或两文皆欠，不可偏信一隅也。"（勉学第八）如《汉书·司马相如传》

有“中外禔福”之语，“禔”为平安之义。而江南版本此四字作“中外提福”，显然语意不通。又如《后汉书》载凉州歌词为：“宁见乳虎穴，不入冀府寺”。而江南版本“穴”语为“六”，学者们盲从，不知其非。《诗经》有“駉駉牡马”之语，而河北版本“牡”为放牧之“牧”，颜之推经过缜密考定，指出了“牧”字不合本义。又如河北经传几乎全部省略文中语助词“也”，结果经师在诠解中不可避免地闹出了不少笑话。

南北朝时期，江南士大夫迁往北方的移民并不少见，而在学术上取得较大成就的学者却如凤毛麟角，因此，《颜氏家训》的成功非常值得后世学者的深思。首先，颜之推本人就是一位学识渊博的饱学之士，了解当时学术界存在的状况，具有十分敏锐的眼光。其次，他在思想观念上没有厚此薄彼的狭隘观念，具有豁达的心胸与实事求是的科学态度。他说：“吾生于乱世，长于戎马，流离播越，闻见已多；所值名贤，未尝不心醉魂迷向慕之也。”（慕贤第七）在这里，颜之推并没有甄别“南人之贤”还是“北人之贤”。颜之推又强调：“夫学者贵能博闻也。郡国山川，官位姓族，衣服饮食，器皿制度，皆欲根寻，得其原本。”（勉学第八）最后，南北转迁的生活经历为颜之推提供了充分展拓学术造诣的良好机会。如他曾强调文章引征之时，“必须眼学，勿信耳受。（同上）”但，他又发现耳目之外，实践更为重要。颜之推曾深有体会地说道：“昔在江南，不信有千人毡帐，及来河北，不信有二万斛船，皆实验也。”（归心十六）如果没有深刻而丰富的亲身体验，颜之推的认识也不可能有较大的飞跃。总之，种种主客观因素结合起来，作为移民的颜之推才为中国文化史奉献了《颜氏家训》这部伟大的著作。

第三节　天涯何处觅乡音

——移民与方言地理及传统戏曲

《礼记·王制》云："广谷大川异制，民生其间异俗。"古语又云："十里不同风，百里不同俗。"中国境内幅员辽阔，人口众多，千山万壑，瑰丽多姿，自古以来，文化风俗的地域性差异可谓丰富多彩，不胜枚举，其中方言与戏曲便是特别能反映出地域性差异的两种典型文化形式。语言是人类赖以相互沟通的文化工具，是人类文明发展程度的重要标志之一。戏曲则是通过音乐化、艺术化的语言表达方式抒发情感的主要方式。饶有趣味的是，生活在不同自然空间的汉族人却操着互相难以对话的方言，唱着彼此不知所云的戏曲。而移民更使这种原本源于地域上的文化差异变得更为曲折复杂。大批移民不仅能使原有的方言区大幅扩展，还能促使地方戏曲冲破藩篱，取得长足的发展。

一、南音渐少北音多

——移民与汉语方言地理格局

> 南音渐少北音多，肉飞不起可奈何，行不得也哥哥！
>
> ——〔元〕邓剡《鹧鸪词》

语言作为一种内涵极为复杂的文化现象，其内部差异性只有通过科学而系统的分类才得以阐明。中国境内的语言系统通常可归入五大语系，即汉藏语系、阿尔泰语系、南亚语系、印欧语系、南岛语系（又称为马来·玻利尼西亚语系）。当然，分布最广及使用人口最多的语系非汉藏语系莫属。汉藏语系内部又有汉语、壮侗、藏缅等语族的差别，汉语作为汉族的通用语言，又成为汉藏语系中最重要的一种语言。

然而，纯粹的所谓“汉语”又是不存在的，这种貌似“白马非马”的离奇逻辑却是客观存在的，因为每一个汉族人所操语言都是不同类别的方言。按今天学术界的共识，汉语可分为七大方言，即官话方言（北方方言）、吴方言、湘方言、赣方言、客家方言、粤方言、闽方言等。[①]如果按分布地域大致区分，这七大方言又可分为南、北两大方言板块，北方官话在中国北部占有绝对的优势地位。历史时期的方言区域与今天的方言格局有着相当突出的变异，今天汉语七大方言区的形成有着十分深刻的社会历史及文化背景，其形成经历了漫长的历史演变，在这一漫长的演变过程中，其主要推动力便是历史上频繁而复杂的移民运动。[②]其中与移民运动关系最为密切的方言区演化，要数官话方言区的扩展了。可以说，渊源于北方的官话方言，其向南扩展的进程与历史时期北方汉族人民的南迁息息相关。

探寻汉语方言格局的变迁，必须从汉语——华夏（汉）族所用语言的形成说起。先秦时期的人们已经明确意识到华夏族与非华夏族之间在语言及服制上的差异。《左传》襄公十四年记载了戎子驹支的一段

①汉语方言分区标准及区域划分参见詹伯慧主编：《汉语方言及方言调查》，第三章《汉语方言的分区及主要特点》，湖北教育出版社，1991年，第46—117页。

②参见周振鹤、游汝杰著：《方言与中国文化》第一章《方言与移民》，上海人民出版社，1986年，第15—63页。

话："我诸戎饮食衣服不与华同，贽币不通，言语不达。"可以说，各个民族大都拥有自己独特的语言，这也是人类所特有的卓越创造力的体现。然而，即使是在先秦时期，华夏族内部在语言文字上也不统一。如战国七雄——秦、楚、齐、燕、韩、赵、魏诸国都认同于华夏，但这七国间的文化差异依然是那么的显著。东汉许慎在《说文解字序》中讲道：

> 其后诸侯力政，不统于王，恶礼乐之害己而皆去其典籍，分为七国。田畴异亩，车涂（同"途"）异轨，律令异法，衣冠异制，言语异声，文字异形。

"言语异声"无疑是指各国方言之间的差异。七国之中，秦、齐、燕、韩、赵、魏六国均在秦岭—淮河以北的北部中国，楚国与北方诸国之间语言上的差异，显然远远大于北方各国间的不同。秦统一后，注重语言文字的规范划一，即所谓"书同文"。"小篆"字体由此诞生。"秦始皇初兼天下，丞相李斯乃奏同之，罢其不与秦文合者。斯作《仓颉篇》，中车府令赵高作《爰历篇》，太史令胡毋敬作《博学篇》，皆取史籀、大篆，或颇省作，所谓'小篆'者也。[①]"文字的划一，必然伴随着"官话"即官方语音系统的产生。为维护"万乘之尊"的权威性，秦国方言理所当然地成为当时通行的官方语音的蓝本。秦朝灭亡后，西汉定都咸阳，关中地区依然是全国政治及文化中心区，关中方言自然也就成为通行的"官话"。中国最早的方言学著作为西汉扬雄所著《輶轩使者绝代语释别国方言》（简称《方言》）一书。据学者们的

① 〔东汉〕许慎撰：《说文解字》第十五上，中华书局，1963年，第315页。

研究，《方言》一书所载方言语汇以秦晋区最多，解释也最细，这充分反映了秦晋方言在当时方言格局的主导地位。[①]东汉、西晋均定都洛阳，故而河南洛阳一带的方言又不可避免地占据明显的优势地位。隋、唐两朝定都长安，北宋定都开封，元、明、清三朝定都北京，可以说封建王朝的政治文化中心——国都长期在北部中国徘徊，对今天“官话区”的形成产生了至关重要的影响。

但是，今天“官话区”的范围远远超出了历代政治中心所涉及的地域范围，北越燕山与长城以北，南跨秦岭—淮河以南。这就要归功于历史时期移民运动的贡献了。今天的官话方言区内部大致可分为四个次方言小区：（1）华北、东北官话区，（2）西北官话区，（3）西南官话区，（4）江淮官话区。除华北官话区外，其余官话方言小区的出现与形成几乎都与特定的移民运动有关。其中历史上三次汉人的大规模南迁（即永嘉南渡、唐安史之乱后的南迁、靖康南渡）等一系列移民运动起到了极为关键的作用。[②]

如江淮官话小区（习称“方言片”），主要分布于今天安徽省内长江两岸，江苏省江北大部分地区（徐州一带除外）以及江南镇江以北南京以下地区，再加上江西省沿江地区。考察历史时期的移民运动，可以看出，这一方言片出现最早，其原因就在于这一区域是历史南迁运动中最重要、最集中的迁入地之一。西晋末年的“永嘉丧乱”引发了前所未有的移民运动，北方移民大量涌向江淮地区，东晋及宋、齐、梁、陈诸政权均建都建康（今江苏南京市），南京一带也就迅速成为北方移民麇集之地，侨民数量甚至超过了当地土著居民。谭其骧先生曾

①周振鹤、游汝杰著：《方言与中国文化》，上海人民出版社，1986年，第99页。

②参见周振鹤：《现代汉语方言地理的历史背景》，《历史地理》第九辑，上海人民出版社，1990年，第69—80页，笔者在该文基础上略做分析说明。

指出：当时，“江苏省所接受之移民，较之其他各省为特多，以帝都所在故也。”[①]而作为政治中心，建康及京口（今镇江）一带更是云集了众多北方衣冠士族，在他们的影响下，北方方言很自然地在这一地区取得了优势。唐代杜佑在论及“扬州”（包括今江、浙、皖、闽、赣诸省）文化变迁指出：“永嘉之后，帝室东迁，衣冠避难，多所萃止。艺文儒术，斯之为盛。今虽闾阎贱品，处力役之际，吟咏不辍，盖颜、谢、徐、庾之风扇焉。”毋庸置疑，在北方士族的影响下，南朝士人吟咏诗赋所用语言应为北方官话。故唐代诗人张籍在回忆永嘉南渡时曾赋诗云：“北人避胡多在南，南人至今能晋语。”这里的“晋语”即指西晋以洛阳为核心的“官话”。显然，直到唐代，由永嘉南渡所形成的南方官话片依然顽强地存在着。

唐代“安史之乱”所引发的北方人民南迁，又一次造成北方官话区的南侵，而这一南侵又大大强化了江淮官话片存在的基础。《旧唐书·权德舆传》载云：“两京蹂躏于胡骑，士君子多以家渡江东。”后来，在两宋之际的“靖康南渡”中，江苏、浙江两省又是重要的避难区。时人韩淲曾赋诗云：“太湖渺渺浸苏台，云白天青万里开。莫道吴中非乐土，南人多是北人来。”女真军队曾在建康城内实行大屠杀，造成当地人口的惨重损失，金军退后，大批北方士民聚居此地，很快让北方习俗风靡江浙一带，这里自然包括北方官话。《（至大）金陵新志》卷八引述道：“在宋建炎中，绝城境为墟，来居者多汴、洛力能远迁巨族仕家，视东晋至此又为一变。岁时礼节、饮食、市井负衒讴歌，尚传京城（指开封）故事……气习大率有近中原。”[②]可以说，江淮官话片正是这一次又一次的南迁浪潮中得以巩固，没有北方移民的南下，

①《长水集》（上），人民出版社，1987年，第200页。

②吴松弟：《中国移民史》第四卷第十四章第五节《方言》，第517—520页。

也就不可能有江淮官话片的形成与长期维持。

西南官话片与东北官话片的出现更是移民运动的直接结果。西南官话通行的主要区域包括今湖北省大部分地区（鄂东、鄂东南除外），云南、贵州、四川三省汉族地区以及湖南、广西两省（区）北缘地带。熟悉中国民族史的人都知道，西南地区长期以来是中国境内非汉族的重要聚居区之一，云南地区的南诏政权甚至从唐中叶至元初脱离中原王朝而独立，时间长达600年，在汉族人口比例相对微小的状况下，北方官话当然不可能取得主导性地位。元、明两朝为巩固边防，都在边疆地区实行军屯制度，大批军人及其眷属由此进入云南及贵州等地，这类军事移民大都操"官话"，在军屯移民集中的区域，"官话"也就顺理成章地成为通行语言。

然而，寻找今天西南官话的源头，更不可忽略"两湖（即湖北与湖北两省）官话"的影响。其形成也可上溯至"永嘉丧乱"与"安史之乱"所引发的人口南迁，两湖地区也是重要的移民迁入地，北方官话也随之南侵，在当地逐步取得了优势地位。时至明末清初，西南地区人口构成发生剧变。明朝末年的社会大动荡中，四川等地人口遭受旷古未闻的惨痛损失。惨祸过后，四川本地人口死耗殆尽，极度凋零，因此，清朝初年发生了"湖广填四川"的移民运动。今天西南各省汉族人的祖先，大多是在这场大移民中来到这里定居的。学者们指出："清代的'湖广填四川'是一场以湖广移民为主，广东、江西、陕西等省移民为辅的规模浩大的人口迁移。"①"湖广"也就是指两湖地区，在这场大移民过后，西南官话片基本定形。

东北官话片形成的时间更晚一些，其与东三省地区的开发及移民

①曹树基等著：《中国移民史》第六卷，第91页。

社会的形成同步。黑龙江、吉林、辽宁三省地区在历史时期同样是非汉族的聚集区，乌桓、鲜卑、契丹、女真等众多少数民族都是在东北地区崛起，然后南迁称雄于中原地区的。广袤而富实的黑土地在中原人士心目中不过是蛮荒的化外之地，自然也就不会有汉族官话立足的空间了。满族贵族取得中原政权后，极力限制山海关内的各族百姓北上关外地区谋生，故有“柳条边”之设。但生存压力的驱使、北方沙俄的威胁等因素最终迫使清朝官府取消了对关外移民垦殖的禁令，山东、河北等省农民纷纷涌向山海关，投身于开发北大荒的热潮之中。既然东北地区的居民以山东与河北等省的移民为主，东北官话也自然与华北官话最为接近了。

二、北调南腔意韵深
——移民与传统戏曲的发展

见说中原极可哀，更无飞鸟下蒿莱。
吾侬尚笑倡优拙，欲唤新翻歌舞来。
——〔南宋〕严灿《观北来倡优诗》

中国传统社会中似乎很早就形成了“重音乐轻戏曲”的观念。音乐的功能备受推崇，如孔子云：“移风易俗，莫善于乐。”“礼、乐”并称，成为中国礼制文化的核心内容。而戏曲一类的表演艺术因其功能重在提供娱乐，素来难以登大雅之堂。如先秦时期已出现职业化的表演艺人——“优”，但根据记载，他们常常只是君王公卿们的附属品与消遣工具，谈不上什么社会地位。有些地位卑微的优人被后世文人记载下来，也往往是因为他们通过自己的表演起到了向君王进谏的效果。

移民与戏曲发展的关系是相当复杂的。与文学、书画等艺术形式不同，戏曲是一门表演艺术，职业化的艺人（即“倡优”）实为戏曲艺术的灵魂与客观载体，只有剧本而没有演员，根本就不能称为戏曲艺术。中国传统戏曲的发展，在很大程度反映在这些职业化艺人的艺术活动之中，因此，中国戏曲的命运也就与这些艺人的命运密不可分地联系在一起。历史时期的大移民常常发生在社会大动乱之后，广大戏曲艺人同天下黎民百姓一样，也无法逃脱苦难的煎熬，背井离乡，流落四方。南宋张端义所著《贵耳集》记载了这样一个“黄檗苦人”的趣事：

> 寿皇（宋高宗赵构）赐宰执宴，御前杂剧妆秀才三人。首问第一秀才曰：“仙乡何处?”曰：“上党人。”次问第二秀才：“仙乡何处?”曰：“泽州人。”又问第三秀才：“仙乡何处?”曰：“湖州人。”又问上党秀才：“汝乡出甚生药?”曰：“某乡出人参。”次问泽州秀才：“汝乡出甚生药?”曰：“某乡出甘草。”次问湖州：“出甚生药?”曰：“出黄檗。”“如何湖州出黄檗?”“最是黄檗苦人!”①

原来，“黄檗”与“皇伯”谐音，当时皇伯秀王驻守湖州，欺压百姓，当地怨声载道，故而这位湖州艺人在应答中巧妙进谏。赵构顿悟，很快将秀王召回杭州。这件故事的真假姑且不论，我们感兴趣的是，南宋宫廷中的杂剧艺人与赵构等君臣一样，多数也是来自四面八方的移民。“靖康南渡”后，大批北方杂剧艺人也来到了南方。能够在宫廷中献艺自然是非常幸运的，普通艺人只好在南方观众挑剔的目光中继

---

①任二北编著：《优语集》，上海文艺出版社，1981年，第123页引文。

续着充满辛酸的演艺生活。故时人严灿在《观北来倡优诗》中吟道："见说中原极可哀，更无飞鸟下蒿莱。吾侬尚笑倡优拙，欲唤新翻歌舞来。"①

不过，大批艺人南迁，对南方地区的戏曲发展还是大有益处的。宋元时代是中国戏曲发展史上极为重要的阶段，如元杂剧被近代著名学者王国维称为"一代之绝作"，而杂剧的真正发展正是从宋朝开始的。除杂剧外，南戏的异军突起，也是宋元戏曲史上备受关注的大事。南戏，源自温州杂剧，南宋时期盛行于临安（今浙江杭州）一带，不可避免地受到北方杂剧艺人的影响，并获得了长足的发展。研究者指出："温州杂剧进入临安以后，广泛而又频繁地接触了以城市为主要阵地的宋杂剧和说唱文艺，在书会才人与戏曲戏人的共同努力下，有了飞跃发展，逐步走向定型、成熟，成为我国古典戏曲强有力的一翼，直接影响甚至决定了明清两代的传奇和地方戏。"②这种分析合情入理，富有新意。简言之，移民对南戏发展发挥的作用不外乎两个方面：一方面是南戏艺人与宋杂剧艺人之间交流、学习；另一方面则是在当时杭州城内的观众群中，北方移民占据了可观的比例，南戏要获得这些北方观众的青睐，也必须有所改变以满足他们的欣赏需求。时至元代，北杂剧对南戏的影响更加明显。"由于南方繁荣的社会经济生活的吸引，大量北人继续南迁，许多北方杂剧的作家和演员也随之纷纷向临安集中。有些杂剧作家如马致远、萧德祥等还在杭州参与了南戏剧本的编写；能演南戏的杂剧演员也不少，如龙楼量、丹墀秀即'专工南戏'（《青楼集》），这对南戏吸收北杂剧的艺术成就，以丰富、提

---

①吴松弟：《中国移民史》第四卷第十四章第二节《文学与艺术》，第495—502页。

②林风：《南戏的产生与发展》，《中国古代戏曲论集》，中国展望出版社，1986年，第14页。

高自身的舞台艺术，无疑也产生了重要的影响。”①

清朝又是中国传统戏曲发展的一个巅峰时期，首都北京成为各种地方戏争奇斗艳、一展身手的大舞台，国粹京剧的出现更是当时戏曲发展成就卓越的代表。移民对清代戏曲的发展的重要贡献同样表现在两个方面：一是许多名噪一时的巨星都是移民出身；二是热爱戏曲的观众中也有不少是背井离乡之人。

在专制帝王拥有最高权力与地位的中国传统社会里，皇族公卿的好恶，往往成为决定某种艺术形式命运的关键所在。在清代戏曲发展史上，我们必须强调皇族成员不可低估的重要贡献，这其中首推乾隆皇帝。这位长寿的皇帝在位时间长达60年（1736—1795），也就在这段时间里，各种地方戏曲纷纷涌向北京，掀开了戏曲发展的崭新篇章。乾隆十六年（1751年）万寿节，为祝贺乾隆皇帝的母亲六十大寿，清宫内外准备了极其隆重而丰盛的庆祝活动，演戏是庆祝活动的主要内容之一。清赵翼在《簷曝杂记》卷一《庆典》中记述了自己目睹的节日盛况：

> 中外臣僚纷集京师，举行大庆，自西华门至西直门外之高梁桥，十余里中，各有分地，张设灯彩，结撰楼阁。天街本广阔，两旁遂不见市廛。锦绣山河，金银宫阙，剪彩为花，铺锦为屋，九华之灯，七宝之座，丹碧相映，不可名状。每数十步间一戏台。南腔北调，备四方之乐；侲童妙伎，歌扇舞衫。后部未歇，前部已迎。左顾方惊，右盼复眩。游者如入蓬莱仙岛，在琼楼玉宇中听霓裳曲，观羽衣舞也……后皇太后八十万寿（乾隆三十六年，

①张庚、郭汉城主编：《中国戏曲通史》（上），中国戏曲出版社，1980年，121—122页。

> 1771年）、皇上八十万寿（乾隆五十五年，1790年）闻京师巨典繁盛，均不减辛未（即乾隆十六年），而余已出京，不及见矣。[①]

如此盛大热闹的场面，恐怕比之于今日世界各地的“狂欢节”，没有丝毫的逊色。很显然，皇族公卿的嗜好以及庆典活动，是推动北京戏曲舞台空前繁荣的难得契机，为各地名伶提供了进京一展才华的机会，而全国各地戏班云集北京，又为传统戏曲大发展带来了勃勃生机。戏剧研究者指出：“乾隆中叶以后，云南、四川、湖北、安徽著名伶工荟萃京师，名班竟达三十五个之多，京师演戏之盛，为全国之最。在世界各国恐怕也是独一无二的。”[②]在这些名伶中，不少人将北京作为第二故乡、终老之所，最后永远安息在这块土地上，可以说，这些毕生献身于北京戏曲舞台的演艺团体，直接构成了一类从事特殊职业的移民群体。

就唱腔特点而言，京剧的唱腔蕴含极为丰富，如昆曲、高腔、罗罗腔、银纽丝等。“凡是乾隆年间在北京唱过的（唱腔），京剧里都里。”[③]因此，研究京剧唱腔的由来，必须考察乾隆年间入京的各地戏班。当然，这也是我们考察当时这种演艺移民来源的重要途径。京剧又被称为“皮黄”，即西皮、二黄的简称，而西皮、二黄其实又为汉调、徽调的代称。因此，就剧种的渊源而言，京剧实糅合汉调、徽调而成，而其中以徽调成分最多，因此，一般认为，京剧的前身就是徽调（即二黄调）。京剧开始形成的标志便是乾隆五十五年（1790年）四大徽班（三庆、四喜、春台、和春）进入北京。

---

①〔清〕赵翼撰：《簷曝杂记》，中华书局，1982年，第9—10页。

②李体扬：《清代宫廷戏剧》，《京剧史研究》，学林出版社，1985年，第66页。

③马彦祥：《京剧的渊源与流变》，《京剧史研究》，学林出版社，1985年，第2页。

二黄调的故乡为安徽省怀宁县，四大徽班的成员自然以安徽本省人居多。《梨园佳话》载云："苏班微后，徽班乃铮铮于时，班中上流，大抵徽人占十之七，鄂人间有，不及徽人之多也。"四大徽班之首——三庆班，原名三庆徽，其创始人高朗亭就是安徽人。清人李斗《扬州画舫录》称："高朗亭入京师，以安庆花部合京、秦二腔，名其班曰三庆。"又如咸丰、同治年间长期执掌三庆班的程长庚是安徽潜山县人，他在当时的戏曲界地位无比尊崇，被尊为"伶圣""剧神"，是公认的"皮黄鼻祖"，为京剧的发展做出了巨大的贡献，《天咫偶闻》载云：

> 咸丰间，三庆班老生中忽出一伟大艺人，即安徽程长庚是也。程本精昆曲，最工二黄，声调绝高，登山一奏，响彻云霄。资性颖慧，精通剧曲，研究种种，多所改良，以助戏剧进步。又能主宰伶界，名望无比，人称大老板。至今剧界尊之，不啻"剧神"。

《京剧二百年之历史》指出：程长庚唱腔用韵实以安徽土音为主。"盖行腔使气，用纯粹之安徽音，如长江大河，一泻长里，凌厉无前，质直而少曲弯，不若近世伶人，滥用'花腔'，以图取巧者可比。"[①]程长庚之后继掌三庆班的班主杨月楼与程长庚同乡，也是安徽潜山人，其子杨小楼，人称"活子龙"，也是一位声名赫赫的京剧小生。另外，被尊为京派小生鼻祖的曹眉仙也是安徽人。

京剧的主体实为合徽、汉二调而成，而汉调的故乡在湖北，故早期著名京剧艺人中除安徽人外，不少是湖北人。如四喜班的著名老生王九龄即为湖北罗田人，三庆班中声名与程长庚相颉颃的名伶余三胜

---

① （日本）波多野乾一著，鹿原学人译：《京剧二百年之历史》，启智书局，1926年，第11页。

为湖北罗田人。著名京剧艺术大师梅兰芳在《舞台生活四十年》中指出："咸、同年间，四大徽班里，最著名的老生如程长庚、余三胜两位老先生，就是徽、汉二派的开山祖师。程擅长昆戏，唱念方面，他的字眼接近昆曲，采用中州音韵为多；余工汉调，他的字眼就偏重于湖北土音。"不过，最著名的湖北籍京剧艺人还要数谭鑫培。谭鑫培之父谭叫天，为湖北黄陂人，于咸丰年间来到北京，入四喜班。谭鑫培在演艺生涯鼎盛之时，声名风靡剧坛，被冠以"伶界大王"的美誉。《京剧二百年之历史》载云：

> （清朝末年）谭之大名，独轰动北京戏界，一声而有九鼎之重。王公大臣巨绅非谭不喜，膏粱纨绔、贩夫走卒、闺秀歌伎，摹谭调而争先恐后。"有书皆作垿，不调不学谭。"山东王垿之书，与谭调同为清末两大流行品。"国家兴亡谁管得，满城争说叫天儿。"①

除徽调、汉调外，昆曲、秦腔都曾在清代北京的戏园中走红一时。以常理言之，北京应该是"京腔""京韵"的一统天下，而清代徽调、汉调等外省戏曲却如此风靡北京，这本身就是一个饶有趣味的文化现象。众多名伶的精湛技艺，固然是一个重要方面，但某种戏曲的兴盛，必然要取得广大观众的认可与支持，没有众多戏迷的热情捧场，戏曲便丧失了赖以生存的客观基础。戏曲研究者发现，作为京剧的前身，徽调与汉调的结合，其实早在进入北京之前已经发生了。因为徽调与汉调的发源地都集中在今湖北与安徽两省交界地区。《梨园佳话》对其

---

①（日本）波多野乾一著，鹿原学人译：《京剧二百年之历史》，第44页。

演变与传入北京的问题做出了这样的解释：

> 所谓徽调者，皮黄是也，皮者黄陂，黄者黄冈，皆鄂地名，此调创兴于此，故曰汉调……汉调流行于皖、鄂之间，石门、桐城、休宁间人变通而仿为之，谓之徽调。清盛时，皖桐人官京师者济济有众，乡音流入，殆亦有年，必不始于咸、同之世。[①]

这一解释让我们心中顿时有豁然开朗之愉悦，原来，出于密切的渊源关系，徽调与汉调传入北京，其最初的忠实听众就是那些京城中期盼“乡音”的同乡人。居官也罢，经商也好，这些同乡长期居留于北京，实际上也形成了一种特殊类型的移民群体，身处异乡的落寞与孤寂，使他们渴望乡音的慰藉。徽班的入京，激起了他们感情的狂澜。在这些同乡的鼓噪下，京城的士民们也开始倾听这些来自外乡的曲调，久而久之，习惯成自然，京剧名称也由早期的“徽调”“汉调”，而最后演化为“京调”“京戏”了。可以说，移民不仅为北京引进了大批各地名伶，也为戏曲发展输入了热情的观众，两方面的结合，才最终造就了清代北京戏曲舞台的空前繁荣与“国粹”——京剧的诞生。[②]

---

①何时希：《读京剧史料札记》，《京剧史研究》，第99页引文，本节引文非特殊注明者均转引自该文。

②移民对戏曲发展提供推动力的另一实例，便是山陕商贾与“秦腔”及“山西梆子”兴衰之间的内在关系，详见安介生著：《山西票商》“祁太溜子　蒲州戏子”，福建人民出版社，1994年，第119—131页。

第五章

西天高僧送经来

——移民与西域文明的传播

“西域”，在中外文化交流史上是一个极其重要且十分复杂的地域概念。狭义的“西域”，是指今天中国境内的新疆地区。而广义上的“西域”相对于汉族中原地区而言，指玉门关、阳关以西的所有地区，不仅包含中亚、西亚各国，甚至将欧洲大陆许多国家也囊括在内，几乎是辽阔无垠。而古籍中所言“西域”往往是这两种含义的混合体。历史时期汉族中原王朝与西域的关系常常表现为民族与民族之间的关系，国家与国家之间的关系。西域是中原王朝通往西方国家最重要的桥梁与纽带，也成为中外文化交流的主要舞台。西域文明向中原的传播渠道多种多样，而西域进入中原地区的移民贡献最为显著。

第一节　西域“凿空”胡风吹

——西域移民与中原的“胡化”之风

一、洛阳家家学胡乐

——西域移民与“胡乐”及“百戏”的传入

> 魏晋以来，凡草木之名冠“胡”字者，其实皆西域物也。
>
> ——王国维《西胡考》

在西汉以前，中原人对玉门关以西地区几乎一无所知。当时，汉族中原王朝的最大威胁便是长城以北的匈奴部族联盟。“南有大汉，北有强胡”，不过匈奴西面还有一个强国——月氏。关于这个月氏国的范围，《括地志》称：“凉、甘、肃、延、沙等州地，本月氏国。”①今天宁夏、甘肃、青海一带当时都属月氏国的疆域。西汉初年，鉴于国力虚弱，汉朝君臣对匈奴曲意奉承，屈辱和亲，但依然无法遏制匈奴人的嚣张气焰，边境地区烽火连绵，战事不断。汉武帝即位后，国力增强，积极准备反击匈奴。在此之前，匈奴曾与大月氏国发生激战，月氏人战败后，与匈奴人结下怨仇。汉朝乘机想与月氏联合起来，共同对付匈奴。张骞应募出使月氏。月氏国在匈奴牧地西北，因此，张

① 《史记》卷一一〇《匈奴列传》正义引，第2888页。

骞出使之途充满了艰辛，如在穿过匈奴控制区时，曾被匈奴人扣留多年。然而在历经险阻到达月氏故地后，张骞等人却意外地发现月氏国已西迁大夏，并没有向匈奴报仇的愿望。张骞的使命落空了，但这是有记载以来中原王朝使者破天荒第一次进入西域地区。张骞的出使让中原人大开眼界。张骞向汉武帝详细汇报了他的发现。这份报告为我们描述的范围不仅包括西域（以今天的新疆为核心）诸国，还远涉中亚、西亚等古国。这些国家有大宛、乌孙、康居、奄蔡、大月氏、大夏（今阿富汗北）、安息（今伊朗）、条支（今伊拉克）、身毒（今印度）等。史书将张骞之行称为"凿空"西域。

张骞出使的成功，打开了西域与中原地区交往的大门，从而掀起了一个中外交往的热潮。富有野心的吏士踊跃出使，汉武帝酷爱大宛马，频繁遣使往求。"使者相望于道，诸使外国一辈大者数百，少者百余人。"与此同时，西域诸国也遣使访汉，观察汉朝虚实。外国客人的到来，让汉武帝大为高兴，他让这些外国客人随其四方游赏，炫耀府库中的奇珍异宝。这些西方客人果然大为惊叹。安息国王以大鸟卵及黎轩"善眩人"献给汉朝。据说这些"善眩人"也就是一些技艺高超的魔术师，他们能"口中吹火，自缚自解。"汉朝君臣为与其一比高低，各种杂技力求奇变。"及加其眩者之工，而觳抵奇戏岁增变，甚盛益兴，自此始。"①西域魔术师的到来，大大促进了中原王朝对魔术、杂技等娱乐项目的兴趣及魔术、杂技水平的提高。如果说这些善眩人作为安息国王的礼物献给汉朝，那么这些魔术师将在中原长期生活下来，属于最早的西域移民，魔术也随着他们的定居在中国生根发芽。唐代学者颜师古在注释《汉书·张骞传》时提到：

①《史记》卷一二三《大宛列传》，第3173页。

"'眩'与'幻'同，即今之吞刀、吐火、殖瓜、屠人、截马之术皆是也，本从西域来。"

在与西域诸国的交往之中，见于记载的大都是使者的进谒，我们很难发现一般胡人在中原的活动。《汉书·地理志》张掖郡下有"骊靬县"，引起了后世学者的极大兴趣。骊轩，是大秦国的异名。因此，学者们推测该县为安置大秦降民所建（实际应为匈奴降人所置）。[①]唐颜师古注曰："骊音力迟反，靬音虔，今其土俗人呼骊靬，疾言之曰力虔。"相传汉时以其降人置县于此，因以为县名。上郡下有龟兹县，颜师古注曰："龟兹国（今新疆库车县东）人来降者，处之于此，故以名云。"两汉时，置属国都尉，管辖入降之"蛮夷"，而这个龟兹县正是属国都尉治所。安定郡又有月氏道，似也与月氏人内迁有关。

仅从这些地名考定，内迁的西域人应主要集中于西北边郡，对中原似乎影响微弱。然而，实际情况并非如此简单。从两汉开始，相当多的西域人深入中原从事商业活动，有的甚至长期定居下来，他们对中原风俗的影响难以忽视。另外，经过艰苦的战争，西汉军队最终征服大宛等国，置西域都护，西域各国无力相抗，纷纷遣质子入朝。东汉时期，西域与中原王朝的联系更加紧密，汉王朝在西域诸国人民中拥有极高的威望，如班超任西域都护期间，"于是西域五十余国悉皆纳质内属焉。"这些西域人质一般拥有特殊的地位，且在京师里长期居住，他们对西域风俗的传播更起到非常积极的作用。汉族上层人士受其影响最为显著，东汉末年京师洛阳甚至刮起了强劲的"胡"风。

---

①参见葛剑雄：《天涯何处罗马城》一文，《往事与近事》，三联书店（北京），1996年，第60—74页。

灵帝好胡服、胡帐、胡床、胡坐、胡饭、胡空侯（即箜篌）、胡笛、胡舞，京都贵戚皆竞为之。①

北朝时期，西域与中原地区人员往来更趋频繁，其中不乏在中原地区永久定居者。北魏后期的都城洛阳，是影响巨大的国际化大都市，城中来自西域的移民数量相当可观。如《洛阳伽蓝记》载云：

自葱岭已西，至于大秦，百国千城，莫不款附。商胡贩客，日奔塞下，所谓尽天地之区已。乐中国土风，因而宅者，不可胜数，是以附化之民，万有余家。②

由于移民的推动，西域文化对中原风俗产生了更为显著的影响，在音乐歌舞娱乐方面尤为突出，其余波及于隋唐时期。著名学者方豪指出："吾人所不可不知者，唐之胡乐多因于隋，隋之胡乐又多传自北齐，北齐胡乐之发达则由北魏洛阳胡化所致。"③古代音乐的传播主要依赖善于歌舞的女艺人，即所谓"伎"，男性歌舞艺人，又称为"男伎"。西域音乐歌舞传入中原地区，同样主要依赖于来自西域的歌舞艺人。应该指出的是，北齐时期胡乐之发达，并不完全由于北魏洛阳的"胡化"，而直接源自北齐诸位皇帝对胡乐的异常嗜好以及对乐工的优宠。如北齐后主高纬"盛为无愁之曲，帝自弹胡琵琶而唱之，侍和之者以百数，人间谓之无愁天子"。对喜爱的乐工，高纬等人更是不惜官爵。《北齐书·恩幸传》曾批评道："刑残阉宦、苍头卢儿、西域丑胡、

①《后汉书·五行志》，《后汉书》，中华书局校勘本，第3271页。
②《洛阳伽蓝记》卷三《城南龙华寺》，第161页。
③《中西交通史》第二册，台湾中华文化事业社，1969年，第247页。

龟兹杂伎，封王者接武，开府者比肩……其帝家诸奴及胡人乐工，叨窃贵幸，今亦出焉。”显赫一时的权臣和士开就是西域商胡的后裔，以善于握槊与弹胡琵琶，而得到世祖高湛等人的喜爱，从此平步青云。另外，以史丑多为首的许多“胡小儿”，也以能舞工歌而官至仪同开府或封王，飞扬跋扈，不可一世。正是在这种情形下，北朝时的“杂乐”成为西域音乐的天下。

> 杂乐有西凉鼙舞、清乐、龟兹等。然吹笛、弹琵琶、五弦及歌舞之伎，自文襄以来，皆所爱好。至河清以后，传习尤甚。后主唯赏胡戎乐，耽爱无已……故曹妙达、安未弱、安马驹之徒，至有封王开府者，遂服簪缨而为伶人之事。[①]

胡乐的盛行，在隋朝初年已显得积习深重，占据了宫廷乐坛的主导地位。“制氏全出于胡人，迎神犹带于边曲”。开皇二年（582年），颜之推上言：“礼崩乐坏，其来自久。今太常雅乐，并用胡声，请冯（同凭）梁国旧事，考寻古典。”然而他的建议并未被采纳。开皇初年颁布政令，正式推出《七部乐》，作为朝廷典礼所用之音乐曲目。这《七部乐》几乎是清一色的“胡戎之乐”，即《国伎》（又称为《西凉伎》）《清商伎》《高丽伎》《天竺伎》《安国伎》《龟兹伎》《文康伎》（又称为《礼毕乐》）。大业年间，炀帝又增加《疏勒》《康国》二种，合为《九部乐》。《九部乐》中直接来自西域的就有六部。

《西凉乐》，是前秦时期攻占凉州后，将当地流传的龟兹乐加以改编，称为《秦汉伎》。后魏攻占凉州后，此乐传入中原，又称为《西凉

①《隋书》卷一四《音乐志中》，第331页。

乐》。《西凉乐》与华夏传统乐曲的差别相当显著，一方面演奏所用乐器如曲项琵琶、竖头箜篌都是来自西域，“非华夏旧器”；另一方面，演奏歌曲也都来源于胡戎地区，声调与中原古乐迥异。

《龟兹乐》进入中原，始自前秦大将吕光攻破龟兹国之后。吕氏政权破亡后，乐工四散，至北魏时期才重新为朝廷所重视。隋朝初年，《龟兹乐》大盛，成为在中原地区影响最大的西域音乐，一些技艺高超的乐工，如曹妙达、王长通、李士衡、郭金乐、安进贵等，更在原有曲目及演奏技法上求新求变，大受王公大臣之喜爱。“举时争相慕尚”。到隋炀帝即位后，更是醉心于龟兹艳曲，其乐工造诣之精妙，甚至得到西域本地人的赞叹。

另外，《天竺乐》是在张氏凉州政权时期，外国使者进贡的“男伎”所演奏的曲目。《康国乐》是在周武帝迎娶突厥公主时，由其陪嫁的西戎伎人传入。其外，《疏勒》《安国》两部乐是由北魏军队攻入北燕及西域地区后所俘获的伎人传入。

隋朝时期，西域移民及文化对中原王朝的影响最集中地表现在“百戏”云集的狂欢活动之中了。所谓“百戏”始于北齐，是以西域魔术杂技为主体的各种表演节目的总称。大业二年（606年），突厥可汗染干入京谒见，虚荣心极强的隋炀帝为夸示“天朝大国”的繁盛景象，特地将散居在全国各地的伎人召集在东都洛阳，在芳华苑进行表演。其中“神鳌负山”“幻人吐火”等节目千变万化，旷古未闻，染干可汗目瞪口呆，大为惊讶。隋炀帝对“百戏”的宣传功能更是异常满意，于是留下这些伎人在“太常”（国家制定礼乐的最高机构）里担任教员，大力推广这些表演节目。以后，每至农历正月，万国使者来京朝谒，到十五日这天，洛阳城内使搭起绵亘八里的大戏场进行大型歌舞演出，通宵达旦，参加歌舞表演的妇女们竟达30000人。大业六年

(610年)，突厥启民可汗及西域各国国王前来洛阳朝贺，隋炀帝更是亢奋之极，“乃于天津桥盛陈百戏，自海内凡有奇伎，无不总萃。崇侈器玩，盛饰衣服，皆用珠翠金银，锦罽絺绣，其营费钜亿万。”隋炀帝当然只在意其宣扬效果，而不在乎到底有多大的花费。据载，当时盛况空前，“金石匏革之声，闻数十里外。弹弦擫管以上，一万八千人。大列炬火，光烛天地，百戏之盛，振古无比。自是每年以为常焉”①。

如果封建帝王将自己的娱乐游赏建立在对亿万百姓的无情剥夺上，那么暂时的异样繁盛只能成为亡国之兆。群盗蜂起，天下大乱的风暴最终将“百戏”争奇的盛况席卷一空。隋朝西域娱乐文化在中原地区的盛极一时，也转瞬成为过眼烟云。

二、胡贾珍珠美，胡姬艳若花

——西域移民与中原地区的西域风情

妍艳照江头，春风好客留。
当垆知妾惯，送酒为郎羞。
——〔唐〕杨巨源《胡姬词》

自从西域与中原的交通路线开辟之后，中外交流趋于频繁，在这往来中外的人群中，西域商贾也特别引人注目，商业贸易成为有效促进两地交流的重要媒介。西域各国很早就以善于经商闻名。《史记·大宛列传》载：“自大宛以西至安息，国虽颇异言，然大同俗，相知言。其人皆深眼，多须髯，善市贾，争分铢。”张骞“凿空”西域之后，前

①《隋书》卷一五《音乐志下》，第381页。

往中原的胡商源源不绝，至唐宋时期，中外贸易往来盛极一时。如康国人“男子年二十，即远之旁国，来适中夏”。[①]如果这些胡商单纯进行经营活动，在中原停留较短时间，那么，他们无法具备移民的身份。而事实上，大批西域商人在经营成功之后，往往在中原地区定居下来。众多的西域胡商活跃中原各大都会之中，成为中古史上的一道奇异的景象。

必须指出的是，在西域与中原地区之间的贸易发展史上，封建帝王的物质需求往往起到了必不可少的拉动作用。中原王朝的封建帝王与皇亲贵族向往西域，并非为了促进国内外的商业发展，而是为满足自己对域外奇珍异宝的贪求。如汉武帝之所以频繁地派使者前往西域，后来甚至不惜动用军队出征，除为了张扬天朝国力外，最直接的目的是为了得到大宛宝马。

除天马外，西域地区物产中产生莫大吸引力的还有珍珠。据中国古籍载，西域诸国本身就出产多种名贵的珍珠，如明月珠、夜光珠、真白珠、琉璃珠等。《异物汇苑》称：西域所产琉璃珠极为奇特，投之深渊，依然珠光四射，远望如云空月影。西域使者也往往以珍珠作为朝贡中原王朝的礼物。三国时，魏文帝曹丕曾关切地询问大臣苏则：“前些日子，大军攻占了酒泉等地，西域使者进京，献上直径盈寸的大珍珠，能否派人再去多购买一些呢?”苏则的回答十分巧妙，让曹丕一时语塞。他说：“如果在陛下的治理下，国泰民安，恩德远及沙漠，西域人自然会源源不断地奉送珍珠。特意派人去求购，又有什么价值呢?”不过，许多贪恋珍宝的帝王还是千方百计地寻求西域珍珠，如北齐武成帝高湛为胡皇后制作了一条价值连城的珍珠裙袴，所用珍珠难

---

①《旧唐书》卷一九八《康国传》，第5310页。

以数计。后主高纬为胜过高湛，也执意为穆皇后制作同样裙袴。因苦于一时缺少足够的珍珠，竟派胡商持彩锦前往北周进行贸易。没想到碰了软钉子，然而后来，穆皇后的珍珠裙袴照样制作出来，这无疑是大批胡商苦心操办的结果。又如隋炀帝自以为富强无比，为得到西域的奇珍异宝，积极鼓励中原与西域的贸易往来。为招致胡商，隋朝官府不惜“啖之以利，劝令入朝。自是西域诸蕃，往来相继，所经州郡，疲于送迎，靡费以万万计。”[①]这显然是一种带有特殊优惠性质的“亏本”贸易，目的在于用厚利吸引胡商前来。过境之时，地方官员亲自迎送，其实是将胡商作为具有特权的外国使者对待。在这样的优惠政策下，嗜利的西域商人定会蜂拥而来。

来中原的西域商人最推重的宝物也莫过于珍珠。胡人以富者为雄，又酷嗜珠宝，以为财富之象征。为争奇斗富而多方收购珠宝，不惜代价。中国古籍还记载着不少西域商人与珍珠的故事，在这些故事中，胡商成为珍珠的权威鉴赏家。而且，他们对珍珠价值的崇拜，以及恪守商业道德的作风都大大出乎一般中原人士的想象。胡商与珍珠的传奇故事，也为中国古代商业文化增添了一抹夺目的异域色彩。《原化记》记载的一则故事是这样的：

事情发生在唐代“安史之乱”平定后。一位姓魏的富家公子喜欢结交一些不三不四的酒肉朋友，结果除倾家荡产外，还为家乡父老所不齿。战乱期间，他携带家眷，逃到岭南一带避难。局势平定后，他取道江西虔州（今赣州市）返回故里。一日，偶然于途中掘得一块半青半赤的奇怪石块，魏生觉得好玩，便放入书箱之中。回到家乡后，故园一片狼藉，残破不堪。魏生囊中羞涩，无力打理，只好借屋暂住，

① 《隋书》卷一九《食货志》，第687页。

寄人篱下。街市上的许多胡商，都是魏生的老朋友，见他破落到如此地步，十分同情，纷纷接济他钱物度日。按照胡贾的风俗，每年要召集当地所有胡商举行一次赛宝大会。届时每一位胡商都倾其所有，展示自己收购的宝物。宝物多者戴帽坐于上座，以此类推。魏生也被邀请参加宝会，开开眼界。他忽然想到那块怪石头，便从书箱取出，揣在怀中前去参加了。为避免出丑，魏生悄然坐于末席，不敢多吱声。酒足饭饱之后，赛宝活动开始。一位坐于上座的大胡商取出四颗直径达一寸的硕大明珠，引起众人惊叹，心悦诚服。其余胡商也依次取出自己所携珍珠，数量不等，但都可称为宝物。最后轮到末座的魏生了，众胡商不禁大笑起来，打趣地探问他道："您也有宝物吗?"魏生被他们一激，竟不客气地说："有的，献丑了。"说着，便从怀里掏出那块怪石给众人观看。拿出之后，魏生自己也觉得滑稽，忍不住笑了起来。没想到当时在场的30多位胡商看到这块怪石后，都惊呆了，一致起立，扶魏生坐于上座，全体向魏生恭施大礼。魏生还以为在戏弄他，如坐针毡，尴尬不已。一些年老的胡商看到怪石，竟激动得泣不成声。众胡商一起恳求魏生，无论如何将此石卖给他们，绝不杀价。魏生摸不着头脑，只好乱开高价，一张口就索价一百万。众胡商听了，义愤填膺："你怎么敢这么小看这件宝贝!"最后，一直加价到一千万，众胡商才罢休。魏生百思不得其解，只好私下询问其中的奥秘。一位胡商告诉他："这是我们国中的宝贝，已经丢失三十多年了。我们国王早就悬赏寻觅此宝，找到者可封拜国相。我们这下回去都能获得重赏，哪里在乎这数百万呢。"魏生又追问此宝的法力，胡商回答说："此宝实为'宝母'。等到每月下旬，国王亲到海岸边设坛祭拜，将此宝放于坛上。一夜过后，许多明珠宝物会自动聚集在坛上。所以称之为'宝母'啊。"[①]如果没有众多西域人来到中原，如此西域之宝也不会遗落在长江南北的土地上，魏生也就不会有如此奇遇。

西域移民在中原大都市中的活跃，更可从胡姬酒家窥得一斑。说到古代饮食文化，不得不提及西域的贡献。如葡萄美酒正是从西域传入中原。《史记·大宛列传》称："宛左右以蒲陶为酒，富人藏酒至万余石，久者数十岁不败。""凿空"西域后，中原地区开始试种葡萄，但不知酿酒法，葡萄酒依赖胡商的进奉，显得十分珍贵。唐太宗时，唐军攻破高昌国，终于获得酿酒之秘法，葡萄酒开始逐渐风靡于中原大都市之中。唐诗有名句云"葡萄美酒夜光杯，欲饮琵琶马上催。醉卧沙场君莫笑，古来征战几人回"，形容诗人饮酒的愉悦。胡贾在城市中开设酒家者甚多，除醇香甘洌的葡萄美酒外，他们招徕顾客的另一大法宝便是貌美且富异国情调的胡姬。胡姬的风韵在诗人的歌咏中表露无遗。如"诗仙"李白的一首《少年行》云：

五陵年少金市东，银鞍白马度春风。

落花踏尽游何处？笑入胡姬酒肆中。

酒家不仅是普通市民斟美酒品佳肴，满足口腹之欲的所在，更是士大夫休憩、遣怀、会友之最佳去处，因此，古往今来，酒家是都市文化生活中不可或缺的重要景观。而为了吸引各阶层人士，为了让食客得到感官上最大限度的满足，酒家内部的氛围至关重要。在品尝美酒珍馐的同时，又有美艳多情的胡姬起舞助兴，"酒不醉人人自醉"，那无疑是令人陶醉的人间仙境。你听：

---

①参见《太平广记》卷四〇三《原化记》"魏生"条，人民文学出版社，1959年，第3252—3253页。

胡姬貌如花，当垆笑春风。

笑春风，舞罗衣，君今不醉将安归？

——〔唐〕李白《樽酒行》

“胡贾”也好，“胡姬”也罢，当掀开笼罩其上的梦幻色彩，展现在我们面前的不过是无数西域移民在中原地区的生活写照。正是这些勇敢地离开家园，四海求生的西域移民，才会出现神秘精彩的珍珠传奇、溢满酒香的胡人酒店、美丽诱人的胡姬歌舞。当我们关注闪耀在中外文化交流史上的这些斑斓瞬间时，更要多体味一下这些勇敢的异域移民不平凡的奋斗历程。

还值得一提的是，西域乐舞的深远影响还显著地体现于“词”——这一划时代文学体裁的产生之上。唐朝是“诗”体作品创作的巅峰时期，但对仗工整，朗朗上口的好诗，却不一定能谱写成曲调悠扬、优美动听的美妙歌曲。而就其渊源而言，词就是为了配唱乐曲而产生的，即所谓“倚声填词”。西域乐舞风靡中原，主导了隋唐时代的乐坛，才华横溢的文士往往依照当时脍炙人口的西域乐曲创作歌词，这些乐曲便演化为后来的“词牌名”。这种事例不胜枚举。如《苏幕遮》原为西域舞曲。慧琳《一切经音义》卷四十称：“‘苏幕遮’，西戎胡语也，正云‘飒麿遮’。此戏本出西龟兹国，至今犹有此曲。”又如《菩萨蛮》产生于唐代教坊。唐人苏鹗《杜阳杂编》载云：“大中初，女蛮国入贡，危髻金冠，瓔珞被体，号‘菩萨蛮队’。当时倡优遂制《菩萨蛮曲》，文士亦往往声其词。”[1]显而易见，这支女蛮国的朝贡队

①龙榆生著：《唐宋词格律》，上海古籍出版社，1978年，第159页引文。

伍完全是一支别具异域风采的“时装表演队”，为他们而创作的乐曲也必然凝聚着浓烈的异域风情。

第二节　天竺高僧成帝师

——西域移民与佛教文化之传播

佛教、基督教与伊斯兰教是世界影响最大的三大宗教，而在中国历史上，儒、道、佛又是主宰人们意识形态的三大思想体系。三者之中，唯有佛教思想是外来的、最有系统的宗教思想体系。这一发源于古代印度的宗教最早主要是靠西域移民传入中国的。

一、筚路蓝缕　矻矻不休

——西域高僧在早期佛籍翻译史上的开创之功

> 译经为佛法之本，本立则道生。
>
> ——〔南宋〕沙门赞宁《宋高僧传》附论

佛教思想的传播，不外乎两种途径：一是僧侣间的口头传授，一是通过佛教典籍的传播。比较而言，后者通过文字的定型，更为准确直观，具有无可争辩的权威性。而佛教经典均为梵文（即古印度文）写成，对中原人士而言，不啻为“天书”，翻译工作势在必行。因此这一重任一开始就落在具有双语才能（既通梵语又通汉文）的西域移民身上。西域移民不仅开创了中国佛籍翻译事业，而且自始至终都扮演了不可或缺的重要角色。

关于佛教进入中国的时间，学术界尚没有一致的意见。出现这种众说纷纭的状况是不可避免的，古籍中所言“中国”往往仅指汉族中央王朝的中心地区，而作为今天中国重要组成部分的新疆地区被划为“西域”。无论从理论上讲，还是就实际而言，佛教传入西域地区的时间必然早于中原地区。西域作为佛教东传的唯一通道，在张骞“凿空”西域后，佛教东传才有现实的可能性，故《魏书·释老志》等书就将张骞西域之行的成功，作为中原人得知佛教的开始。不可否认，自此之后，在西域进入中原的朝贡者里难免会有笃信佛教的沙门（即和尚）。但真正让佛教及其经典引起中原朝野人士的关注，则必须是在一批德行非凡并具有双语才能的高僧出现之后。在现有佛教典籍中，一个关于佛教内传的故事流传甚广，一直为僧俗人士津津乐道，这就是“明帝夜梦金人”。

明帝刘庄是东汉王朝继刘秀之后的第二个皇帝，年号永平。一天深夜，明帝做了一个奇怪的梦，梦见一个通体金光四射的巨人从天空一直向他飞来，刘庄一下子被惊醒了。他对这个怪梦久久不能释怀，于是，第二天上早朝时，明帝就急切地向满朝大臣讲述这个怪梦，并让大家替他解梦。正当绝大多数朝臣苦思冥想之时，老成持重的太史傅毅走出来回答道：“臣听说西域有一位了不起的神人，俗界称为‘佛’，陛下所梦，一定是这位神佛的化身。神佛凌空而来，说明神佛有东来之意。”一席话说得明帝满心欢喜。既然有此预兆，何不主动前往西域迎接神佛呢？于是，明帝派遣郎中蔡愔、博士弟子秦景等人前往印度，寻找神佛的下落。他们到达印度后，果然遇到了一位印度高僧摄摩腾。摄摩腾为中天竺（天竺为印度古称，时有北天竺、中天竺、南天竺之分）人，精通佛典，四处游历，志在弘扬佛法。蔡愔一行人见得摄摩腾后，觉得他是理想的佛教徒人选，便盛邀他一同回中原。摄摩腾爽快地答应了，与蔡愔等人不辞劳苦，远涉千里，来到洛阳。他受到了明帝的热烈欢迎，并特意在城西门外另建寺庙，作为摄摩腾传扬佛法之地。摄摩腾可谓前来中原地区传教的第一位印度僧人，他所居寺庙就是后来著名的洛阳白马寺。

摄摩腾到达后不久，另一个天竺高僧竺法兰也来到洛阳。他学识渊博，精于佛典。他与摄摩腾是志同道合的好朋友，因此追随而来。竺法兰很早就掌握了汉语，因此，他来到中原后即开始从事佛经翻译工作，所译经文后多散佚，相传今天所见最早的汉文佛经——《四十二章经》就是竺法兰所译。另外，竺法护还为中原人带来了第一幅释迦画像。

佛教进入中国之始，步履艰难，摄摩腾与竺法兰的追随者寥寥无几。两位高僧的满腹经纶竟无宣扬的对象。形成这种尴尬的局面，有多方面的原因，如汉语与梵语之间的巨大差异、中国传统思想对佛教思想的抵触等。然而，这一切都无法遏制佛教东渐的脚步，时至东汉末年，一批西域译经大师的出现，使佛经翻译事业出现了一个前所未有的发展高潮。

第一位来自西域的佛经翻译大师是安清。安清，字世高，原为安息国（在今伊朗）太子，后出家修行。他博通西域各国典籍，并擅长方术与医学。他于东汉桓帝建和二年（148年）来到京师洛阳，很快学会了汉语，开始从事翻译佛经工作。在长达二十余年时间里，安世高共译出佛经三十部四十卷，是当之无愧的佛经翻译事业的奠基人。“凡其所出，数百万言，或以口解，或以文传。”安世高不仅翻译的佛经数量惊人，而且翻译质量也臻于上乘，慧皎《高僧传》对其译作高度评价：“义理明晰，文字允正，辩而不华，质而不野，凡在读者皆亹亹而不倦焉。”其成就远远超出先前的一些译作，堪称当时“群译之首”。佛经翻译至此出现了崭新的突破。

> 天竺国自称书为“天书”，语为“天语”，音训诡蹇，与汉殊异。先后传译，多致谬滥，唯高（即安世高）所出，为群译之首。①

后来，安世高在东汉末年的丧乱中流落江南，不幸遇害身亡。在东汉灵帝末年来到洛阳的另一位安息人，名叫安玄。他是《法镜经》的翻译者，这部经书的翻译颇受好评。

东汉末年另一位译经大师名叫支娄迦谶，通常称为支谶。他原为月氏国（又称月支，在今新疆伊犁河流域）人，于东汉灵帝末年来到洛阳。他从事翻译工作的时间也长达十余年，共译出佛经十四部二十卷。佛教经典有大乘、小乘之别，安世高所译，多为小乘教之基本教义，而支谶所译，已多为大乘教经典。近代著名学者梁启超先生指出：“清公所译，多属小乘，出《四阿含》中者居多，所言偏重习禅方法，罕涉理论；谶公所译，半属大乘，《华严》《般若》《宝积》《涅槃》，皆有抽译，隐然开此后译家两大派焉。”②

可以说，东汉桓灵年间到三国时期，众多西域移民的参与，掀起了佛经翻译事业的一个高潮。安世高、支谶不过是当时众多西域译经师的代表。如在洛阳从事译经的著名高僧还有天竺人竺佛朔、大月氏人支曜、康居（在今乌兹别克斯坦马尔罕城）人康孟详等人。三国时魏国有译经僧昙诃迦罗为中印度人，康僧铠为康居人，昙帝为安息人，

①〔唐〕释慧皎撰：《高僧传》卷一《译经上》“安清”条。以下各种高僧传均出于《历代高僧传》，上海书店，1989年影印本。

②梁启超：《佛典之翻译》，《佛学研究十八篇》，中华书局，1989年，第192页。

帛延为龟兹（今新疆库车东）人。吴国高僧支谦为支谶的再传弟子。据《出三藏记集》的记载，支谦为大月氏后裔，其祖父法度在汉灵帝时率国人数百归附东汉，从此在中原地区定居下来，实为典型的移民家族。支谦自幼聪颖异常，识见广博，被人称为“智囊”。他的师父支亮为支谶的嫡传弟子，也是一位名闻遐迩的高僧。支谶、支亮、支谦同为大月氏移民，在当时士族阶层享有极高声望，有“天下博知，无出三支”的说法。支谦深得吴国君臣的敬仰，他负责译出佛经三十六部四十八卷。吴国与支谦齐名的西域高僧还有康僧会。康僧会的祖先为康居人，后迁居天竺。其父因经商又举家定居于交趾（在今越南）。后进入吴国，以精通佛籍而声名大噪。

时到西晋，经过众多高僧的努力，佛籍翻译虽已取得了显著的成绩，然而，并不能满足人们的需要。“是时晋武帝之世，寺庙图像虽崇京邑，而方等深经（大乘佛经）蕴在西域。”[①]前代高僧所译佛典数量还相当有限，妨碍了中原人士对佛经的认识。故来自西域的僧侣们继续开展佛经翻译工作。西晋时著名译经僧有天竺人竺法护、竺叔兰、于阗（今新疆和田）人无叉罗、西域人强梁娄至、安息国人安法钦、支法度、若罗严等。其中首推竺法护，其先人为大月氏国人，后迁居敦煌（今甘肃敦煌市）。他又名竺昙摩罗察，为了取得更好的经书，弘扬大道，他毅然随同其师前往西域，遍游诸国。当时西域诸国有各类语言36种，竺法护勤奋钻研，对每一种语言文字都进行了深刻的钻研。后来，他携带大批经书返回国内，并在长安开始译经工作，为佛教的传播做出了重要贡献。《高僧传》称赞竺法护：“孜孜所务，唯以弘通为业，终身写译，劳不告倦。经法所以广流中华者，护之力也。”

① 《出三藏记集》卷一三，转引自任继愈主编：《中国佛教史》第二卷，中国社科出版社，1985年，第23页。

他译经数量也令人惊叹，共译出一百五十四部三百零九卷，独步一时，成就超过了安世高与支谦。此外竺法护还在长安城外建寺弘法，入教门徒达数千人之多。因竺法护之家族世居敦煌，故其门徒尊称其为“敦煌菩萨”。

二、精深博大，弘扬佛法

——西域高僧对佛教传播的巨大贡献

> 神僧名释，灵轨芳踪遍于天下；
> 微言道韵，高论良谟盈于简牍。
> ——〔明〕释如惺《大明高僧传叙》

从十六国开始，中国进入了南北朝分裂时期，战乱不休，天下黎民百姓惨遭涂炭。无尽的苦痛，无尽的灾祸，迫使人们寻求精神上的解脱，这为佛教的兴盛创造了丰厚的土壤。在南北朝佛教发展中，许多西域高僧因缘际会，成为名震一时的风云人物。他们的贡献就不仅在于佛经翻译，更表现在为佛教的兴盛推波助澜。当时名满天下的高僧有佛图澄、鸠摩罗什等。

据载佛图澄为西域人，自幼出家，他是一位颇具传奇色彩的高僧。据说他善诵神咒，能呼风唤雨，役使鬼物等。佛图澄自永嘉四年（310年）来到洛阳，本想建寺传法，但正值天下大乱，洛阳被刘氏汉国军队攻陷，佛图澄只好静观时变。为避免无辜平民伤亡，佛图澄主动投奔石勒，依靠奇特的法术让石勒非常信服。他还多次救助濒于危境的平民，因而得到了各族百姓的尊崇，信奉佛法者日众。后他被后赵国王石虎奉为“大和尚”，军国大事，无不参与，实际上成为极具权威的军事政治顾问。他身边常有数百名弟子跟随。前后受业门徒多达万人。

在这些弟子中，有竺佛调、须菩提等数十人来自天竺、康居等西域诸国。在佛图澄的影响下，后赵国内佛教盛极一时，所建佛寺就达893所，成为当时北方佛教中心。

不过，相比之下，鸠摩罗什在佛教史上的地位更为尊崇。鸠摩罗什是中国佛籍翻译史上与唐玄奘齐名的翻译大师，而他本人的生活经历相当坎坷，周旋于那个混乱时代，代表了众多来华西域人的遭遇。鸠摩罗什为天竺人的后裔，家世显赫。其父辞去官位出家，迁往龟兹国，被尊为国师。鸠摩罗什就出生于龟兹，七岁时即落发出家，辗转于西域各国，师从多位高僧，学业精进，未及弱冠之年，已声名鹊起，被奉为佛学宗师。中原人士也知道西域有一位名叫鸠摩罗什的高僧。前秦高僧释道安对他仰慕已久，极力劝说苻坚攻取西域，将鸠摩罗什迎入关中传教。

当时，前秦国君苻坚占据关中，国力强盛。建元十八年（382年）他派遣大将吕光率军进攻西域，破龟兹等国。而当吕光携鸠摩罗什旋师之际，已是淝水之战后，前秦国已陷入分崩离析之中。吕光于是在凉州自立。吕光本人对佛教并无兴趣，只知鸠摩罗什是位得道高人，故将其留在身边。所以，鸠摩罗什在凉州期间不过是闲居度日而已。而后秦皇帝姚兴等人却对佛教顶礼膜拜，久闻鸠摩罗什之名。姚兴派遣军队于弘始三年（401年）攻降凉州，终于将鸠摩罗什迎入长安。姚兴尊奉鸠摩罗什为国师，在西明阁与逍遥园专辟译场，请鸠摩罗什主持佛经翻译，命长安沙门800人协助。姚兴本人也与500多僧人共同研习鸠氏所译经文，最后写定。这是历史上第一个国立翻译机关。这场大规模的译经活动取得了可喜的成就。译场所译佛经共有35部、294卷。鸠摩罗什对汉文与梵文均有精深的造诣，对以往所译佛经颇多不满，“或义有未达，或词不通畅”，他的一段著名论述为：

天竺国俗，甚重文制，其官商体韵，以入弦为善。凡觐国王，必有赞德；见佛之仪，以歌叹为贵。经中偈颂，皆其式也。但改梵为秦（即汉文），失其藻蔚，虽得大意，殊隔文体，有似嚼饭与人，非徒失味，乃令呕哕也。[①]

因此，鸠摩罗什在翻译过程中，注重词义与文采并重，既忠实于原义，又努力体现经典的艺术魅力。其译经水准备受后人推崇，做出了划时代的贡献。中国佛教学派与宗派所据重要经典基本上在这一时期翻译成汉文。

鸠摩罗什在译经事业上取得如此辉煌的成就，并不能完全归功于他本人的能力。他来到长安后，受到高度礼遇，不少西域高僧包括他的故友闻声也不远千里来到长安，他们的到来也使鸠摩罗什如虎添翼。鸠摩罗什主持翻译的经典凝聚着这些西域高僧的心血。可谓："四方义士，万里必集；盛业久大，于今咸仰。"他们中最有名的是三位来自罽宾国（今阿富汗东北）的高僧：

弗若多罗（意译为功德华）于后秦弘始中来到长安，被待为上宾，鸠摩罗什对他十分尊敬。两人与僧侣数百共同译经，多罗高诵梵文，罗什译为汉文。但多罗不久即染病弃世，鸠摩罗什感到万分惋惜。

卑摩罗叉（意译为无垢眼）曾为鸠摩罗什的老师。他听说鸠摩罗什在长安的消息后，也从西域历经艰险来到关中。鸠摩罗什十分高兴，同样以师礼事之。罗叉在四方游历，并学会了汉语，各地僧侣纷纷求教，声望颇高。

①《高僧传》卷二《鸠摩罗什传》，第332页。

另一位西域高僧佛陀耶舍是鸠摩罗什的故友，也是来自罽宾。原为沙勒国（即疏勒）国师，备受倚重。他听说鸠摩罗什进入中国后，也来到姑臧（即凉州）。鸠摩罗什听到他到凉州的消息，极力劝说姚兴前往迎接，指出此事关系到译经之质量：

> 夫弘宣法教，宜令文义圆通。贫道虽诵其文，未善其理，唯佛陀耶舍深达幽致。今在姑臧，愿下诏征之。一言三译，然后著笔，使微言不坠，取信千载也。[①]

佛陀耶舍感鸠摩罗什厚意，从诏而来。姚兴亲自候迎，特地在逍遥园另辟馆舍。当时鸠摩罗什在译《十住经》，沉吟多日，不敢写定。耶舍到来后，两人共同商讨，反复斟酌。写定后，得到长安僧徒的激赏，传为译史上的佳话。

译经之外，鸠摩罗什对佛教的传播也是功不可没。他在长安从事译经工作10余年，各地僧侣仰慕他的学识，纷纷前来学习，前后多达3000人，其中不少弟子成就卓著，人称“四杰”“八俊”“十哲”等。同时，在姚兴等人的尊奉下，后秦国朝野对鸠摩罗什师徒非常敬仰，士民纷纷信教，佛教几乎成为后秦之国教。

> （姚）兴既托意于佛道，公卿已下莫不钦附，沙门自远而至者五千余人。起浮图于永贵里，立波若台于中宫，沙门坐禅者恒有千数。州郡化之，事佛者十室而九矣。[②]

---

①《高僧传》卷二《佛陀耶舍传》，第334页。

②《晋书》卷一一七《姚兴载记上》，第2985页。

在北魏佛教发展中，我们同样可以看到西域高僧的身影。当时北凉国君主沮渠蒙逊占据凉州，喜好佛法。凉州地毗西域，处中西交通之枢纽，成为北方佛教中心区。“凉州自张轨后，世信佛教。敦煌地接西域，道俗交得其旧式，村坞相属，多有塔寺”。罽宾沙门昙无谶与沙门智嵩等人，也在其国内从事佛经翻译。昙无谶兼善方数、占卜，成为沮渠蒙逊军政事务上的得力参谋。道武帝拓跋焘遣使请昙无谶入平城，沮渠蒙逊恐其为北魏所用，故派人将其杀害。太延初年，北魏消灭北凉，强徙凉州民30000家于平城，其中包括大量僧侣。“沙门佛事皆俱东，象教弥增矣。”①

沙门师贤，为罽宾国（在今克什米尔）王族后人，自小出家为僧。东游至凉州，后被徙至平城。高宗时，被尊为宗教领袖——道人统。当时许多西域僧来到北魏代京。如太安初年，师子国胡沙门邪奢遗多、浮陀难提等五人，向北魏皇帝奉献三个佛像。沙勒胡沙门也送来佛钵与画像。师贤卒后，西域沙门昙曜继为沙门统。高宗以师事之。昙曜建议在武州山开凿石窟，镌建神像，这也就是今天大同云冈石窟的由来。昙曜还与天竺沙门常那邪舍等人，译出新经14部。北魏佛事发达从此拉开了序幕，直至迁都洛阳后的极盛。这一点我们在名著《洛阳伽蓝记》可以看到生动的描述。洛阳城内来自西域各国的僧侣达数千人之多，洛阳也因此成为当时最著名的佛教都市。洛阳城内西域僧人中最出名的还要数菩提达摩。据载他是波斯胡人（或称南天竺人），遍历各国，最后来到洛阳，对洛阳佛寺建筑推崇备至，于是在洛阳定居下来修行，直到去世。他被尊为中国本土生长的最重要佛教流派——禅宗的初祖。北魏末年还有一位译经大师来到洛阳，他就是北天竺人

---

①《魏书》卷一一四《释老志》，中华书局校勘本，第3032页。

菩提流支（又名道希）。菩提流支于永平初年来到洛阳，魏宣武帝元恪特下敕命，礼遇优厚，入住永宁寺，率700僧徒开展译经工作。菩提流支在洛阳等地生活了20多年，先后译出佛经39部、127卷。他以精湛的佛学造诣与神奇的法术，被时人誉为西域“大圣人”。当时在洛阳从事译经工作的西域僧人还有中天竺人勒那摩提译出《十地宝积论》等经书24卷；北天竺人佛陀扇多译出《金刚上味》等经10部等。[①]

南朝佛教的兴盛，与北朝可谓旗鼓相当，交相辉映，这同样与一批西域高僧有直接的关系。早在“永嘉南渡”之时，一些西域僧人已开始南迁。南朝首都建康（今江苏南京）由于众多西域僧人的云集，成为影响巨大的南方佛教中心。如西域沙门吉友（音译帛尸梨蜜多罗）于永嘉年间来到中原，随着南逃的人流南下，入住建康建初寺。在南方，吉友很快与一些名流士大夫建立了良好的私人关系。与其他高僧一样，吉友有背诵经文的本领，声音清朗，诵数千言，一气呵成，赢得当时士大夫的交口赞叹。死后，他被葬于南京郊外。南朝最著名的高僧之一为求那跋摩（又名功德铠）。他为西域罽宾人，自幼好佛法，精通经文，可默诵经文数百万言，时人称之为“三藏法师”。声名日盛，远近闻风，纷纷邀请他讲法。金陵名僧慧观、慧聪等人也对他的德行极为崇敬，故请宋文帝刘义隆遣使前往西域迎请。跋摩于是随商船辗转来到广州。他先在始兴（今广东韶关）筑禅室修行，引起很大轰动，因崇敬其德行而入教者络绎不绝。跋摩于元嘉八年（431年）来到建康，住于祇洹寺，刘义隆亲自接见，恩礼甚隆。当他于寺内讲经时，旁听之人填满街衢，争相一睹其风采。当其圆寂之后，依西域风俗火化，前来吊唁者达上千人。求那跋摩之后，来到南朝的西域高

---

①〔唐〕释道宣撰：《续高僧传》卷一《译经篇》。

僧还有昙摩密多（又名法秀），也是罽宾国人。他早年在西域诸国游历弘法，后于元嘉年间经四川来到建康。南朝僧俗士民对他慕名已久，因此，昙摩密多受到各阶层人士的热情欢迎，大有“倾国倾城”的人格魅力。“密多道声素著，化洽连邦，至京甫尔，自宋文哀皇后及皇太子、公主莫不设斋桂宫，请斋椒掖，参候之使旬日相望……常以禅道教授，或千里咨受四辈，远近皆号‘大禅师’焉。”[①]昙摩密多还在建康郊外的钟山上创造上寺，也成为一座广大僧众向往的著名寺院。

在求那跋摩与昙摩密多之后，在刘宋王朝内影响巨大的西域高僧还有求那跋陀罗（又名功德贤）。他也是中天竺人，属婆罗门种族，自幼嗜学，天文历算、医学方术无不精通。凭借出色的领悟能力，求那跋陀罗出家后，对大乘经典进行了深刻的钻研，造诣极深。他于元嘉十二年（435年）渡海来到广州，宋文帝特遣使者迎接。求那跋陀罗神清气朗，风仪不凡，许多学士与高官纷纷拜其为师。在众僧的恳求与帮助下，求那跋陀罗在建邺祇洹寺中开展了较大规模的译经活动。协助译经的徒众达700多人，先后译出《楞伽经》《杂阿含经》《法鼓经》等多部佛典，共达百余卷。在翻译过程中，求那跋陀罗与各位汉族高僧反复揣摩推敲，务求传译经书本旨。此外，当时进入南朝的具有一定影响的西域僧人还有天竺人僧伽跋摩、康居人阿那摩低、中天竺人求那毗地等。

就信佛的热诚而言，南朝皇帝中恐怕谁也无法与梁武帝萧衍相提并论。在萧衍奉教热情的感召下，一些西域僧人不辞劳苦，进入梁国境内，高僧真谛就是其中之一。真谛（意译拘那罗陀）为西天竺人，他费尽周折，于太清二年（548年）来到建康，只可惜梁朝境内不久

---

①《高僧传》卷三本传，第342—343页。

便爆发了骇人听闻的“侯景之乱”，真谛也卷入了逃难的人流，在南方各地颠沛流离，四处漂泊。然而，残酷而不幸的遭遇并没有摧毁真谛弘扬佛法的决心。在长达23年的时间里，这位博学的高僧先后主持翻译经论纪传64部，合计278卷，其数量及翻译质量在南朝诸位高僧中首屈一指。①

时至盛唐，中国佛教进入了发展的全盛时期。佛经翻译已不纯粹依赖西域僧侣，唐朝国内也出现了像玄奘这样的佛学巨匠。他不仅远涉西域各国，取回大批佛典原文，还在首都长安终生从事翻译工作，为中国佛学发展做出了不朽的贡献。但我们也要看到，开放而强盛的大唐王朝对当时周边国家的人们具有强劲的吸引力，再加上崇尚佛教的社会氛围，当时进入中原地区的西域僧侣也十分众多，其中名僧神侣不乏其人。如唐初就有中天竺人波颇抵达首都长安（今西安市），太宗李世民命19位名僧协助波颇从事译经，共译出《宝星经》《般若灯》《大庄严论》等3部35卷。后又有南印度僧金刚智、北天竺人不空、中印度人善无畏等人来到长安或洛阳从事译事及传教活动。②

从东汉至盛唐，从安世高到真谛，一连串闪光的名字镌刻在中国佛教发展史上。回顾中国古代佛教的发展历史，我们会不禁由衷地感叹：佛教作为一种外来宗教，能够在华夏九州生根发芽，蓬勃壮大，固然得益于不少难得的机缘，但更出于无数有志之士虔诚的奉献。大批西域高僧作为一种特殊移民，作为高素质的宗教使者，历尽艰辛地来到中原，传道弘法，将毕生的精力都贡献于宗教事业。一个佛教中心区的形成，以及一个群众性崇佛热潮的产生，都与这些高僧的活动有着直接的联系。与其说是深奥的佛教教义，倒不如说这些高僧神奇

① 《续高僧传》卷一本传，第429—431页。

② 〔宋〕释赞宁撰：《宋高僧传》卷一、卷二、卷三《译经篇》。

的人格魅力征服了千千万万企盼脱离苦海的人们。他们不愧是佛教发展史上的英雄。

第六章

皇城根下“西洋客”

——西方移民与西学东渐

中国古人重视地理，盘古开天地，大禹划定“九州”，中国古代文明的开创始终伴随着地理观念的更新。然而在传统中国人的观念里，汉族中原王朝不仅始终是最先进文明的拥有者，而且也永远处于“天下之中”的位置，“中国”之外，不过是“蛮夷”居住的“化外之地”。这种观念长期盘踞在中国士大夫的思想中，形成可悲的自高自大的优越心理，直到最后被西方文明击溃。

西方移民是西方文明的自觉或不自觉的传播者。以鸦片战争为界，西方移民的进入及文化活动可分为前、后两个时期。前一时期的移民以西方传教士为代表，在传教过程中传播了西方科学技术知识；后一时期以租界移民为代表，将西方城市与商业文明的经验引入中国。

第一节　中西历法孰优劣

——洋教士与西方科技知识的传入

中国拥有悠久而灿烂的古代文明，令无数华夏儿女倍感自豪，但饱受外国列强欺辱蹂躏的近代历史却又让无数中国人感到愤慨与苦闷，中华文明的优势是如何丧失的？东方与西方的差距又是如何产生的？这一系列复杂而敏感的问题也让研究者们伤透了脑筋。其实，更加令人沮丧的是，中国曾经有机会缩短与西方的科学技术上的差距，因为早在16世纪，已有很多西方传教士来到中国，他们吸引中国人关注的主要方式，就是传播西方近代科学技术知识。但这些传教士的努力，并没有在古老的中国引发文化复兴运动。

一、从“利夫子”到“汤玛法”

——耶稣会士入华及文化传播历程

呵，岩石，岩石，你何时才能开裂？

——（意大利）范礼安

明万历十一年（1583年）9月的一天，广东肇庆知府衙门前来了两个和尚打扮的“番僧”，引起了当地平民的惊奇与围观。性情平和的知府王泮在厅堂之内接待了他们。他们向知府极其谦恭地行叩首礼，自我介绍说：“我们是来自天竺（即古印度）的僧人，事奉天帝，仰慕中国政治昌明，愿在贵地得一块清静土，建造屋舍，敬事天帝，以尽余生。”他们的请求得到了王泮的支持。不久，一座完全不同中国房屋建造特征的新建筑在肇庆城内完成，被命名为“仙花寺”。令人疑惑不解的是，这两位自称“僧人”的番客却拒不进入当地佛教寺院，他们带来的一些物品更引起了当时士民的极大兴趣，如自鸣钟、日晷、西洋镜、油画圣母像等。其实，这两位“番僧”根本不是膜拜释迦的佛家弟子，也不是来自天竺，而是来自意大利罗马的天主教耶稣会士。那位碧眼虬髯、声若洪钟的西洋人便是基督教在中国传播的奠基者——利玛窦，另外一位是他的同伴罗明安。而那座“仙花寺”则是在中国内陆地区修建的第一座欧式教堂。①

在基督教发展史上，耶稣会作为极端仇视“宗教改革运动”的顽固派，拥有着十分不光彩的名声。但耶稣会在世界文化发展史上的贡献却是无法轻易抹杀的。在中西文化交流史上，来华的耶稣会士在传播近代西方文明方面更发挥出拓荒者与奠基人的重要作用，而前面提到的利玛窦便是其中杰出的代表。

利玛窦（1552—1610）出生于一个意大利贵族家庭，年轻时进入耶稣会士创办的“罗马学院”，有幸得到著名数学大师克拉委奥神父的教导。在那里，他成为耶稣会的忠实追随者。早在利玛窦来中国之前，耶稣会已开始了向中国传教的努力，但举步维艰。明朝官府实行闭关政策，除非奉使朝贡外，普通外国人进入中国内陆受到严格禁止，“番夷不许入境，法有明文”。如果连教士生命安全都无法保障，当然谈不上传教布道了。因此，当时耶稣会远东教务视察员范礼安面对中国大陆发出了感叹：“呵，岩石，岩石，你何时才能开裂？”范礼安被尊称

①江文汉著：《明清间在华的天主教耶稣会士》，知识出版社，1987年，第124页引罗光著《利玛窦传》。

为耶稣会“中国传教团的奠基人”，面对一个闭关锁国、自高自大的古老帝国，正是范礼安，确立了向中国传教新的指导思想，即从学习中国文化与遵从中国风土人情入手，来接近与影响中国士民。利玛窦与罗明坚正是秉承这个新的传教方针来开拓中国教区的。

作为杰出的拓荒者，利玛窦对中国文化深邃的造诣，已达到令中国人士惊诧的程度。由于受到在日本传教经验的影响（僧人在日本受到高度尊重），利玛窦等人初入内陆之时，都剃头剃须，身穿袈裟，后来，他们了解到在中国最有威信的是德高望重的饱学儒者，因此，利玛窦等人开始着儒者服，攻读儒家典籍。他不仅能用汉语与各地士大夫自由地交流，而且还能用汉文著书立说。另外，他对汉文经典的娴熟程度使土生土长的华夏士人都瞠目结舌。据载，“先生（即利氏）于《六经》，一过目能纵横颠倒背诵。”①利玛窦的努力得到了很好的回报，心悦诚服的中国士人甚至以与利玛窦订交为荣，敬称他为“利夫子”，他的住所也成为当地名流云集的聚谈之所。

利玛窦无与伦比的人格魅力更来自他对西方近代科学发展的深刻造诣，而他带来的近代科学知识更在中国知识界引起了不小的震动。

> 利玛窦神父是用对中国人来说新奇的欧洲科学知识震惊了整个中国哲学界的，以充分的和逻辑的推理证明了它的新颖的真理。②

利玛窦宣扬的近代科学知识主要集中于天文学、地理学、数学及

①方豪著：《中国天主教史人物传》，上册“利玛窦”条，中华书局，1988年，第75页。

②《利玛窦中国札记》，中华书局，1983年，第347页。

机械制造等几个方面。首先，在地理方面，我们不能不承认如下的事实：

> 直到利玛窦神父来到中国之前，中国人从未见过有关地球整个表面的地理说明，不管是做成地球仪的形式还是画在一张地图的面上；他们也从未见过按子午线、纬线和度数来划分的地球表面，也一点也不知道赤道、热带、两极，或者说地球分为五个地带。①

当中国士人看到利玛窦自己绘制的《山海舆地图》时，表现出莫大的惊讶。自古以来，中国人心目中的“天下”都是以“中国”为核心的，“中国”之外都不过是“蛮夷”居住的“化外之地”，对这些地区，中原人士是不屑一顾的。中国人是从利玛窦这里知道了世界分为“五大洲”，中国不过仅仅拥有地球上的“蕞尔之地”。这一发现无异于石破天惊，完全摧毁了祖祖辈辈流传下的“天下”观念。“天地、君、亲、师”是传统时代的中国人顶礼膜拜的神圣序列，而“天地”观念正是中国封建伦理道德思想体系的基石之一，这一观念的摧毁极可能导致传统伦理体系的一场革命。可悲的是，当时的中国人对此没有丝毫的心理准备与适应能力，顽固守旧者斥之为荒诞不经，就是信奉“眼见为实”的学者们对此也是抱着半信半疑的态度，不敢追问下去。

利玛窦对数学有着精深的研究，特别推崇大数学家欧几里得所著《几何原本》，然而要把这本深奥的数学名著翻译成汉文，就连利玛窦本人也缺乏信心。这还要感谢利氏的忠实追随者——明代大学者徐光

① 《利玛窦中国札记》，第348页。

启。徐光启的学术经历深受利玛窦的影响，早在考中进士前已受洗，皈依天主教。他倾慕利玛窦的博学，随其学习天文历算、火器制造等。他不畏困苦，毅然承担起翻译《几何原本》的工作。由利玛窦口传，徐光启执笔的《几何原本》是最早翻译成汉文的西方数学名著，问世伊始即受到中国学术界的推重。“发古人所未发，功在万世。”

比起高深的教义与深奥的数学知识，利玛窦所制造的自鸣钟等机械，更受中国朝野的青睐。如万历皇帝就非常喜爱利玛窦所献的报时自鸣钟。他还专为一座大的自鸣钟修造了木塔，加以保护。

明万历三十八年（1610年）5月，利玛窦在北京病逝，终年59岁。他的遗体被安葬在北京城西阜成门外的一块“钦赐”葬地里。从到达澳门直至病故，利玛窦在中国共生活了28年，算得上是一位典型的西方移民。

在利玛窦之后，耶稣会士在文化传播上的突破主要反映在天文历法之上。号称以儒学立国的中国封建王朝，并没有形成确立官方宗教信仰，然而对“上天”的敬畏却是深深植根于每个中国士庶的心中。“天人感应”论成为封建帝王宣扬“君权神授”的基础。天象的变化往往被认为国运盛衰的征兆，因此，历法的修订成为维持王朝运转的一件大事。当时，天文之学被视为人与上天的对话，神秘莫测，受到上至君主下至平民的最高推崇。利玛窦经过长期观察思索，也深切认识到这一点，因此他很早就请求耶稣会派遣精于天文学的神父前来，他说：

> 我谨迫切向您祈求：我在许久前曾向阁下提出从欧洲派一名精晓历数的天文学家神父或修士到中国，但时至今日，杳无音讯……派这样的天文学家到中国，我们就可以担当起修改历法的任务，我们的声誉也会因此大大提高，那样我们完全进入中国将是

很容易，我们在那里的权利就可以得到确认，也就可以享有更大的自由。①

利玛窦提出如此建议的另一个背景便是明朝后期通行历法已经过时，主管官员推算常常出现失误，引起了明朝君臣的不满。所以，尽管守旧官员百般阻挠，徐光启等人还是积极支持耶稣会士参与历法的修订。崇祯年间，徐光启受到重用。在他的建议下，明廷开始聘用耶稣会士邓玉函（德国天文学家）、龙华民（意大利人）等人参与修订历法。从此，直到清朝康雍时期的一百多年里，耶稣会士实际上一直主持着历法修订工作。其中最有名的耶稣会士是汤若望与南怀仁。

汤若望也是明清之际来华耶稣会士中的传奇人物，他出身于德国贵族家庭，学识广博，在天文学、数学、机械工程学等方面都有深湛的造诣。在徐光启的举荐下，汤若望进入历局工作，他以出色的成绩很快赢得了人们的尊重，被称为“新来的利玛窦”。明朝灭亡后，清军进占北京，汤若望同样以精于天文历法而受到重用。在改朝换代之后，清朝执政者急切需要制定一部新的历法来取代前朝的旧历法，汤若望以其对天文现象的准确预测，赢得了清朝执政者的信任，特命其为钦天监的最高长官——监正，全权主持历法修订工作。

顺治皇帝即位后，汤若望在朝中地位已相当稳固，顺治帝尊称他为“汤玛法（玛法即满语‘师父’）”，对他十分信赖，每事必问。汤若望的官阶也迅速上升，并被赐予“通玄教师”的名号，其地位之尊崇，影响之巨大，已远远超过明代后期的利玛窦。经过耶稣会士们14年的艰苦努力，在明朝末年已纂修完成一部新历书，被命名为《崇祯

①林金水、邹萍著：《泰西儒士利玛窦》，国际文化出版公司，2000年，第186—187页引文。

历》。然而，还没有来得及向全国颁行，明王朝已在农民战争的冲击下土崩瓦解。清朝建立后，在反复验证无误后，这部《崇祯历》被改名为《时宪历》，准许在全国颁行。

比利时人南怀仁是颇受康熙皇帝推重的耶稣会士，继汤若望之后，他开始主持钦天监的工作，为清朝天文事业的发展做出了重要贡献，如他负责建造观象台，制造各种观测仪器等。另外，为帮助康熙平定“三藩之乱”，南怀仁还奉命率领工匠铸造了数百尊大炮，大大增强了清军的战斗力，为迅速平叛立下了汗马功劳，让康熙帝喜出望外，对他极为倚重。南怀仁于1688年去世后，康熙特命赐谥号“勤敏”，南怀仁也就成为来华耶稣会士中唯一获此殊荣的幸运者。

康熙在位期间，耶稣会士在文化事业上做出的又一重大贡献便是《皇舆全图》的测绘。利玛窦绘制了第一份用中文刻印的世界地图——《山海舆地图》。然而，当时还没有一张用西方绘图技术绘制的中国本土的地图。在康熙帝的支持下，耶稣会士安多、白晋、雷孝思等人从1708年开始勘测、绘制中国全境的地图。在条件极为简陋的情况下，这些传教士不畏艰险，风餐露宿，利用绳索与指南针进行测绘，走遍了长城内外，大江南北，“十年磨一剑”，终于在1717年大功告成。《皇舆全图》在中国地图发展史上占据着极为重要的位置，受到人们的高度赞赏。著名科技史家李约瑟博士曾赞誉说：这一巨作“不仅是亚洲当时所有的地图中最好的一幅，而且比当时的所有欧洲地图都更好、更准确。”耶稣会士为此付出的心血值得后人永远记取。

乾隆时期最有影响的耶稣会士要数大画家郎世宁了。耶稣会士首先将近代西洋油画带到了中国，前来传教的神父中也有不少擅长绘画者。就油画艺术本身而言，并没有多少政治思想色彩，且具有写实及直观性，中国朝野人士对其忌讳较少，清初的几位皇帝对此更是兴致颇浓。郎世宁便是乾隆皇帝最喜爱的画家。郎世宁出生于意大利米兰，但他一生大部分时间是在北京皇宫中度过的。

二、交融与冲突
——耶稣会士的移民生活状况及文化素质分析

> 其国人东来者，大都聪明特达之士，意专行教，不求禄利。其所著书多华人所未道，故一时好异者咸尚之。
>
> ——《明史·意大里亚传》

明清时期，以利玛窦等人为代表的耶稣会士在文化传播上取得的巨大成功，不能不被后人视为令人惊叹的“奇迹”。这在中西方交流史上也是值得特别关注的一页。这主要反映在两个方面，一是在生活上用毅力克服了种种艰难困苦的考验，二是在文化交流上用智慧开启了在古老帝国传播西方近代文明的大门。作为西方移民的开拓者，利玛窦等耶稣会士首先在肉体与心理上经受了不同寻常的磨难。他们的宽容与忍耐足以赢得后人的尊敬。耶稣会士大都出生于殷实富裕的家庭，受过良好的教育，有着较为优越舒适的生活环境。但离开故国，来到遥远的东方，他们却往往沦为受歧视的“夷人”，境况之变化别如霄壤。然而，他们面临的困难还远不止于此。如利玛窦在到达北京前已离开故国二十多年了，他在呈给万历皇帝的奏章中说：

> ……（辞）离本国，航海而来，时历三年，路经八万余里，始达广东。缘音译未通，有如喑哑，僦居学习语言文字。淹留肇庆、韶州二府十五年，颇知中国古先圣人之学，于凡经籍，亦略

诵记，粗得其旨。乃复越岭，由江西至南京，又淹（留）五年……①

从欧洲到亚洲，陆路交通为西亚诸强国所阻隔，传教士必须远涉重洋，漫长的航程便是一次无法回避、危机四伏的“地狱之旅”。当时东西方海上交通尚处于草创时期，航船吨位小，吃水浅，安全性能差，也没有全球性的气象观测及定向导航系统，航船驶离港口，实际上就处于听天由命的状态。航路的开辟也处于摸索阶段，惊涛骇浪，浅石暗礁，航船稍有不慎，便有沉没的危险。再加上沿途所经，既有盛行“食人”的原始部落居留地，又有疯狂的海盗拦截，可谓千辛万苦，九死一生。据统计，从利玛窦开始进入中国内地，到1773年耶稣会解散，在前后190年中，前来中国的西方传教士共有472人。但必须看到，前来东方的传教士大半在旅途中丧生，能够最终来到中国生活及传教的神父只是很多奔赴东方传教士的一小部分。如汤若望起初与其他22名传教士乘船来中国，可最后到达目的地的只有5人。然而，矢志于传教的耶稣会神父们没有就此畏葸不前。“自利玛窦入中国后，其徒来益众。”

熬过旅途的“梦魇”，传教士在中国内陆又面临着迥然不同的生活空间。关于传教士在中国内陆的生活，利玛窦在一封信中讲到：

我们背井离乡，如今住在这里，穿中国衣服，吃中国饭菜，住中国房子，说中国语言，无非就是为了这件事（让中国人皈依天主教）……我们现今在中国所处的时代，既没有到收获的时候，

①徐宗泽著：《中国天主教传教史概论》，上海土山湾印书馆，1938年，第177—178页引文。

> 也还不是播种的时候，如今只是开荒的时候……中国人和外国人少有往来，对于外国人常怀疑心，时常害怕，尤其是中国皇帝……①

显然，如果说水土不服等生活不适还比较容易克服的话，面对敌视的目光，传教士更会感到举步维艰。如利玛窦等人开始在肇庆发展时，尽管谨小慎微，并得到知府王泮的热情支持，但当时民众仍存在很大的敌意，称传教士为“番鬼”，视他们为灾星，有意将他们赶走。利玛窦等人迁居韶州后，又有当地无赖故意寻衅闹事。利玛窦由此意识到在中国传教，必须得到官府及最高执政者的保护，否则寸步难行，因此，他痛下功夫，研习中国文化，以温驯的举止与出色的学识赢得了官僚士大夫的尊敬和信赖，才有效地改善了传教士们的处境。

应该看到，耶稣会士之所以能够在古老而封闭的王朝里传教取得进展，首先与来到中国的传教士本身的素质有着直接的关系。中国儒家文化的一个核心内容，便是“修身齐家治国平天下”，个人的道德修养作为人生事业发展的基础，受到最充分的重视，道德修养的高低也就构成中国士大夫品评人物一个最基本最重要的尺度。而偏偏这一点又是耶稣会士们的一个相当突出的长处。利玛窦曾根据自己的实践经验对到耶稣会提出要求：“派往中国的传教士，不但要好，还应该具有才能，因为我们所要与之接触的人，都是智慧高强而学问渊博的人。”事实证明，前来传教的耶稣会士大都符合利玛窦的要求，很多传教士都是学问渊博的科学家与学者，在许多领域具有深厚的造诣。更为可贵的，与利玛窦相仿，他们都能尊重中国的道德观念与风俗礼节，而

---

①罗光著：《利玛窦传》，台湾学生书局，1979年，第95—96页。

且品行端正，终身不娶，不贪财货，不求官禄，完全符全中国的道德标准，因而他们受到了中国士大夫的爱戴与尊重。徐光启对耶稣会士推崇备至，他在《辨学章疏》中讲道：

（耶稣会士）实皆圣贤之徒，其道甚正，其学甚博，其心甚真，其见甚定。在彼国中，亦皆千人之英，万人之杰。

就连《明史·意大里亚传》撰著者也称许道：

其国（意大利）人东来者，大都聪明特达之士，意专行教，不求禄利。其所著书多华人所未道，故一时好异者咸尚之。

当然，不能否认，耶稣会士不畏艰险的冒险精神与近乎刻板的生活作风，在根本上取决于耶稣会的教旨，而不是简单的个人品质与道德修养。耶稣会在入会之时，就必须宣誓：守贫、不娶，绝对服从上级，将自己的一切奉献给上帝及教皇。因此，为传教而经历苦难，乃至牺牲生命，对耶稣会士而言，正是效忠上帝与教皇的最好表现以及灵魂升入天国的阶梯。来中国的耶稣会士的心态也是如此，他们心甘情愿地忍受磨难，并不是对中国有怎样的好感，而是为服从传播天主教的最终目的：“为基督而征服世界。”

然而，要想让一个古老而封闭的东方大帝国君臣皈依上帝，听命于罗马教皇，就远远不是毅力和忍耐所能做到的事情，而需要超越时空界限的宽容与智慧。作为“西方文明的伟大传播者”，利玛窦等成功人士确实走出了一条融合中西文化的道路。首先，利玛窦等人表现出对中国传统文化与风俗足够的尊重，以及对封建皇权的绝对顺从。如从利玛窦开始，耶稣会士大都身穿儒服，能讲流利的汉语，一副“西儒”装束。清政府入主中原后，汤若望随即薙发，留起长辫，改变原有装扮，穿上满族人的服饰。可以说，利玛窦、汤若望等人“西洋归化人”的姿态，起到了十分理想的效果，赢得了许多汉族人士的好感，使其在中国的传教及文化传播活动成为可能。其次，通过对中国传统思想的深入研究，利玛窦等人找到了在中国传播天主教的切入点，即崇儒排佛，提倡“天（天主教）、儒合一”。利玛窦等人看到了中国数千年深厚的文化积淀，因此，采取了较为务实的“求同存异”的方针。他曾说：“八万里而来，交友请益，但求人与我同，岂愿我与人异耶?”他巧妙地将儒家思想中对“上苍”或“上天”的畏惧与膜拜，与基督教崇敬上帝的教旨等同起来。在他所著宣扬基督教义的中文著作中，大量征引中国经典著作中的文句，让中国的知识分子意识到天主教与儒教之间并没有根本的冲突。这种做法在中国知识界的影响力是相当巨大的，许多学识渊博的中国学者因此成为“利氏之徒”。

当然，并不是所有来华的耶稣会士都赞同利玛窦等人的传教方式。这些传教士以维护天主教的神圣与纯洁性为由，拒绝尊重中国固有的传统思想，想以真正的思想征服者与布道者的面目出现。这一派传教士最反对中国士民中最重视的“敬祖”与“祀孔”的礼仪，斥之为与基督教相对立的偶像崇拜。不分青红皂白地强迫中国人摈弃自己的思想文化传统，全身心地皈依上帝，显然是不符合实际的痴心妄想。但随着来中国的传教士越来越多，他们对中国传统文化与国情相当陌生，更倾向于在传教中抵制中国传统思想，使抵制派思想逐渐占据了上风。这种蛮横无理的面孔理所当然地招致中国君臣的强烈反感。正如康熙皇帝所痛斥的那样：“愚不识字，擅敢妄论中国之道!”这便引发了中西文化交流史上有名的“礼仪之争”。最终结果是康熙等人下令在全国禁止天主教士进行传教活动。可以说，这些抵制派传教士将利玛窦等人开创的传教事业推入了死胡同。

总而言之，君主专制制度与闭关锁国的弊端及其恶劣影响在明清时期的中西方文流中得到了极为充分地暴露。文化教育的贫乏与卑微的社会地位剥夺了普通平民接受与容纳西方文化的机会与权力，而高高在上的帝王与士大夫往往不惜任何代价来维持盲目自大的文化优越感，并将此作为吸收外来文化的前提条件。利玛窦等西方传教士的传播文化之路是艰辛而不平凡的，他们的成功可以说是一个了不起的奇迹，而这一奇迹产生的背后却是华夏民族一个时代的悲哀。

第二节 “十里洋场”费思量

——近代租界移民对中国旧文化的冲击

回顾历史，常常会引发我们复杂的情愫，特别是对某些屈辱性历史事件的回忆，更会让我们发出深深的感喟。利玛窦死后，留下了一部颇有价值的《中国札记》，西方人士将其定名为《耶稣会利玛窦神甫的基督教远征中国史》。其实，这些定名者并没有清楚地知道，利玛窦之所以受到中国士大夫的尊崇与爱戴，关键在于他时时以“归化（即仰慕中国的政治与文化而来）者”身份出现，从而维护了中国士大夫的自尊心与优越感。

但这种孱弱的虚荣与自尊最终为外国列强的炮舰所冲垮，作为屈辱与殖民化的标志，近代中国沿海城市内大片租界的出现，完全是外国列强武力征服乃至压制的产物。第一次鸦片战争以中国签订屈辱的《南京条约》而告结束，清朝官府称此条约为《万年和约》，即幼稚地以为该条约可使中外之间维持长久的相安无事。其实，麻烦才刚刚开始，《南京条约》为外国列强进一步的侵略提供了依据。如《南京条约》第二款明确规定：“自今以后，大皇帝恩准英国人民带同所属家属寄居大清沿海之广州、福州、厦门、宁波、上海等五处港口，贸易通商无碍。”这也就是所谓“五口通商”，不久，厦门、上海、福州等地正式宣布为允许外国商民入居的通商口岸，而“租界”就是在通商口岸里特别划定的外国侨民居留地。

一、蚕食鲸吞话租界

——近代租界的形成与移民

在那个庞大国度（中国）中获得立足点，是我们所最盼望的、凌驾一切的目标。

——（西班牙）萨拉札主教

从移民史角度看，中国大陆上特别划定的外国人居留地早在明朝后期已粗具规模，这就是澳门。关于葡萄牙人如何获得澳门的租借权，流传着不同的故事。国内学术界普遍认同的便是万历《广东通志》的说法：明朝嘉靖三十二年（1553年），葡萄牙人的船只驶进澳门，声称货物被风浪打湿，请求暂借一地晾晒货物。海道副使汪柏接受贿赂，自作主张答应了这一要求。从此，葡萄牙人在方圆16平方千米的澳门半岛上定居下来。明朝晚期，前来贸易定居的西洋人相当多。时人庞尚鹏在《抚处濠境澳夷疏》中称：

（葡萄牙人）近数年来，始入濠境澳筑室，以便交易，不逾年多至数百区，今殆千区以上。日与华人相接济，岁规厚利，所获不赀。故举国而来，扶老携幼，更相接踵。今筑室又不知其几许，而夷众殆万人矣。诡行异服，弥满山海，剑铓满目，火炮震天。①

然而澳门与后来的各口岸的租界有很大的不同，最关键一条是关

①张维华著：《明清之际中西关系简史》，齐鲁书社，1987年，第29页引文。

于澳门的地位没有任何法律依据，明清官府也都没有正式承认过该地葡萄牙人的任何权益，只是视为一种特殊的贸易区。再加上地域狭小，影响极为有限，为避免横生枝节，故听之任之。表面上，中国官府还保留着对该地区的管辖权，每年向当地葡商收取船税与地租，而实际上，葡萄牙人“至筑室建城，雄踞海畔，若一国然，将吏不肖者，反视为外府矣。”[①]应该说，早在明末，澳门已经具有“国中之国”的内在特征了，该地也已演变为一个特殊的移民区。但其对整个中国内地的影响十分有限。

在鸦片战争之前，广州是清朝唯一的对外通商口岸，“广州十三行”一直是中国官府最主要的对外贸易机构。为了适应外国人来华从事贸易活动的需要，广州城内也出现了供外国人居住的“十三行夷馆区”。鸦片战争期间，广州等地作为中国抵御外国侵略的前沿堡垒，广东人民表现出强烈的御外抗敌热情，著名的三元里抗英斗争已载入中华民族抗击外族侵略的光辉史册。也许是在这种民众抵制情绪的影响下，来到广州的外国人即使是在《南京条约》签订后，仍感举步维艰，通商活动并不顺利。英国驻广州领事曾于1843年在十三行地区租到了第一块中国土地，到1854年，又照会广东官府将十三行地区划为外国人居留区。但好景不长，到1856年，这一居留区就被愤怒的广州人民所焚毁。后来，英法官员设法填埋城外沙洲，建立起沙面租界，但面积不大，仅有330亩。[②]

近代史上租界的正式出现要从《上海土地章程》签订时算起。开埠前，上海不过是松江府属下的一个不太起眼的县城，然而，租界的

①《明史》卷三二五《佛郎机传》，中华书局点校本，第8432—8433页。

②参见王文全、袁东华：《广州沙面租界概述》，《列强在中国的租界》，中国文史出版社，1992年。

建设步伐却在诸口岸中走得最快。上海的外国租界不仅面积最大，而且租界区内部建设也最为完备，其发展历程集中地体现了近代中国租界发展的道路。1843年11月，上海正式宣布为华洋通商口岸，一些英国人开始进入上海，租借华人私房居住。英国首任驻沪领事巴富尔与一些英国商人对中国式的房屋颇感不便，有意租借地皮自行建设住宅。这显然是《南京条约》中所没有的内容。经过反复商量，至1845年，巴富尔与上海道台宫慕久签订了《上海土地章程》，划出上海县城外洋泾浜（今延安东路）以北，李家场（今北京东路）以南地区，租与英商建房居留之用。后来，《土地章程》不断被修改补充，租界的面积也逐步扩展。美国人与法国人也先后挤入抢占租界地的行列。到19世纪末，英美公共租界由最早的830亩，扩展到33503亩，竟增长了40倍！如果再加上2149亩法租界，可以说，当时上海县城以东以北大片地区已成为洋人的天下，远远超过当时上海旧县城的面积。咸丰九年（1859年），清朝大臣桂良等人便深表忧虑：

> 上海地方，城外东北两面江岸，全系夷人房屋。在此通商者大小十余国，居民不过十分之一。江（吴淞江）心有夷人大桥横亘，凡到上海城内，必须经过此桥。各夷商船、兵船，满江皆是……不知当日何以令其占据地面如此之多？又兼处处扼要，实不可解。①

更令人费解的是，清朝官吏缺乏起码的外交能力与主权意识，正是在他们的推诿搪塞之下，西方各国领事通过立法手段，已将租界区

① 《筹办夷务始末》（咸丰朝），中华书局，1979年，第1266页。

实际变成具有高度自治能力的“国中之国”。如在1854年修订的《土地章程》中将租界内原有更夫改头换面为武装巡捕，并成立所谓“工部局”来管理租界内的一切事务。按照英文原义，工部局实为市政委员会，为租界的最高权力机构。工部局不仅有权征收捐税，还有对《土地章程》的解释权。从1864年开始，英美驻沪领事征得上海道台的同意后，创立洋泾浜北道“理事衙门”，即英国副领事与中国所派理事，共同审理租界内的违法案件，开始了对中国司法权的侵夺。后来，“理事衙门”升格为租界正式法庭——会审公廨。会审公廨产生于丧权辱国的特殊年代，外国租界官员的蛮横无理，清朝官员的懦弱无能，导致会审公廨实际上为洋人所操纵。这样，租界也就成为独立于清朝地方官府之外的“自由市”了。

上海租界发展的同时，其他开放口岸的租界区也相继形成。如自1860年至1900年的40年间，天津先后开辟了英、法、美、德、日、俄、意、奥等九国租界，总面积达23350.5亩，相当于天津旧城面积的8倍，可谓触目惊心。各国在天津租界区的建立，更具有突出的强权色彩。如英、法、美三国租界都是在第二次鸦片战争后胁迫清朝官府划定的，而日本、德国租界则建立于中日甲午战争之后。1900年八国联军攻占北京、天津，俄国、意大利、奥匈帝国、比利时都借机提出在天津建立租界的要求。租界的发展与外国对中国的侵略脚步保持着高度的一致，租界的膨胀也就是中国陷入半殖民化社会的一个重要标志。①

①杨大辛：《天津九国租界概述》，《列强在中国的租界》，第113—140页。

二、“十里洋场”的文明与野蛮

——租界文化性质之剖析

> 沪城佳处，当以此境（租界）为胜。惟是烟树苍茫，不识故乡何处，顿觉魂散魄越，目极神伤矣。
>
> ——〔清〕王韬《瀛壖杂志》卷六

在我们深刻认识租界的侵略本质之后，却不能忽视其在近代西方文明传播中所发挥的重要作用。租界犹如一个复杂而实在的“西洋文化单元”，它是西方移民按照其母国模式建造出来的新式城市，它带来的不仅有精神文化成果，如天主教及西方近代思潮，更有物质文化，特别是西方城市生活理念与建筑设施，与日趋落伍的清王朝旧式城镇形成了鲜明的对照。这在中国城市发展史上具有深远的影响。这一点在租界出现最早、发育最成熟的上海表现得最为突出。

上海外国租界区从19世纪末开始，已成为上海城市中最繁华、最拥挤的区域，特别是外滩一带，更以“万国建筑博览会”的名号驰誉海内外。但是，当初划定租界之时，这一带还是“一片泥滩，三数茅屋”的荒凉田野，溪涧纵横，卑湿泥泞。靠近黄浦江只有一条窄窄的纤道，涨潮时，便没入水中。当时清朝各级官员看到将这样一片地盘划给洋人居住，便免去了外交事端，心中一定十分得意，无怪乎为租界立法的《上海土地章程》签订时异常顺利。

然而，租界的迅速发展却令所有的中外人士为之惊讶。一位英国植物学家在1848年来上海时这样感叹道：

> 使我惊异的是江岸的外观，我曾听说上海已经建造了许多英、

美洋行，我上次离开中国时，的确有一、两家洋行正在建筑；但是现在，在破烂的中国小屋地区，在棉田及坟地上，已经建立起一座规模巨大的新的城市了。①

近代改良主义思想家王韬曾长期寓居上海，他对租界的建设成就极尽溢美之词：

洋泾浜为西人通商总集，其间巨桥峻关，华楼彩辂，天魔睹艳，海马扬尘，琪花弄妍，翠鸟啼暮，以及假手制造之具，悦耳药曼之音，淫思巧构，靡物不奇……洋泾一隅，别开人境，耳闻目见，迥异寻常。顾欲描摹于颐吻，讲画于口指，殊觉费于形容。②

租界开辟伊始，外国负责官员很自然地依照西方市政建设理念，将市政的规划与管理作为租界当局行政的头等大事来抓，形成制度化、规范化的建设与管理模式。如在最初的《上海土地章程》里就明确规定西人对市政建设应负的义务："须共谋修造木石桥梁，清理街路，维持秩序，燃点路灯，设立消防机关，植树护路，开疏沟渠，雇佣更夫。"同时，请出三位有名望的外国居民组成"道路码头委员会"，专门负责监督实施市政建设项目。这些市政基本建设对清朝士民来说，几乎是闻所未闻。道路码头委员会后来为市政委员会所取代，它的主要职责也集中于市政工程，故人们通称其为"工部局"。租界还有两方

①卢汉超：《西方物质文明在近代上海》，《上海史研究》（二编），学林出版社，1988年，第26页引文。

②〔清〕王韬撰：《瀛壖杂志》，上海古籍出版社，1989年，第110—115页。

面的举措引起了中国绅民的极大关注，即照明与自来水。

根据县志记载，清光绪以前，中国平民之家都用豆油或菜油为灯油，灯光如豆，十分昏暗。后来，传入火油（即煤油），由火油引燃的“洋灯”光亮度远胜豆油灯，“于是，上至缙绅之家，下至蓬户瓮牖，莫不乐用洋灯，而旧式之油灯盏淘汰尽矣。”[①]其实，从豆油灯到煤油灯，并没有质的变化。而租界内公共照明很早使用煤气灯，就会让人啧啧称奇了。19世纪60年代，租界内开始建造煤气厂，所产煤气主要用于公共照明。当时人们称煤气灯为“自来火”或“地火”（由地下管道传输之故）。入夜之后，租界内各条马路上煤气灯同时燃起，亮如白昼，真有“火树银花不夜天”的气象。到80年代，租界内又建起了发电厂，开始了电灯照明。这应该是一次历史性的跨越，而电灯初次出现在租界之时，缺乏起码科学知识的人们甚至感到相当恐慌，荒唐地认为这是盗取天电，将遭雷击。然而，科学必然战胜愚昧，安全又明亮的电灯最终闪烁在租界的各个角落，信服的人们将其称为“赛月亮”。

建造自来水厂及使用自来水，是租界建设的又一大特色。根据《上海县续志》卷二记载：“上海市区域居民之饮料，向取汲于黄浦之潮流，水质浑浊，本不宜于卫生。”租界当局自19世纪80年代开始建造自来水设施。“自通商以后，西人于租界中装设自来水管，导浦江之水而澄清之，乃激贮于高塔，以管分注于各处，居民便之。”[②]起初，千百年来天天挑水汲水的人们却对这种管道送出的水流充满了疑惑，以致自发地进行抵制。如胡翰祥《上海小志》载：“当时风气未开，华

①光绪《南汇县续志》卷一八，见唐振常主编：《上海史》，上海人民出版社，1989年，第253页引。

②〔清〕李维清撰：《上海乡土志》，上海古籍出版社，1989年，第106页。

人用（自来水）者甚鲜，甚至谓水有毒质，饮之有害，相戒不用。”这说明，即使是一种具有强劲生命力的新生事物，要得到人们的认可，也需要一个过程，到清朝末年，不仅租界内的居民全部用上了自来水，就是上海旧城区也装上管道，为居民提供纯净的自来水了。

面对这一切，人们对租界的建设成就发出了由衷的赞叹：

> 申江好，万国竟来同，
> 海舶几多浑莫辩，地球无处不相通，
> 人巧夺天工……
> 申江好，马路说洋场，
> 万门千户皆孔道，四通八达尽康庄，
> 示我咏周行。
> 申江好，地火最光明，
> 漏转铜龙夸不夜，花开铁树照深更，
> 比月更澄明。
> 申江好，电线疾雷霆，
> 万里语言同面晤，重洋信息霎时听，
> 机栝竟无形（指电话）……
> ——（《沪垣杂咏》卷三《申江好》）①

租界可谓西方文明在古老的东方大陆上的一个多方位的立体展示，其城市文明的发展程度，基本上与当时的欧洲及北美大陆同步。“今有人焉，游踪所至，忽抵上海，耳目之所接触，不啻身入欧美都市也；

①卢汉超：《西方物质文明在近代上海》，《上海研究》（二编），第27页引。

楼阁之巍峨，道路之平坦，旅店俱乐部之伟丽，游览之所，则公园及大桥在焉，交通之具，则汽车、电车及公共汽车备焉；洋商林立，电炬烁烂，凡此皆在欧美所习见者。”[①]要体现先进与落后、文明与愚昧之间的差距，空洞的说教往往无济于事，事实胜于雄辩。当时，中国各界人士都不约而同地看到了古老的东方文明已经落伍了，上海旧县城（在今黄浦区）与租界之间的鲜明对比，恐怕让所有充满文化优越感的中国人倍感难堪：

> 租界马路四通，城内道途狭隘；租界异常清洁，车不扬尘，居之者几以为乐土；城内虽有清道局，然城河之水，秽气触鼻，僻静之区，坑厕接踵，较之租界，几有天壤之异。[②]

中国古代城市发展曾有过光辉灿烂的业绩，但是，其辉煌并没有能够延续。时至近代，与西方市政建设水平相比，其差距是触目惊心的。

然而，在我们充分看到租界文化传播的贡献时，绝不应忘了建设租界的人并不是善意的文化使者。租界当局致力于市政建设，也并不是为了宣扬西方城市建设思想，究其本意，不过是为了让居住于租界的外国人在远离母国时，过上一样的舒适生活。从移民安置的意义上讲，租界开辟的根本目的，就是为了解决外国侨民的居住问题，而在相当长的时间里，租界内的西方居民为数是相当有限的。据统计，道光三十年（1850年），在上海的外国人只有220人，到光绪二十六年（1900年），增加到7396人，到宣统二年（1910年），更上升至15012

①岑德彰撰：《上海租界略史》，上海1931年刊本，第1页。

②李维清撰：《上海乡土志》，第68页。

人。增长的幅度是相当大的，但在整个上海市人口中所占比例却是微乎其微。如1910年上海总人口达1289353人，外国居民所占比例仅为1.16%。随着租界市政建设的逐步完善，这些外国人大都在上海定居下来，过着悠闲的生活：

> 每日必至跑马场试马，态度萧闲，其有喜作清谈者，则群往黄浦滩。时滩路极宽，长与租界相等，晨间担夫麕集，迨夕阳西下，则洋商士女，联翩徐步，其一种和乐之状，凡随使节东来者，莫不认上海为中国之乐土云。①

这些居民的职业构成具有非常明显的特征，总体上来讲从事工商业活动者占较高的比例，他们大多数是所谓“洋行”的经理及代理人，其次是领事馆人员及家属。应该说，这些外国居民深受西方近代文明的熏陶，具有较高的文明素质，但是，在当时那种国际环境下，这些人并没有将西方世界所崇尚的“自由、平等、博爱”等观念贯彻于租界的社会生活中。在其本国政府炮舰政策的纵容下，这些西方居民是以一种高人一等的“文明人”姿态驻足在中国的土地上。故租界文化带有浓烈的殖民地色彩。正如学者们所指出的那样：“在旧上海一百余年的整个时期中，尤其是在租界之内，几乎所有掌握行政实权而且收入优厚的高级职位，都是由英、美、法、日等国的外国人担任的。”“旧上海公共租界工部局和法租界公董局以及两个租界巡捕房的高级官员，‘理所当然’地由英、美、法、日等国的外国人担任以外，其他一切重要机关，连旧中国政府所直属管辖的海关、邮政、铁路等，都绝

①邹依仁著：《旧上海人口变迁的研究》，上海人民出版社，1980年，第69页引文。

无例外。”①

近代学者姚公鹤在《上海闲话》中指出：“租界中外人公共建筑之所，每不准华人之阑入，喧宾夺主，无过于此。今之跑马场及白渡桥下之公园，其最著矣。”为维护这些外国居留者的特权，租界在所修建的公共娱乐场所中，往往制定限制华人行动的规则。最典型的例证便是外滩公园。租界工部局在《公园规则》中明确规定“华人不准入内”，甚至“狗与华人不准入内”的标牌高高悬挂在公园门口。著名学者郭沫若先生曾在《创造周报》第17号上撰文抨击：“上海几处的公园都禁止狗与华人入内，其实狗倒可以进去，人是不行，人要变成狗的时候便可以进去了。”落后不仅要挨打，而且在自己的国土上都会被剥夺自由行走的权力，这种带有污辱性的歧视限制，持续时间长达数十年。这种耻辱深深镌刻在无数中国人民的心中。②

近代著名学者梁启超先生曾在《新大陆游记》中指出：“凡人由内地初至上海，则内地陋矣。由上海而至日本东京，则上海陋。由东京东渡至纽约，则东京陋。盖凡事物无不从比较而见优劣，文化改进之公理也。”③见贤思齐，知耻然后勇，落后与屈辱极大地刺激了有爱国心的中国各界人士，他们纷纷为上海城的发展献计献策。租界先进的市政管理模式与设施成为学习、仿效的主要对象。如1895年南市马路工程局与1905年上海城厢内外总工程局的成立，都是在一批爱国士绅积极努力的结果，目的就是缩短“华界”与租界之间的差距。同时，煤气公司与电灯公司也在“华界”建立起来，掀开了中国城市发展史

①邹依仁著：《旧上海人口变迁的研究》，第77页。
②任武雄、许玉林《外滩公园的历史》，《列强在中国的租界》，第100—103页。
③姚公鹤撰：《上海闲话》，上海古籍出版社，1989年，第24页引，姚公鹤引述其意而有所发挥。

上崭新的一页。当然，最突出也是最艰难的飞跃反映在1914年上海旧城墙的拆除，将“洋场”与“华界”形成一片，大大推进了上海城市发展的步伐，从此，上海作为少数率先引进欧美近代城市文明的东方大都市，闪耀出更加夺目的光辉。

第七章

多少海客到瀛洲

——边疆及海外移民与中国文化的外传

海客谈瀛洲，烟涛微茫信难求。

越人语天姥，云霞明灭或可睹……

在中国古人的地理观念中，“中国”之外就是烟波浩渺般没有穷尽的“四海”。“海”者，晦也，混沌无涯也。像唐代伟大的浪漫主义诗人李白面对渺无际涯的大海，也只好发出“烟涛微茫信难求”的感叹。但在古代中国，好奇而具有想象力的人们对“四海”投入了极大的关注，创造出无数奇妙的传说，如“海上有仙岛，仙岛住仙人”便是无数传说中相当动人的一个。为了寻找这一美丽传说的归宿，勇敢的人们离开港湾，驶向大海，从此再也没有回来，成为中国向海外移民的先驱。

封建王朝的执政者采取闭关锁国的政策，并不等于说普通的中国百姓都缺乏向外开拓的意识，都没有采取向外开拓的行动，到明清时期甚至出现了规模惊人的海外移民潮。不少新的域外概念的出现，其实都与中外交通及向海外移民的发展相联系，如“东洋”“西洋”“南洋”等。中国传统文化也是通过这些海外移民的活动，在东南亚及世界各地传播开来。

第一节　于迷离处见真情

——古代中国向日本、朝鲜移民的文化影响

自古以来，朝鲜与日本作为中国的近邻，与中国历代封建王朝保持着密切而频繁的往来，中国传统文化对这两个国家的文化发展产生了深远的影响。朝鲜与日本都曾长期将汉字作为官方文字，即为明证。但也许因为文化与民族形貌上的相似，在中国向朝、日两国的移民历史上却产生了许多扑朔迷离的问题，学者们为此进行了长时间的争论，但似乎无法找到令所有人都信服的结论，如“徐福东渡日本”的故事、“箕子朝鲜”问题、渤海国归属问题等。其实，移民史上产生的问题，其答案也只有通过深入剖析移民史实来寻找。如果我们能抛开孤立而僵化的视角，就不难发现这些故事不过是复杂的移民史实在文化发展的长卷中留下的斑斓印记。

一、东瀛何处是仙家

——徐福东渡传说的流播与反馈

先生采药未曾回，故国河山几度埃：
今日一香聊远寄，老僧亦为避秦来。
——〔元〕无学禅师《致祭诗》

中日两国作为一衣带水的邻邦，两国之间的文化交流源远流长，这其中就少不了移民的贡献。根据中日学者的长期研究，可以肯定中国向日本列岛的移民早在先秦时期就开始了。如日本学者神田秀夫认为日本列岛上最早的中国移民很可能是江浙一带的吴越先民。春秋战国时期，各国交争，战乱不断，大量吴越百姓乘船东渡，其中有一部分到达日本九州。[①]而上古时期中日之间最著名的移民运动要数“徐福（古文献中又作“市”）东渡”了。就文献记载而言，“徐福东渡”的故事众说不一，扑朔迷离，让后世学者百思难得其解。

雄才大略的秦始皇在完成统一伟业之后，志得意满，以为江山永固，可以传之万代，心中最大的遗憾莫过于人生苦短，不能永享富贵。为弥补这一缺憾，秦始皇绞尽脑汁。首先是穷奢极侈地大修陵墓，将无数人间珍宝埋于地下，号称世界“第八大奇迹”的兵马俑不过是秦始皇陵的附属品。其次是到处求仙问药，谋略过人的秦始皇在这一问题上显现出无可救药的愚昧荒唐，结果，徐福乘机率领一批人踏上了东渡的航船。

对“徐福东渡”问题最有发言权的应属“史家鼻祖”司马迁，然而《史记》对这一问题并没有提供系统而全面的论述。如《秦始皇本纪》及《封禅书》记载，徐福东渡的情形大致为：秦始皇二十八年（公元前219年），齐人徐福（市）等人向秦始皇上书，书中说东海之中有三座神山，分别叫蓬莱、方丈、瀛洲，神山之上都有仙人居住。神山之上生长着长生草，食之可以长生。秦始皇听后，大喜过望，立即遣徐福率童男童女数千人，“入海求仙人”。为满足徐福东渡求仙的计划，秦王朝耗费巨资，可是数年之后，一无所获，引得秦始皇极为不悦。徐福等人借口海中有巨鱼阻隔，难抵仙山。于是秦始皇又派人

①见王勇著：《中日关系史考》，中央编译出版社，1995年，第77页引文。

入海捕巨鱼。随后，秦始皇本人多次东巡到海边，希望能求得海中之奇药，但终于不遂所愿，最后死在返回途中。

显然，在这里，司马迁关注的焦点在于秦始皇本人，没有仔细探究徐福等数千人的下落。只是在《淮南衡山列传》记载了西汉人伍被对徐福故事的阐发：秦始皇派遣徐福入海求仙药，徐福在无可奈何的情况下，欺骗秦始皇说，他已见到海中大神，也到了蓬莱山。但是海上大神嫌进献礼品太薄，不肯赏给仙药。秦始皇信以为真，“遣振男女三千人，资之五谷种种百工而行。徐福得平原广泽，止王不来。于是百姓悲痛相思，欲为乱者十家而六”。在徐福东渡问题上，班固所著《汉书》基本上依从司马迁的记述。

伍被所言的最大价值在于道出了徐福等人的去处，然而也没有指明所谓“平原广泽”的具体方位，因此，从西汉以后，一些古籍里又衍生出许多“徐福东渡”的新内容。署名为东方朔所做的《海内十洲记》记徐福到达祖洲。祖洲“近在东海中，地方五百里，去西岸七万里，上有不死之草……服之令人长生……（秦始皇）乃使使者徐福发童男女五百人，摄楼船等，入海寻祖洲，遂不还。福，道士也，字君房”。而《三国志》与《后汉书》则记载长老传言，徐福的最后落脚点是澶州。

不难看出，这些“徐福东渡”的传说，并没有与日本国联系起来。即使到唐代，中日两国交往十分密切，但也没有确定徐福与日本的关系。大诗人李白、白居易等人的诗作便是很好的证明。如白居易《海漫漫》诗云：

海漫漫，直下无底旁无边。

云涛烟浪最深处，人传中有三神山。

山上多生不死药，服之羽化为天仙。
秦皇汉武信此语，方士年年采药去。
蓬莱今古但闻名，烟水茫茫无觅处。
海漫漫，风浩浩，眼穿不见蓬莱岛，
不见蓬莱不敢归，童男丱女舟中老。
徐福文成多狂诞，上元太一虚祈祷。
……

然而，从五代、北宋开始，“徐福东渡”开始与日本国联系起来。这种解释最早出于僧人义楚的《释氏六帖》（又称为《义楚六帖》），该书卷二十一载：

日本国亦名倭国。东海中，秦时，徐福将五百童男、五百童女，止此国也。今人物一如长安……又东北千余里有山，名富士，亦名蓬莱。其山峻，三面是海，一朵上耸，顶有火烟……徐福止此，谓蓬莱，至今子孙皆曰秦氏。

义楚本人没有到过日本，《六帖》所记来源于一位日本高僧——宽辅。他是真言宗僧人，公元927年来华，是义楚的密友。[①]也可以说，真正将徐福的去向定为日本国的这个观点，最早是来源于日本方面的认同，而不是出于中国古代文人的附会。搞清楚这一点是极为重要的，正因为这种认识来源于海外，因而显得相当可贵，远较内地人士的凭空猜测富有说服力。

①见王勇著：《中日关系史考》，第79页。

后来，北宋大文学家欧阳修所作《日本刀歌》将这种推断渲染得丰富传神：

> 传闻其国居大岛，土壤肥沃风俗好。
> 其先徐福诈秦民，采药淹留丱童老。
> 百工五种与之居，至今玩器皆精巧。
> 前朝贡献屡往来，士人往往工词藻。
> 徐福行时书未焚，逸书百篇今尚存。
> 令严不准传中国，举世无人识古文……

从此，义楚与欧阳修的说法开始为中日两国人士普遍认可，“徐福东渡”的故事也被作为一段有意义的事件载入了中日文化交流史。特别是在日本方面，不仅取得了官方的认可，徐福祠、徐福墓相继出现，民间出现了香火颇盛的徐福信仰。

我们认为：徐福东渡故事的演变，不仅是一种由移民运动引发的历史文化现象，而且是一种有典型意义的文化传播影响在移民史上的反馈。在这一问题的探讨中，“徐福东渡”事实本身存在与否，已不是我们关注的焦点。为何在唐以后才出现徐福传说与日本国的对接，才是问题的关键。就造船水平与航海能力而言，先秦时期中国先民已具备前往日本列岛的能力，已无可置疑。因此，无论是否有确切的文献记载，中日之间移民活动的发生是完全有可能的。根据《史记》与《汉书》的记载，徐福等数千人不知去向，但不论是祖洲，还是澶洲，可以肯定离开了东海之滨。也就是说秦汉之时，一次有一定规模地向海外移民发生了。这批移民携带有粮食种子及百工，在一块新的陆地重新开始生活，也是顺理成章的。中国本土人士自然对徐福等人的归宿颇感兴趣，秦汉以后，中原政权早已与倭国建立了往来，但限于视野与活动范围，徐福问题始终没有答案，留下的空白持续了上千年。直到唐朝之时，富于浪漫情怀的诗人们也只好发出困惑的悲叹。

事情的转机在于千年之后这一传说在日本国内产生了神奇的反馈，并找出了有关徐福东渡令人惊叹的证据，如“今人物一如长安”，即日本国的士人习俗与中国名都长安异常相似。而且，日本名山富士山，一名蓬莱。该山之形状正似传说中的仙山。更重要的是，日本国内还找到了这批移民的后裔，“至今子孙皆曰秦氏”。欧阳修的《日本刀歌》也同样从文化影响上为徐福东渡寻找依据。如“至今玩器皆精巧”“士人往往工词藻”，都反映了汉文化在日本国内的浓烈影响。另外，还传说秦始皇“焚书坑儒”后亡佚的百篇《尚书》在日本国内尚存。在这一系列有力的证据面前，中日两国士人都开始郑重其事地看待徐福传说了。

不难看出，徐福传说在日本发生神奇的反馈，主要得益于汉文化在日本列岛的丰厚积淀。当日本士人面对汉文化对本国的巨大影响时，不禁会对这一问题产生追根溯源的愿望。在中国文化向海外传播过程中，移民的作用是不可低估的，一些真实存在的移民后裔会迫使日本人对移民历史进行深刻的反思与推论，于是，中国上古历史上著名的海外移民活动——徐福东渡就自然成为人们追溯的源头，徐福也就变成产生巨大文化影响的移民英雄。因此，我们在考察这一神奇反馈时，就不应该将目光局限于徐福其人其事的真实性上，而应关注从秦汉到盛唐千余年中国文化向海外的传播。可以肯定，在这一漫长的传播过程中，有相当多无名的中国移民做出了积极贡献。

二、风吹稻花两岸香

——移民在朝鲜半岛政治文化发展史上的贡献

> 夕阳西下水流东，兴废梦魂中。笑弱吐强吞，纵成横破，鸟没长空……
>
> ——（高丽）李齐贤《木兰慢》（长安怀古）

与日本列岛相比，朝鲜半岛毗邻中国东北地区，两国之间的人口迁移更少交通上的阻隔。更重要的是，朝鲜半岛北部曾多次归属汉族中原王朝统治，这种客观状况更使两地间的人口迁移及文化交流活动更趋频繁而复杂，甚至产生了一些难以判定的民族与国家问题。这其中最著名的两大难题便是“箕子朝鲜”与“渤海国归属”。

今天的中朝边界是经过长期历史发展演变而来的，然而，在漫长的历史时期，这条以鸭绿江为主干的边界并没有成为隔绝两地人民相互往来的“鸿沟”。朝鲜半岛上民族与国家的形成，既有自身的独特性，但也与中国中原王朝的发展存在着密切的关系，不可截然分开。在这一过程中，两国人民的迁移活动起到了举足轻重的作用。这应该是我们考察两国关系史的一个基本出发点。僵化而孤立地偏执一面之词，只能与历史的真实越来越远。根据中国古籍中的大量史料，中国学者对“箕子朝鲜”的历史地位做出了较充分的证明，而朝鲜与韩国的一些学者则持怀疑及否定态度[①]。其实，从移民史及文化传播的角度来看这一问题，我们对这一问题可以得出更深切全面的理解。

就史料记载而言，“箕子朝鲜”问题有较坚实的论证依据，至少在

①刘永智：《再论箕子朝鲜不容轻易否定》，《中朝边界研究文集》，吉林省社会科学院，1998年，第133—149页。

迁入地的明确指证上，远胜于“徐福东渡”故事。最晚至西汉司马迁著《史记》之时，已明确认定“箕子”——这位著名商朝遗民在西周初年迁入朝鲜一带。至东汉班固撰《汉书》，也正式将箕子作为华夏文化在朝鲜半岛传播的领袖人物。如《汉书·地理志》称：

> 玄菟、乐浪（两郡），（汉）武帝时置，皆朝鲜、濊貉、句骊蛮夷。殷道衰，箕子去之朝鲜，教其民以礼义，田蚕织作……是以其民终不相盗，无门户之闭，妇人贞信不淫辟。其田民饮食以笾豆，都邑颇放效吏及内郡贾人，往往以杯器食。郡初取吏于辽东，吏见民无闭臧，及贾人往者，夜则为盗，俗稍益薄。今于犯禁浸多，至六十余条。可贵哉，仁贤之化也！

班固提出这样的观点绝对不是凭空杜撰，值得充分注意。首先，西汉王朝至汉武帝时，已将朝鲜半岛北部划入自己的疆域之内，中原王朝的士人对该地区的文化风俗特征有着比较全面而真切的了解。其民众虽为朝鲜、濊貉、句骊蛮夷之人，但敬奉礼义，道不拾遗，夜不闭户，风俗淳美，远优于中原内郡，引起了学者由衷的赞叹。在探寻教化兴起源流时，班固很自然地想到了箕子——这位迁居朝鲜的殷代贤士，将朝鲜半岛的教化成就归功于他。当然，单纯归功于箕子一人，显然失之偏颇，不过将朝鲜半岛的礼仪文化的发展归功于高素质的汉族移民，则应是千真万确的。我们认为，这正是“箕子朝鲜”问题的关键。

从远古时期开始，中原内地已与朝鲜半岛发生了密切的交往，其中包括频繁的人口迁移。箕子所封的“朝鲜”应是朝鲜半岛上历史悠久的古国，在中国古史记载中为所谓“东夷”之属。而学术界已有定论，即殷商王朝就是“东夷之人”所建立，商人与东夷诸邦国关系密切，自在情理之中。周武王兴兵灭商，必有大量商朝遗民向东方逃亡，包括进入朝鲜半岛。武王封箕子于朝鲜，其实质应是西周王朝对殷商遗族惩罚性的迁移，或是对这批逃离中原的遗民实际上的承认。与朝鲜半岛本地居民相比，以箕子为首的商朝移民文化素质较高，事实上造成中原文化的东传。春秋战国时期，燕国一度相当强大，占领了真番、朝鲜等小国，并在当地设置官吏，建立军事要塞。《史记·货殖列传》称燕国“东绾秽貉、朝鲜、真番之利”，依旧将鸭绿江以南的朝鲜、真番等地，划入燕地文化圈之内。既然朝鲜诸国成为燕国的附庸，就无法排除燕国官吏、军士及普通民众进入该地的可能性。

秦国攻灭燕国之后，朝鲜半岛进入了新的发展时期，即“卫满朝鲜”。而这一发展更应归功于移民的贡献。“卫满朝鲜”国的开创者卫满，原为燕国人，关于他创建新一代朝鲜国的经过，《史记·朝鲜列传》有生动而真实的描述：

> （卫）满亡命，聚党千余人，魋结蛮服而东走出塞，渡浿水，居秦故空地上下鄣，稍役属真番、朝鲜蛮夷及故燕、齐亡命者王之，都王险（今朝鲜平壤市）。

显然，卫满建国所依赖的核心力量就是其“（旧）党千余人”，国中百姓除原有居民外，还有不少原来燕国与齐国逃亡之人，可见，移民在卫满朝鲜建立过程中起到了不可忽视的作用。在汉朝初年，中原王朝国力虚弱，无暇顾及边远地区，卫满乘机吞并周边小国，朝鲜国由此势力鼎盛一时。“以故，（卫）满得兵威财物侵降其旁小邑，真番、临屯皆来服属，方数千里。”①

汉武帝时期，中原王朝与朝鲜王朝兵戎相见，这场战争的由来同样与移民有关，即“所诱汉亡人滋多”。战争的结果是朝鲜归降，汉朝在其国内设置了真番、临屯、乐浪、玄菟四郡。鸭绿江南北又统一于一个政权之下。班固《地理志》所记正是此时的情形。大量的汉族移民的加入必然使朝鲜半岛的文化风俗染上浓重的中原风味。但这种传播与影响绝不是一朝一夕所完成的，也不是任何一个人可以独任其功。

与今天某些朝鲜学者的观点不同，我们可以发现古代朝鲜士民早已肯定了“箕子朝鲜”的历史贡献。这同样是源于对文化发展的认同，并不是仅仅因为古朝鲜人没有自己的文献记载。如《高丽史》载礼部奏称：“我国教化礼仪，自箕子始，而不载祀典，乞求其坟茔，立祠以祭。”这一请求得到了高丽国王的恩准。据金石资料记载，箕子墓、箕子宫等文化遗址就在今天平壤市附近。②中国古籍也证实了高丽国内“其俗多淫祠，事灵星可汗、箕子等神。”③箕子崇拜现象的出现不是偶然的，证明古代朝鲜人在追述自己文明发展史时，同时将注意力集中于箕子身上。这与徐福故事在日本发生反馈有惊人的相似之处。至此，“箕子”就不仅仅是一位重要的历史人物，而一跃成为在文化传播上做出贡献的大英雄，其背后则是无数高素质的汉族移民。没有这些汉族移民的默默奉献，“箕子朝鲜”问题也就成为漫无凭据的“空穴来风”。

与“箕子朝鲜”相比，渤海国归属问题更加复杂。最晚至十八世

---

①《史记》卷一一五《朝鲜列传》，第2985页。

②刘永智著：《再论箕子朝鲜不容轻易否定》，第138页引文。

③〔宋〕王溥撰：《五代会要》卷三十《高丽》，上海古籍出版社，1978年，第469—470页。

纪后期，一些朝鲜学者已公开将渤海国作为朝鲜历史的重要组成部分，将一时并存的渤海与新罗合称为“南北国”，并视之为朝鲜历史上一个南北分治的时代。现代朝鲜学者几乎将此视为不刊之论，甚至写进了诸如《朝鲜通史》等官方教科书。①很明显，朝鲜及韩国学者在这一问题的讨论中过多地掺入了民族情感，如云：“渤海是朝鲜人在政治和文化上统治满洲的最后一个国家，渤海在朝鲜人民历史中的地位被认为就在于此。”②但学术研究的价值在于忠实于事实真相，学术问题的评判标准更在于公允与公正。只要我们较全面地考察一下渤海国兴衰史，便会发现所谓“南北国时代论”实在让人难以信服。

首先，渤海国是由靺鞨人创立的，其国内主要民族也是靺鞨人。靺鞨人是长期生活于中国东北地区的古老民族，粟末靺鞨是位置最靠近朝鲜半岛的一支，而渤海国的创立者大祚荣就是粟末靺鞨人。关于渤海国的创立，《新唐书·渤海传》载：

> 渤海，本粟末靺鞨附高丽者，姓大氏。高丽灭，率众保挹娄之东牟山（在今吉林敦化市东北），地直营州东二千里，南比新罗，以泥河（今龙兴江）为境，东穷海，西契丹，筑城郭以居，高丽逋残稍归之。

南北朝至隋唐时期，朝鲜半岛上高丽王朝兴盛，其疆域甚至一直扩展至中国东北，居住于营州（治今辽宁朝阳市）一带的靺鞨人也被高丽人所征服，依附于高丽，故又被称为“高丽别种”。隋、唐二朝都与高丽之间爆发了旷日持久的战争。在双方付出惨重代价之后，到

①王健群：《“南北国时代论”纠谬》，《中朝边界研究文集》，第376—387页。
②（韩国）李基白著：《韩国史新论》，国际文化出版社，1994年，第97页。

668年，高丽王国灭亡，大批高丽臣民被强制内迁，也集中于营州一带。这些原来高丽国的臣民正是日后渤海国建立的基础力量。唐圣历元年（698年），乘东北局势动荡，契丹等少数民族纷纷对抗唐朝统治之时，大祚荣于今天的吉林省敦化县敖东城自立为震国王。后来，唐朝政府册封大祚荣为渤海郡王，以其所统为忽汗州，授其为忽汗州都督。这使渤海国的性质趋于复杂化，它既是一个相对独立的少数民族政权，又是唐王朝属下的羁縻府。大祚荣为首的渤海国统治者采取务实的外交政策，与唐朝建立起良好的关系，表面看起来，其附庸性质是相当明显的，而实际上，唐朝对其内部事务并不干涉，渤海的独立特征也是不容置疑的，号称“海东盛国”。关于渤海国内民族的构成，日本学者菅原道真《类聚国史》称：“其国延袤二千里，无州县馆驿，处处有村里，皆靺鞨部落。其百姓者，靺鞨多，土人少。”[①]可见，就民族归属而论，渤海国无疑是以古代靺鞨人为主体的国家。

与其国内民族构成相一致，渤海国文化习俗的渊源及特征也相当明确。上层雅文化如典章制度等主要仿效汉族中原王朝模式，“大抵宪象中国制度”，汉化程度相当高。下层俗文化大致与高丽、契丹相同。如《旧唐书·渤海传》称：“风俗与高丽、契丹同。”据此可知，出于人口迁移造成的多民族混居的特点，当时中国东北与朝鲜岛北部地区的风俗具有极大的相似性。单从风俗特征自然无法确定其国家的归属。

其次，就疆域位置而言，渤海国的主体仍然在今天鸭绿江以北的中国境内。这在其政区组成中反映得最为明显。其“地有五京、十五府、六十二州”，如：

以肃慎故地为上京，曰龙泉府（治今黑龙江宁安市西南东京城）；

---

①金毓黻编：《渤海国志长编》（上编），第115页引文，《社会科学战线》杂志社刊本。

其南为中京，曰显德府（治今吉林敦化市）；

濊貊故地为东京，曰龙原府（治今吉林珲春市西南八连城）；

沃沮故地为南京，曰南海府（治今朝鲜咸兴道）；

高丽故地为西京，曰鸭渌府（治今吉林白山市鸭绿江南岸长城里）；

夫余故地为夫余府（治今吉林四平市）；

挹娄故地为定理府（治今俄罗斯苏昌）……

渤海国的疆域“地方五千里”，涉及今天中国、朝鲜及俄罗斯三国领土，但其主体仍在中国东北。如五京之中就大致有四京在中国境内，十五府中也只有一个半府（南海府与鸭渌府的一半面积）在今朝鲜境内。[①]这一大片疆域虽曾一度为高丽王朝所据，但从隋唐至明清，归属于中国历代封建王朝的时间更为漫长。况且在当时，渤海国所辖地域在名义上仍属唐朝的羁縻府州。我们不能因为大祚荣等靺鞨人曾为高丽王朝的臣民，渤海国中又有不少高丽遗民，就不分青红皂白地认定渤海国纯为古代朝鲜人建立的。

最后，辽天显元年（927年），渤海国为契丹人所攻灭，之后，大批渤海国遗民又归属辽、金等王朝统治之下。可以说，人口迁移贯穿渤海国兴衰史。渤海国灭亡后，臣民四散奔逃，契丹人、女真人先后将渤海国臣民进行大规模的内迁。民族大融合的运动在东北地区再度掀起。如契丹人对渤海国臣民实行的较大规模的内迁就有两次，分别迁往上京临潢府及辽东一带。此后，多数渤海国居民离开了原来的居住地。[②]另据洪皓《松漠纪闻》等书的记载：耶律阿保机攻灭渤海国

①渤海国疆域范围参见谭其骧主编：《中国历史地图集》第五册，地图出版社，1982年，第78—79页。

②王锺翰主编：《中国民族史》，中国社会科学出版社，1994年，第418—419页。

后，已“徙其名帐千余户于燕（今河北省北部），给以田畴，捐其赋入，往来贸易关市皆不征，有战则用为前驱。”证明渤海军事贵族已成为辽国重要的武装力量。辽朝末年，渤海遗族有匡复旧国之举，女真人进行军事镇压后，虑其人多难制，就以戍守的名义，将渤海人逐步南迁至山东一带。女真人原本就与渤海人同出于古靺鞨族，完颜阿骨打的先祖函普曾长期生活在高丽，故有“女直（真）、渤海本同一家”①的说法，具有民族融合的优势，再加上长期共同居住，渤海人与女真人逐步不分彼此，大批渤海遗族为金朝政治文化的发展做出了积极的贡献。

可以肯定，东北地区民族构成的复杂与迁徙的频繁，直接造成了渤海国国内民族与文化特征的复杂性。以今天中朝两国边界为限，渤海国属古代历史上典型的跨境国家。无论从内部的民族构成，还是其历史的演变，我们都无法将其与中国古代史割裂开来，虽然渤海国的兴衰也与朝鲜古代史密切相关，但它更应是中国边疆民族发展史不可或缺的组成部分。

---

①《金史》卷一《世纪》，第2页。

第二节 “三宝灵庙”遍南洋

——东南亚地区中国移民遭遇与“郑和崇拜”现象

“南洋”是传统文献中出现较晚的地理词汇，包括今天中国南海毗邻的东南亚诸国。随着海上交通与中外贸易的拓展，从宋元开始，已有不少中国人士谋求向南洋地区发展。明清时期，向南洋地区移民运动出现了前所未有的高潮。而南洋移民史是一部苦难史，无数华人在向海外开拓时付出了沉重的代价。当我们回顾这段历史时，不难发现，明清时期南洋移民潮其实与“郑和下西洋”存在着不容忽视的内在联系，而东南亚华侨对郑和的崇拜与其苦难的经历又有着极其密切的关系。

一、香火遥祭伟人功

——大航海家郑和与东南亚各国“郑和崇拜”现象

七度下邻邦，有名胜迹传异域；
三宝驾渡航，万国衣冠邦故都。
——（泰国）三宝公庙对联

郑和恐怕是中国历史上最受尊崇的太监之一，他的传奇经历与非凡业绩，在中国航海史及中外交流史上写下了永不磨灭的光辉篇章。

郑和为云南昆阳（今云南晋宁）人，本姓马，出身于一个信奉伊斯兰教的回族家庭。幼年时净身入宫，因小名三保，故人又称其为“三保太监”或“三宝太监”。成年后的郑和身材魁伟，仪表堂堂，机智有谋略，在宫中内侍中出类拔萃，更因在“靖难之役”中表现出色，为明成祖朱棣登上皇位立下了汗马功劳，深得宠任。永乐初年，奉命出使西洋。在当时人的地理观念中，环南海诸国以婆罗洲（今文莱）为中心，分为两大区域，以西部分为“西洋”，以东部分为“东洋”。郑和所经之地，涉“西洋”者较多，故习称“三宝太监下西洋”。

郑和率领庞大船队七下西洋，首先是中国航海史上伟大的奇迹与里程碑。如永乐三年（1405年）第一次出使西洋，所用船只达62艘，船长44丈，宽18丈，每船可容上千人，是当时世界上最大的远洋航船。除随队文员外，武装将士就达27800余人。郑和船队的航海设备如罗盘针、航海图等，也堪称当时世界一流。航队从苏州刘家河转经福建后远航，途经国家与地区涉及今越南、泰国、马来西亚、印度尼西亚、斯里兰卡等国，最远到达波斯湾、红海沿岸以及非洲东海岸、赤道以南。这也是世界航海史上的空前创举，比西方发现“新大陆”的哥伦布等人的航行早将近一个世纪，船队规模与航海技术也不可同日而语。远洋航行更需要非凡的胆识与应变才能。惊涛骇浪，暗礁险滩，都为远航设下了重重险阻。在这项前无古人的创举中，郑和等人显示出令人崇敬的惊人才干与奋斗精神，郑和本人因此被誉为“伟大的航海家”。

郑和七下西洋，不仅是中国造船技术与航海能力的展示，更是明朝国力与中华文化在南洋各国规模空前的巡回宣传，大大提高了中国在东南亚地区的声誉与影响。据记载，明成祖派遣船队远涉西洋，虽有意追觅传言中逃亡海外的建文帝行踪，但更有武力及文化征服海外诸国的雄心，即“耀兵异域，示中国富强”。因此，郑和船队携带有大量金币及瓷器、丝绸、锦绮、纱罗、麝香、铁器等中国特产。在航海途中，“以次遍历诸番国，宣天子诏，因给赐其君长，不服则以武摄之。”大大扩大了中国在海外的知名度。当时随行者之一的巩珍回忆道：

> 所至番邦二十八处，人物妍媸不同，居止洁秽等别，气候常如春夏，秋霜冬雪皆无。土产风俗各不相类。其（郑和船队）所赍恩颁谕赐之物，至则番王酋长相率拜迎，奉领而去。举国之人奔趋欣跃，不胜感戴。事竣，各具方物及异兽珍禽等件，遣使领赍，随宝舟赴京朝贡，是皆皇恩滂沛，德化溥敷，致远人之归服也。①

“下西洋”不仅是文化之旅，也是外交之旅、贸易之旅。西洋诸国因交通等因素，与中国以往各王朝没有建立较明确的外交关系。郑和在航行过程中显示出出色的外交才能，他充分尊重沿线各国的文化风俗，绝不以大国之势凌驾于人，从不轻易动用装备精良的随行将士，因而，赢得了沿线各国的尊敬和爱戴。不少国家君臣很快与明朝建立起融洽的外交关系，一些君臣甚至随同船队一齐返航。形成了“诸番使臣充斥于庭”的喜人景象，增进了中国与东南亚国家之间的了解与友谊。

“郑和七下西洋”作为中国航海史上辉煌的瞬间，值得后人永远地纪念。然而，最让我们感到惊奇的是，郑和在东南亚各国受到的尊崇远远超过国内人士对“三宝太监”的敬奉。直至今天，在东南亚各国，

① 《西洋番国志》序，齐鲁书社编印《四库全书存目丛书》，史部第255册。

有关郑和的遗迹及纪念他的祠庙遍布各个岛屿，形成了令人惊叹的“三宝崇拜”现象，犹如中国人士之崇奉关公（关羽）。这给前往东南亚诸国览胜的游客留下了深刻印象。如爪哇岛上有三宝垄（或为垅）、三宝港、三宝洞及三宝井、三宝墩等遗迹。如三宝洞在三宝垄，“洞前筑亭，陈列香案，亭上四周悬挂联额，目不暇接……亭后即石洞，供三宝太监郑和塑像，香烟缭绕。案下在井，水清而冽，名三保井。每逢朔望，华侨男女趋洞参拜者，络绎不绝。”又黄素封《南天乐园》称：“现在三宝垅的华侨，每年仍以旧历六月三十日为三保大人初到爪哇的纪念日。他们组织了迎神出巡的庆祝会，每到这时，必要举行一番热闹，锣鼓喧天，爆竹雷鸣，人山人海，云集景从，宛如国内抬城隍出巡一样。”

泰国人民对郑和的崇拜也丝毫不亚于中南半岛。“曼谷的三宝宫，每年迎神赛会，醵资演剧，举侨若狂，宛似和暹（罗，泰国古称）人的和尚出游争胜……不过，这十七世纪的遗迹，现在是没有了。现在三宝宫内供人参谒的，只有伟大无比的三宝公像——人立其肩，不摩其耳。”对此，现代学者许云樵指出：

> 华侨的信仰三宝公，的确较国内吃食店之敬关公，读书人之敬孔子，尤为热烈。他的位置，简直可以和基督教的耶稣，回教的穆罕默德相当，几成为一个宗教主了。所以在传说中，他是法力无边、万物所命的。①

显而易见，“郑和崇拜”形成乃至兴盛的最根本原因，在于东南亚

---

①郑一钧著：《论郑和下西洋》，海洋出版社，1985年，第482—487页引文。

地区大批华侨的存在，他们是“郑和崇拜”现象产生与发展的现实基础。在广大华侨心目中，郑和已由一位伟大航海家一跃而为一尊至高无上的保护神，“郑和崇拜”也就成为东南亚华侨社区的一大文化特色。东南亚地区广大华侨如此尊敬与崇拜郑和，无疑与他们在海外漂泊谋生的切实经历有关，因此，要想深切认识“郑和崇拜”现象产生的根源，就必须深入剖析东南亚地区华侨奋斗史。

二、血泪浸透“过番”路

——明清时期南洋地区屠戮华侨惨案述评

一部南洋华侨史，纯是极惨苦的人们自力奋斗耳！

——黄炎培

明清时期，福建、广东等地沿海居民将渡海出洋谋生称为“过番（同蕃）”，大批漂洋出海的华人被称为“过番仔”。关于向海外移民的主要动因，众多学者已做了深刻的分析。如沿海内部的政争、战乱、灾荒、海禁和外部的东西洋势力骚扰等引发的社会动荡等。[①]当然其中最值得注意的，还是沿海地区尖锐的人地矛盾。如蓝鼎元在《论南洋事宜书》指出：“闽广人稠地狭，田园不足于耕，望海谋生者十居五六”“游手无赖，亦为欲富所动，尽入番岛。”[②]

郑和七下西洋的意义是非常深远的，其意义与影响并不局限于其航海活动所产生的直接效果，其在推动中国向海外移民活动的意义尤其不可低估。“下西洋”也大大扩展了中国人的视野，随行人员如马

---

①杨国桢等著：《明清中国沿海社会与海外移民》，高等教育出版社，1997年，第27页。

②《鹿洲初集》卷三，《华工出国史料》第五辑，中华书局，1984年，第1页。

欢、费信、巩珍等纷纷将这不平凡的经历诉诸笔端，他们所留下的《瀛涯胜览》《星槎胜览》《西洋番国志》等著作，都成为今天我们研究中外交通史的珍贵文献。在这些著作中，我们可以看到在当时东南亚各地，已有一些中国人长期居住，只是零散而缺少规模，他们应是南洋华侨的先驱。如在爪哇国（今印度尼西亚爪哇岛），中国侨民已成为当地居民的重要组成部分，如社板“此地约千余家，中国广东及漳州人多逃居于此，以二头目为主。”新村“原为枯滩，因中国人逃来，遂名新村，至今村主广东人也，约千余家。”另外，就经济及政治地位而言，巩珍《西洋番国志》载：“其国人有三等。一等西番回回人，因作商贾流落于此，日用饮食清洁。一等唐人，皆中国广东及福建漳、泉州下海者逃居于此，日用食物亦洁净，皆投礼回回教门。一等土人……”又如马欢《瀛涯胜览》称：旧港“国人多是漳、泉州人逃居此地”。

郑和七下西洋，不仅打开了通往东南亚各国的航路，更提高了华人在当地人心目中的地位，非常有力地推动了中国沿海各地民众与这些国家的贸易发展，也掀起了向南洋地区的移民热潮。清代著名学者徐继畬曾指出：

> 惟中国之南洋，万岛环列，星罗棋布……明初遣太监郑和等航海招致之，来者益众……而闽、广之民，造舟涉海，趋之若鹜。或竟买田娶妇，留而不归者。吕宋、噶罗马诸岛，闽广流寓，殆不下数十万人。①

①《瀛寰志略》卷二《南洋各岛》，光绪刊本。

明末张燮在所著《东西洋考》中也多处提到东南亚各地的华侨状况。如吕宋（今菲律宾群岛）是中国侨民的主要聚集地之一，“华人既多诣吕宋，往往久住不归，名为压冬。聚居涧内为生活，渐至数万，间有削发长子孙者。”又如柬埔寨“国人交易，皆妇人能之，所以唐人到彼，必先纳妇，兼利其能买卖故也。”“土人见唐人，颇加敬畏，呼之为佛，见则伏地顶礼。近亦有欺负唐人，由去人之多故也。”大泥“华人流寓甚多，趾相踵也。”然而，自16世纪开始，中国沿海向南洋群岛的移民史却演化成一部充满血泪与艰辛的历史，大批奔往海外谋生的中国移民不仅被西方殖民者视为危险的竞争仇敌，而且被当地土著看成财富的掠夺者，因而长期惨遭歧视与迫害。现代学者李长傅先生曾指出：

> 当郑和威震南洋之日，正欧人世界发现开幕之时。三保大人造战舰宣威海外，而葡萄牙王子亨利奖励航海寻觅新地。惟我故步自封，继起无人，而欧人则著著进展，不百年，西力东侵达于南洋，而华侨史上遂大起变化矣。[①]

就在郑和下西洋之后的百余年间，正值西方世界所谓“地理大发现”时代，葡萄牙、西班牙与荷兰等国则早早走上了向海外殖民之路。如早在16世纪初叶，西班牙人已踏上菲律宾的土地。早期殖民者很快发现华人在当地社会经济生活中的重要地位，于是他们就将华侨的存在作为自己控制殖民地的最大敌人。而这场残酷竞争中，与西方殖民者相比，华侨虽然在数量上超过对手，却处于明显的劣势。在这里，

①《南洋华侨史》，上海书店《民国丛书》第三编第22册，第8页。

我们有必要仔细分析一下海外移民在中国封建社会中所遇到的阻力与危险。这类阻力与危险并不是来自艰难的漂洋生活，而是来自中国封建社会本身。

首先，中国传统思想观念历来强调思恋故土，安土重迁。有关这类内容的格言、警语相当多，如“胡马依北风，越鸟巢南枝”“宁念故国一捻土，勿恋他乡万两金”“父母在，不远游，游必有方”等。故土为宗族、父母、家族坟井的所在，离开故土就意味着放弃对这一切的责任。这种无比沉重的心理压力在每一位海外移民心中都会产生难以割舍的负担与愧疚，伴随着他们漂泊生活历程。正是在这种心理压力上，海外华侨大都有“树高千丈，叶落归根”的愿望，渴望在自己摆脱生活困境及事业成功后，重新回到故国的土地上。这本无可厚非，我们不能强求每一位海外移民都完全忘却自己的祖国。问题在于，这种沉重的心理压力，往往使绝大多数华侨不能将海外居留地作为自己的安身立命之处，总有寄人篱下之隔膜感，将争取经济利益作为唯一的追求，放弃了许多应该享有的权利，其中最重要便是在居留地的政治权利。

其次，自古以来，中国封建官府对于海外移民均采取鄙视、反对以及禁止的态度。封建帝王愚蠢地认为自己是“天朝上国”的至尊统治者，“中国”之外都是不值一提的“蛮国番邦”。“郑和七下西洋”就是为了炫耀天朝大国的富强，以便让海外番邦归服天朝。因此，封建帝王们对那些逃往海外谋生的“天朝”子民“背弃祖宗”的行径根本无法理解，甚至无比愤怒、仇视。明清两朝都在法律条文中明确规定禁止平民私自出海，尤以清朝最为严厉。如《大清律例》第二百二十五条云：“一切官员及军民人等，如有私自出海经商，或移住外洋海岛者，应照交通反叛律处斩立决。”这是何等残酷的严刑峻法！按照此类律令，每一位自行出海的侨民都是反叛国家的罪人，时刻都有坐牢掉脑袋的危险！这种“海禁”政策的出笼，不仅为渴望出海谋生的人们筑起了可怕的壁垒，还为每一位海外谋生的华侨设下了一道永难回头的深渊。更为恶劣的是，海外华侨失去了一切政权的保护，当他们的生命财产遭受外来侵害时，中国的封建官府甚至幸灾乐祸地“作壁上观”。

相比之下，西方殖民者不仅有其本国政府强有力的支持，而且带有征服领土的强烈要求。西方殖民者在踏上一块新陆地后的首要步骤，就是宣布该块土地属于其母国所有。这些西方殖民者往往是拥有先进的武装。因此，尽管起步晚，人数不多，但西方殖民者在很短的时间里就在印支群岛上建立起拥有主权的殖民地，并将攻击矛头直指当地华侨。一方是气势汹汹地有备而来，一方是无可奈何的退缩招架；一方是具有武装的集团力量，一方是手无寸铁的一盘散沙。在西方殖民者与华侨的对抗中，当地土著居民往往又站在西方殖民者一方。在这种状况下，悲剧不可避免地发生了。早在明朝末年，在印支群岛上就发生了多起屠戮华侨的大惨案，被屠杀华侨的人数相当惊人。每一次大惨案无疑都是华侨史上的一次重大挫折。

第一次大惨案的起因是这样的：明朝末年的几位皇帝都以好敛财著称，万历皇帝朱翊钧就是其中之一。尽管矿税监使横行天下，搜刮民财，搞得天下民不聊生，但依然无法填平国库虚竭的“大窟窿”。故而有奸猾之徒纷纷上言，献生财之策。如万历三十年（1602年），有张嶷、阎应龙二人向明朝官府上书，宣称吕宋岛上有一座神奇的机易山，山上树木长满金豆，取之不尽。如派人前去采摘，一年可得黄金十万两、白银三十万两。酷嗜黄金的万历皇帝闻听这个消息，真是喜出望外，不顾其他大臣的劝阻，马上督促福建地方官员遣使前往吕宋岛勘验真假。当时西班牙人已全面控制吕宋群岛，闻听明朝使者前来，大为震惊，以为明朝官府有意与其争夺吕宋。于是全面戒备，直截了当地回绝了明朝使者的探询，声明；“此处矿山各自有主，岂得随意开采。中国也有矿山，能容忍外国人前去开采吗?”并嘲笑道：“你们说这里树上自生金豆，不知你们指的是什么树啊?”随使前去的张嶷竟反驳说：“这里遍地都是黄金，何必问什么树上生金豆呢?”引得在场的所有人哄堂大笑。明朝使者理屈词穷，只好灰溜溜地离开吕宋。

明朝君臣根本不会想到，这场愚昧可笑的外交事件会给吕宋岛上的华侨带来多么可怕的灾难。明朝末年，国内政治日趋腐败，此起彼伏的农民暴动，引发了极其严重的社会动荡，大有“山雨欲来风满楼”的危机态势，让不少人士对明朝前途完全丧失了信心，因而，沿海居民移居海外以避祸乱者大有人在，出现了向东南亚群岛移民的高峰。据记载，当时寓居于吕宋群岛上的华人达3万人之多，而驻守在当地的西班牙殖民者仅有800人。数量对比相当悬殊。本来西班牙人对华人就大有戒心，但吕宋各地的物资供给，在很大程度上依赖华商的贸易活动，西班牙人一时也无法找到攻击的借口，这才彼此相安无事。然而就在这次明朝使者贸然来访后，事态发生了重大变化。西班牙人确信明朝官府有图占吕宋群岛之意，一旦卷土重来，岛上众多华人必然成为明朝官军的内应，那么，西班牙人的末日就会到来，极有可能全军覆没，被彻底赶出东南亚地区。要想彻底摆脱这种潜在的危机，只有尽可能地削弱华侨的势力。

正巧，西班牙人探知岛上一位名叫英乾的华商，极有威望，曾经是大海盗林道乾的部下，在岛上为自己建造了一所石砌房屋，成为岛上华人聚会之地。于是西班牙人毫不犹豫地着手准备一场大屠杀，时为万历三十一年（1603年）。殖民地首领先是谎称作战事准备，高价收买铁器，华人不知底细，以致受骗上当，大多数家庭铁器皆空，刀、剑等防身兵器更是全部卖光。西班牙人在一切准备就绪后，就大开杀戒，声言全岛华人预谋叛乱，遇见华人就杀。可怜大批华侨惊慌失措，四散奔逃，怎奈手无寸铁，毫无防备，纷纷惨死在刀剑之下。吕宋岛上的土著居民也加入了这场疯狂的屠戮。屠戮过后，只有数千华人幸免于难，被惨杀的华人达25000人之多（一说3万余人）！

这无疑是西方殖民者在亚洲犯下的一桩滔天罪行，无辜的华侨成为其维护殖民地利益的牺牲品。惨祸发生后，西班牙殖民首领也害怕明朝官府的追究，更担心中方由此断绝对吕宋群岛的贸易活动。为此，他们一方面致函福建地方官，宣称华侨谋叛，西班牙人不得已而进行镇压，另一方面派人到福建各地探听消息，观察沿海对此场事变的反应。让殖民者感到庆幸的是，一些地方官员对此事件似乎毫不在意，无动于衷。福建前往吕宋群岛的商船于第二年照样开行，贸易活动一切照常，当时居民的物资供给没有受到丝毫的影响。

但是，血的事实是无法被轻易抹去的，一些侥幸逃生的侨民向内地同胞哭诉了大屠杀的惨剧，顿时舆论大哗，沿海各地居民群情激愤，怒不可遏。一些有正义感的官员向万历皇帝奏报了这一惨剧的真相，25000条华人的生命无端惨遭杀害，这种惨无人道的暴行当然也让这位万乘之尊感到很大的不舒服，不过，这种不舒服很快就烟消雾散了。在这件外交事件的处理上，万历君臣的卑鄙嘴脸及孱弱本质可谓暴露无遗。对这桩惨案，万历皇帝先是表示无可奈何，根本无法依据王朝法律处置此事。在大臣们的多次请求下，万历皇帝才最终发表了他对此事的处理意见。首先，他对这桩惨案深表震惊，对受害的华商颇为惋惜，但对西班牙人却不能采取任何报复行动，原因有三条：第一，干系腊（即西班牙别译）一向为中国交好之国；第二，如派军征讨，未必能够取胜；第三，所杀华人，多属内地无赖之徒，久已背弃乡土，对我国也无任何益处。基于上述三点，屠杀华人一事也不要看得太重。万历皇帝敕命大臣向西班牙人传信，宣称中国皇帝宽容大度，对这次屠杀华人的事件，绝不会兴师问罪，只是将妄言生衅的张嶷处死，传首海外。信中还夸奖西班牙人聪慧能干，不要担心明朝追究这桩惨案的凶手。而且公开声明在吕宋境内的华人大多为不良之辈，西班牙人不必对他们太客气。只要将那些想要返回中国的华人财产交还，贸易活动可照常进行云云。[①]我们猜想，当西班牙殖民者收到这封官方信函时，恐怕会大惊失色，这些双手沾满华人鲜血的刽子手做梦也没想到，原来一场尸横遍野的惨案竟轻易地被这一纸空文了结了。在这位中国皇帝的眼里，数万条华人生命连猪狗都不如，他比西班牙人更讨厌那些旅居海外的华人。惨案的责任竟莫明其妙地转嫁到那位妄言的中国人身上，西班牙人不仅没有丝毫责任，而且从中国皇帝那里得到了任意虐待华侨的权力，真称得上闻所未闻，匪夷所思！

另外一起震惊中外的大惨案发生在荷属殖民地——爪哇岛上。十七世纪初，为了争夺东南亚香料市场，荷兰商人组建东印度公司，在荷兰军人的护卫下，强行攻占爪哇岛，建立多处殖民据点。荷兰殖民者在占领雅加达（今印度尼西亚首都雅加达）后，改名为巴达维亚。早于这些殖民者数百年，华人已开始移居爪哇岛，并成为当地经济生活中必不可少的重要支柱。荷兰殖民者也充分意识到华人的重要作用，为刺激当地经济的开发，在相当长的一段时间里，荷兰殖民者甚至用强迫及诱拐的手段，从中国东南沿海各地强迁华人来爪哇充当劳动力。然而，当巴达维亚城内华人的数量急剧增多后，荷兰殖民者与华人之

①张维华著：《明史欧洲四国传注释》，上海古籍出版社，1982年，第79—81页引文。

间的矛盾也急剧升温，其主要原因便是荷兰殖民者巧立名目，残酷盘剥与虐待华人，种种苛捐杂税，让华人不堪重负，怨声载道。再加上荷兰殖民者企图用严酷的刑法迫使华人顺从，结果导致双方矛盾逐渐升级，至1740年终于爆发“巴城惨案”。

1740年，荷兰殖民者决定强迁一部分巴达维亚城的华人前往锡兰岛（今斯里兰卡）开荒，以削弱当地华人的势力，于是，他们以检查居住证为由，逮捕大批华人，秘密用船只押往锡兰。途中，荷兰殖民者百般虐待华人，稍有反抗即投之于大海喂鱼。全体华人在不堪凌辱的情况下，举行暴动，结果多数被杀，只有少数人跳海逃生，回到巴达维亚，向同胞哭诉悲惨的遭遇。这件事立即在华侨居住区引起哗变，久受欺压的华人再也无法按捺激愤的情绪，决心向荷兰人讨还血债，约期举行暴动。这些无畏的华人竟然在荷兰人全面戒备的状况下，单凭简陋的武器勇敢地向荷兰人的炮台发起猛扑，完全用自己的血肉来抵挡荷兰人无情的炮火。这种“蛮勇”的行动只能换来血的代价，进攻的华人大多倒在了血泊之中。

华人的反抗引得荷兰殖民者兽性大发，第二天，荷兰军队开进巴达维亚城，荷兰总督下令将华人无论老幼全部杀光。一场骇人听闻的屠城惨剧开始了。

> 此令一下，数小时之内，而残暴凶悍之荷兵，由舟登陆，荷枪实弹，见有华人，即肆杀戮，狼奔豕突，破门撞壁，沿宅搜索。斯时，巴城之内，只见火光烛天，哭声遍野，死尸狼藉，肝脑涂地，与荷兵之兽威孔奋，张牙舞爪，吞噬此无辜之华人而已……据荷人自己之计算，死者约在一万以上，可见其实数尚不止此

也。[①]

在这场屠城惨剧中，全副武装的荷兰士兵残忍地屠戮手无寸铁的无辜华人，犯下了又一桩震惊世界的无耻罪行，死难华人身体中流出的殷殷鲜血，染红了巴达维亚城内的每一寸土地，染红了城外涓涓流淌的河水。后来，旅居华侨都称城外河流为“红河（或红溪）”，这场惨案又被称为“红河惨案”。

殖民者的暴行不但没有吓倒勇敢的华侨，反而引发了他们对殖民者更大的仇恨与怒火。爪哇岛上的各处华人纷纷揭竿而起，投入到抗击殖民者的队伍之中，“巴城惨案”引发了全岛范围反对殖民者的大起义。华人与当地土著居民联合起来，给荷兰殖民者以沉重的打击。这场大起义后来虽然被镇压下去，不过广大华侨英勇无畏，反抗压迫的斗争精神永远值得后人的尊敬与缅怀。

这里，我们又不得不关注一下中国封建统治者的态度。1740年正是清乾隆五年，惨案消息传入国内，在福建省官员的动议下，清廷各部大员曾专就惨案的对策展开讨论。有些官员认为荷兰人如此猖獗，虐杀华人，清朝方面总要有所反应，应停止与南洋群岛的贸易，以示惩戒。另一些官员则认为如果荷兰人有意改过自新，就不应该追究下去，这样才能显示中国皇帝的“宽怀大度”的气量。后一种意见最终被乾隆皇帝采纳，讨论也就此结束了。但令人气愤的是，在这场讨论中，所有清廷官员都异口同声地认为大批华侨被无辜杀害是“咎由自取”。连颇感义愤的策楞等人也承认：“被害汉人久居番地，屡邀宽宥之恩，而自弃王化，按之国法，皆干严谴。今被其戕杀多人，事属可

①温飞雄撰：《南洋华侨通史》，第98页引文。

伤，实则孽由自作。”荷兰政府在惨案发生后，也颇为担心清朝官府的报复，第二年特派使者参谒乾隆皇帝，极为谦卑地为自己的罪行开脱，没想到乾隆皇帝的反应十分平静洒脱，满不在乎地发话道：“莠民不惜背弃祖宗庐墓，出洋谋利，朝廷概不闻问。”①

乾隆皇帝与明朝万历皇帝对待华侨惨案的态度如出一辙，何其相似，从中我们也可以发现海外华侨备受欺凌与虐待的真正原因。众所周知，封建王朝实行闭关锁国的对外政策，是导致中国发展停顿及与近代资本主义发展隔绝的主要因素，但这仅仅是事情的一个方面。更应该看到，广大中国民众并不是一味地畏懦保守，他们为了追求生存的权利，勇敢地冲破封锁，涉足海外，从事贸易及生产活动，取得了了不起的成就，南洋地区华侨数百年的奋斗史充分证明了这一点。然而，他们的奋斗却遭到西方殖民者的残酷遏制，聪慧的头脑、勤劳的双手以及坚忍顽强的精神都无法保住华侨的奋斗成果，因为他们根本不可能清楚地了解到自己所处的残酷的国际竞争环境。西方殖民者一方面利用广大华人为其殖民地服务，另一方面无情地剥夺他们的政治权利与经济利益。当他们发现华人有可能威胁到他们在殖民地的地位时，就毫不留情地进行杀戮。在这种状况下，广大华侨只能处于被利用、被剥夺、被杀戮的可悲地位，成为殖民主义发展道路上的铺路石与牺牲品。1583年，生活在吕宋岛上的一位西班牙传教士在向国王的报告书中充分暴露了殖民主义者的真实心态，他写到：

与中国生意人的商业往还一向被认为是极端重要的，不仅因为他们在向该城（马尼拉）供应粮食与维持对外关系上有其价值，

①李长傅撰：《南洋华侨史》，第31页引文。

> 而且也是因为他们可以使我们对将来怀着希望。换言之，通过他们，我们甚至可以在那庞大的国度（中国）中获得立足点，这是我们所最盼望的、凌驾一切的目标。[①]

对广大华人的海外开拓活动，中国封建官府不仅不予以支持，甚至通过立法千方百计地阻挠，甚至在多次大惨案发生后，采取置之不理的冷酷态度，充分反映出其腐朽反动的本质。明清时期南洋地区屠戮华侨惨案的背后，其实是西方殖民主义与东方封建专制主义的交锋，是新兴资本主义发展对腐朽的东方封建社会的冲击。广大华侨的悲剧也正是日趋没落的东方专制主义走向灭亡的征兆，庞大的中国才是殖民主义者侵略的最终目标。了解数百年间南洋华侨的悲惨遭遇，对深入了解中国屈辱的近代史无疑有着重要的启示作用。苦难深重的广大华侨多么希望有一位救世主来帮助他们脱离苦海，于是乎，在中外航海史上及东南亚地区显赫一时的郑和就成为他们顶礼膜拜的偶像了。

---

①（英国）巴素著，郭湘章译《东南亚之华侨》，台北“国立”编译馆，1966年，第875页。

第三节 “猪仔出洋”与“唐人街”

——近代苦力贸易与海外华人社区状况

在中国向海外移民史上，还有一类数量惊人的移民，非但不是勇气与魄力的象征，而是深深镌刻着中华民族的痛楚与耻辱，这就是所谓“猪仔出洋”，又称为“苦力贸易”。这种移民的产生基于海外各地对廉价劳动力的强烈需求，外国人贩子与内地恶霸相勾结，通过欺骗、强迫等手段，将大批穷苦中国平民运输出国，在异常艰苦的环境中耗尽体力，终老一生，永无回乡的希望。这类特殊移民对高层次的文化的传播起到的作用是有限的，但他们在海外聚居生活，也形成了具有中国文化氛围的社区，通常称为“唐人街”。

一、“浮动地狱”之旅

——“猪仔出洋”的苦难记录

> 没有奴隶就没有棉花。没有棉花，现代工业就不可想象。奴隶制使殖民地具有价值。殖民地产生了世界贸易……
>
> ——（德国）卡尔·马克思

“猪仔”是东南沿海平民对近代史上“苦力”的俗称。“苦力”一词，源于印度泰米尔语，意为雇佣者，英文为Coolie或Cooly，近代贸易史上专指从印度、中国等地雇佣的劳工。“苦力”在西方文献记录中的正式名称为“契约劳工”。在这一貌似文雅的名称中，我们根本看不出其与“猪仔”之间的内在联系。然而，当我们翻阅血渍斑斑的史册时，就会清楚地发现，“苦力贸易”之所以被称为“猪仔出洋”，因为它实质上是一种比黑奴贸易更黑暗更可怕的人口贩卖。

西方殖民地上华人“猪仔”的出现，应上溯至十七世纪初荷属殖民地盛行的“盗人制度”。明朝末年，荷兰人在东南亚各岛屿建立起拥有主权的殖民地。但是，殖民者很快便发现，单凭岛屿上土著居民来维持其殖民地的经济发展，几乎是不可能的。于是，荷兰人便把注意力集中到中国东南沿海的华人身上，这些殖民者竟不惜用海盗掠人的手段，武力劫夺中国沿海居民，将其贩卖到东印度群岛为奴隶，在种植园与农场中从事劳作。荷属殖民地总督库恩曾于1623年的一封信函中指示道：

> 巴达维亚、摩鹿加、安班澜、万达需人甚多……世界中无如华人更适我用者……贸易既不能以友谊得，现在风候正好，可即遣战船往中国口岸，尽量捕其男女幼童以归……特须注意，多捕华人，妇人、幼童更好，归以填充巴达维亚、安班澜、万达等地……①

当时，南洋群岛上的土著城邦实行奴隶制度，这些被掳掠的华人丧失人身自由，很自然地沦入社会的最底层，在毫无报酬的情况下，被迫从事繁重的体力工作。由于史料的极度缺乏，我们难以了解这些

①温飞雄撰：《南洋华侨通史》，商务印书馆，1929年，第159页引文。

早期猪仔的生活状况。据学者分析，与十九世纪以后的状况相比较，早期奴隶被收买之后，主要为贵族家庭及私人种植园服务，“居则采樵出汲治爨，行则执鞭弭司牧圉以相从。”当然，奴隶也是殖民者开拓荒地中的主要劳动者，在监工们的严格监督下，从事种植业生产。①

十九世纪是中华民族苦难屈辱的一百年，也是苦力贸易全面兴起、发展的时段。腐朽的清朝政府在两次鸦片战争惨败后，签订了丧权辱国的条约，中国门户大开，为苦力贸易在各开放口岸的兴起创造了必要的条件。同时，世界范围的黑奴贸易走过二三百年的罪恶历程后，已到了穷途末路，非洲大陆在丧失数亿人口之后，劳动力资源已濒于枯竭，非洲本土的开发也需要大量劳动力补充。另外，长距离的运输费用与高死亡率已使黑奴贸易无利可图，再加上正义人士的呼吁与反对、黑奴的反抗等因素，到十九世纪前期，英、法等国家开始陆续废除奴隶制。但是，十九世纪又是世界资本主义经济飞速发展的时期，美国加利福尼亚及澳大利亚等地先后发现金矿，南美洲及东南亚各地大种植园的出现，都需要大量廉价的劳动力，印度与中国的契约劳工就成为代替黑奴的最好劳动力资源，苦力贸易兴盛一时，其根源也在于此。②1872年，一名叫凯利的美国记者通过亲身调查后，深切意识到苦力贸易的惊人利润，正是这惊人暴利迫使众多资本家与投机商对苦力贸易趋之若鹜，不择手段。他一针见血地指出：

> 劳动力的需求如此之大，种植园的资本家都愿意花500元的代价，买下一名能使用八年的中国佬。这种贩运的利润很容易计

① 《南洋华侨通史》，第160页。

② 彭加礼：《十九世纪西方侵略者对中国劳工的掳掠》，《华工出国史料》第四辑，中华书局，1981年，第176页。

> 算。我到苦力船上看过，送到市场上去的900名活人，对于苦力进口商来说，就等于45万元的财富，而他们原来花费的成本，总共不到5万元，运到古巴便可得到40万元。即使在非洲奴隶贸易的极盛时期也从来没有实现过这样惊人的利润。[①]

与贩卖黑奴相比，苦力贸易多了一块伪善的“遮羞布”，这就是一纸契约，这似乎表明劳工均出于自愿，与丧失人身自由的黑奴不同。但这张薄薄的“遮羞布”根本无法遮盖事实的真相，在一个对外懦弱无能，对内残忍横暴的专制政府统治下，普通百姓的基本权益都无法保障，更何况在飞扬跋扈的外国人直接插手的贸易活动中，要想从一张薄纸上获得法治与人权的保障，不啻痴人说梦。稍做分析，我们可以发现，每一张契约的出笼，不知包含了多少欺诈与强暴、多少屈辱与辛酸。必须着重指出的是，中国沿海无法无天的流氓无赖、海盗恶棍在罪恶的苦力贸易中扮演着极其卑劣的角色，他们为虎作伥，助纣为虐，成为外国奸商得力的帮凶与爪牙。于是，每一张契约的背后，不是口蜜腹剑的欺骗利诱，就是无休无止的残酷折磨。

以广州为例，我们可以清楚地发现中外恶势力的勾结。广州巡抚耆龄在上奏中曾指出：“夷人在粤东利诱内地匪徒，拐骗人口出洋，名为买猪仔，由来已久，自咸丰七年（1857年）夷人入城，此风更盛。”[②]内地恶棍在拐骗人口方面可谓挖空心思，坏事做尽。坑人手段五花八门，他们要么花言巧语，骗人上钩，如不奏效，则不惜用下药、打闷棍等卑劣手法强迫绑架。无辜平民一旦落入匪手，就凶多吉少。稍有违抗，便惨遭毒打虐待。拐来的猪仔正是在这些匪徒皮鞭的胁迫

①彭家礼：《十九世纪西方侵略者对中国劳工的掳掠》，第197页引文。

②《华工出国史料》第四辑，第186页引文。

下，在卖身契上签字画押，成为“自愿的”劳工，驱赶上前往各殖民地的船只。一时间，广州城内竟形成人人自危的恐怖局面，人们甚至在大白天也不敢单独在大街上行走。有识之士指出：拐匪如此猖獗的根源在于外国奸商的纵容与撑腰。“拐匪如此胆敢犯法，拐骗人口，实缘有外国囮船作为后路，有恃而无恐。在外国囮船未停泊黄埔之前，从未闻有拐骗猪仔之事。”①由此可见，“猪仔出洋”无疑是近代史上外国列强变相压迫中国普通民众的一种特有的畸形现象。连英国人自己也承认：“如果不是英、法以武力在中国夺得立足据点，苦力贸易本来就无从发生……作为英国人，对这种不断为人类文明抹黑的苦力贸易，应当承担应有的责任。”②

当时东南沿海最著名的猪仔转运地要数葡萄牙殖民者占领的澳门。十八世纪五十年代到七十年代，是“猪仔贸易”最为猖獗的时期，而正是在这一时期，澳门猪仔馆是沿海最集中、最繁忙的中转站，这一时期绝大部分运往美洲古巴、秘鲁等地的苦力都是从澳门启程的。澳门猪仔馆臭名昭著的另一个重要原因就是其虐待“苦力”的极端残酷性。抓来的青壮年大都是在惨刑的威胁折磨下，万般无奈地在卖身契上签字画押。不少苦力实在无法忍受折磨，甚至在签字前就寻短见自尽了。因此，学者悲愤地指出：“澳门的确是苦力掳掠的罪恶渊薮”。“恶名昭著的澳门猪仔馆是收买、囚禁和转卖苦力的集中营，是苦力惨遭迫害的活地狱。”③

其实，抓入猪仔馆，在卖身契上签字画押，不过是苦力们“地狱

①彭家礼：《十九世纪西方侵略者对中国劳工的掳掠》，第186页引文。

②《华工出国史料》第四辑，第193页引文。

③彭家礼：《19世纪西方侵略者对中国劳工的掳掠》，《华工出国史料》第四辑，第188页。

之旅”的开始，摆在他们面前的还有一道道难以挨过的“鬼门关”，其中最残酷的煎熬莫过于漫长而痛苦的海上航行了。从澳门或香港出发，到美洲大陆，在当时航运条件下，乘船至少要走两三个月，吨位较高的运输船甚至需要四五个月。这段颇费时日的海上航行是苦力贸易过程中必不可少的核心部分，苦力贸易的野蛮本质也在这段航程中淋漓尽致地表现出来。首先，投机商为降低成本，尽可能地在每条船上多载苦力，因而每一条运输船都严重超载，如一条只能装450人的船，却硬塞上700名苦力。一条只有300吨位的船只却谎称有900吨，唯一目的在于逃避检查与多载苦力。这种丧心病狂的超载无疑大大增加了苦力的航行痛苦与船只翻覆的危险性。在这种运输船上，真正体现了投机商把人当作“猪猡”的残酷居心。在狭小的船舱里，不论白天还是黑夜，苦力们只能肩并肩，背靠背地紧挨在一起，没有一丝儿自由活动的空间。就是在这种牢笼般的压迫窒息状态下，苦力需要熬过数个月的时间。其次，同样是为了降低成本，投机商尽可能地减少对苦力们的食物与水的供应，因为严重超载，船只上有限的空间已根本无法装载足够的食物与饮水，船主们只有通过拼命削减对苦力的供给，才能勉强维持整个航程。一旦海上出现异常情况，淡水缺乏，苦力们往往数日无水入口，渴死者比比皆是。少得可怜的食物又大多在长途航行中腐败变质。再次，非人的虐待必然引发苦力们的强烈怒火和反抗，投机商们便用残酷的高压手段来迫使苦力们就范。为此，每一条苦力运输船上都配有荷枪实弹的船员，稍有反抗，船主就棍棒交加，直至将苦力活活打死或枪杀。总之，上述种种因素都决定了苦力贩运的最大特征，即惊人的高死亡率。“其载运出洋也，数百人闭置一舱，昏闷而死者已三分之一，抵埠以后，饥饿鞭棰而死者又三分之一，仅延残喘不及一成。”[①]也就是说，能够最后存活下“猪仔”只有原来总数的10%。

不言而喻，漫漫的海上航程成了苦力们的层层炼狱，许多苦力最终成为种种压迫、种种折磨的牺牲品，在踏上殖民地之前便早早走上了黄泉之路。因此，人们都感慨地称贩运苦力的海上航船为“浮动地狱”，苦力海上航程的残酷性，甚至远远超过当年贩运黑奴的“大西洋中段航道”。

好不容易熬过苦难的航程，猪仔的痛苦没有丝毫减轻。猪仔们常常为大种植园主用数百元买来，在极度恶劣的工作与生活条件下从事繁重的劳动。种植园主一心想尽快捞回购买猪仔的数百元钱，于是无休止地役使猪仔。猪仔的悲惨遭遇得到了不少正义人士的同情，在世界舆论的压力下，1874年，清朝总理衙门派陈兰彬等人前往古巴等地苦力收容所及大种植园，倾听了上千名苦力们的申诉，接受了他们上交的陈情书。根据这些内容，陈兰彬等人向总理衙门提交了一份震惊世界的调查报告，向人们揭示了苦力贸易骇人听闻的内幕：

> 据苦力之口供及陈情书，全数十分之八为诱掠而来。在航程中，备受虐待，其被击伤致死，自杀病亡者占百分之十。即抵夏湾拿（今古巴哈瓦那），被售为奴，只有最少数在家庭及商店中服役，大部分为蔗田之苦工。而以后者受虐最甚，工作繁重，食物不足，且动以鞭挞，或加囚禁。历年以来，有大多数之苦力，鞭挞而死者有之，因伤致命者有之，悬梁而死、切头自杀、服鸦片自尽者有之，投井入镬而死者亦有之。我人所见之苦力，有残其

①陈次亮：《酌增领事说》，《华工出国史料》第五辑，中华书局，1984年，第5页。

手足者，有破头者，有缺齿者，有肘耳者，有寸肤破伤者，足证其言之非诬。幸而合同期满，则雇主必强迫更订新约，住期限在十年以上，受苦如前。此皆我等亲见而亲闻者。[①]

这份报告书一经公开，引起中外人士极大的愤慨，人人纷纷谴责这种惨无人道的罪恶行径。一向对苦力贸易采取姑息纵容态度的西班牙政府，再也无法承受来自各方面的压力，被迫于1877年与清朝政府重新订立通商条约，该条约明确规定华工在自愿出国时，必须向清朝海关领取护照，到达西班牙殖民地后，应在当地中国领事馆登记。在西属殖民地的华工应享受最惠国条例待遇。葡萄牙政府也被迫于1873年关闭“兴盛一时”的澳门猪仔馆。与此同时，英、美等国也相应出台了禁止本国商人与船只参与猪仔贸易的法令。

可以说，明目张胆的贩运苦力活动至19世纪70年代后期已告终止，然而隐性的苦力贸易并没有就此绝迹，如在英国侵略者割据的香港，就有所谓“赊单工”的出现。“赊单”为英文Credit Ticket System（信用票制度）的俗称，即赊欠船票制。其内容是指苦力召集人先为无钱购买船票的苦力垫付船票及旅途费用，到国外后，这些苦力要用自己的劳作偿还这些欠债。而且这些欠债可以转让。这可以说是早期债奴的翻版，不过更隐蔽而已，因而被称为“自由移民”。但赊单工在偿还债务之前，没有基本的人身自由，在一些国家（如美国）不受法律保护，其待遇与原来的苦力相比，没有本质的区别。苦力贸易的真正废止，一直要等到中华民国建立以后。

①李长傅：《中国殖民史》，《华工出国史料》第四辑，第118—119页引文。

二、幸存者的“保留地”

——美国“唐人街”早期历史回顾

> 我渐渐知道了华人在美国的早期经历。那是我们的历史，是浸透了难以用言语形容的偏见、迫害和杀戮的历史。
>
> ——杨振宁

据学者们的粗略统计，仅十九世纪后半期，被掠贩出国的中国苦力就大约有205万人。[①]但迄今为止，似乎还没有人能够透彻而全面地阐明华工在近代殖民地及世界资本主义发展中发挥的重要作用。更令人愤慨的是，华工在世界各国无一例外地遭遇到最恶劣的待遇。我们不禁要问，这到底是为什么呢？难道这是苦难深重的中国人无法避免的历史命运吗？晚清人陈次亮曾无比感慨地说：

> 西人开埠，必招华民，华民既多，其埠之兴可立而待，否则荒凉寂寞，太古荆榛。如美国之新旧金山、墨西哥、巴西、秘鲁、古巴各埠，袤延至西贡（今越南胡志明市）、缅甸、印度、锡兰（今斯里兰卡）及西人新辟之非洲、南洋万岛，开辟之始皆广招华工。华工工作勤，食用省，薪俸廉，百产蕃昌，陡成富庶。然后其本国及他国之工人从而嫉妒之，残害之，驱逐之，天下之不平孰有过于是者?![②]

①陈泽宪：《19世纪盛行的契约工制》，《历史研究》，1963年第1期，第138—139页。

②《华工出洋史料》第五辑，第6页。

在这里，中国华工“勤劳”“节俭”“忍耐”等诸多美德，竟成为被残害、被驱逐的理由，真是令人难以置信，但这的确是铁的事实。南洋群岛上屠戮华侨的惨案，我们已做了较详细的剖析。近代华工出洋的另一大目的地，便是美洲，而在近代美洲各国迫害华工的痛史上，美国却扮演了极不光彩的角色，美国政府曾出台了一系列强行限制与歧视华工的法案，这些带有明显种族歧视色彩的法案一经问世，曾掀起了一浪高过一浪的排华风潮。

美国本来就是一个移民国家，“新大陆”的土著居民是印第安人，美国历史的开端，只能从17世纪初来自英国的移民踏上北美大陆建立殖民地时算起。不能否认，正直的美国人民曾为摆脱种族歧视进行过艰苦的斗争，如长达4年之久的南北战争，就是由废除黑奴制度而引发。但是就在黑奴制度废除之后，种族歧视仍然充斥于北美大陆，长期阴魂不散。

根据美国移民委员会的正式记录，华人最早来到美国是在1820年。从19世纪50年代开始，曾出现华侨移民美国的高潮，每年都有成千上万的华人通过旧金山海关。[①]出现这种局面的原因是多方面的，如1848年美国加州萨克拉门托河谷发现黄金，激起了世界各地人们发财致富的欲望，众多华人也热切地远渡重洋，来到梦想中的“金山”，跻身于“淘金热”的行列中。当然，最根本的原因就是美国在当时各项建设中，需要大批廉价的劳动力。如1863年第一条横贯北美大陆的铁路线开工，这项浩大的工程曾因缺乏充裕的劳动力而举步维艰，是大批华工的参与，使工程建设取得突破性的进展，直到1869年该铁路

①朱杰勤主编：《美国华侨史》，广东高等教育出版社，1989年，第3页。

全线贯通。为了修建这条铁路，广大华工付出了艰苦的努力与巨大牺牲。华工们毫无怨言地承担了工程中最危险、最繁重的工作，但收入却十分微薄。

正是看到美国各项建设对华工的迫切需要，一些政客开始寻求通过法律手段来鼓励华工赴美，这便有所谓《蒲安臣条约》的签订。《蒲安臣条约》签订于1868年，该条约声明：清朝与美国公民可以自愿自由地互相往来，游历、贸易、迁居、入籍，均可自便，双方政府不得设置壁垒与障碍。这无疑为华工自由移民美国提供了国际法的依据，但事实证明，《蒲安臣条约》并没有为改善华工待遇制造机遇，相反却成为华工自由移民美国时代结束的尾声。因为不久之后，对华工的歧视骤然演变为强烈的排华风潮。

19世纪70年代是美国历史上的一段黑暗时期，伴随着经济大萧条及严重自然灾害，美国社会各种矛盾处于激化的边缘，可悲的是，在这场波及全美国的大动荡里，华工成为最不幸的牺牲品与替罪羊。大批白人失业工人将心中的怒火发泄到孱弱卑微的华工身上，于是华工吃苦耐劳等美德都成为不可饶恕的罪过。以“沙地党”为首的工人政治团体在排华风潮中大肆兴风作浪，其头目丹尼斯·卡尔尼甚至公然歇斯底里地叫嚣：“中国人必须滚！”

加利福尼亚州华人最为集中，排华法案在该州最早炮制出来，排华风潮也从这里向全国扩散开来。在这种排华风潮的鼓噪下，1882年全国性排华法案出台，至此，美国政府开始全面推行排斥华工政策。该法案的直接目的在于彻底否定《蒲安臣条约》有关鼓励华工来美的内容，以立法形式制止华工自由来美。该法案明确宣布：“从现在开始，停止从中国输送劳工来美国；在这期间内，任何一个中国劳工来美国都是非法的……以后，各州法院或美国法院均不得接纳中国人为公民身份；与本法案相抵触的一切法律均作废。”[①]这一法案不仅全面禁止华工来美，也全面禁止华人申请加入美国国籍。原本这一法案的有效期只有十年，然而在排华势力的影响下，这一法案一直到1943年富兰克林·罗斯福总统签署“废除排华律法案”后才得以废止，1882年至1943年，排华法案沿用了61年！

排华法案的出笼，无疑为反华风潮推波助澜，种族主义暴徒更加肆无忌惮地迫害、杀戮华人，排华法案沿用的61年，也就是广大旅美华工苦难深重的半个多世纪。从旧金山到华盛顿，在美国有华人居住的大小城镇，到处都上演着迫害华人的惨剧，暴徒们焚烧华人的房屋，砸毁华人的商店，随意抢劫、侮辱、杀害华人，更多的华人被集体赶出原来居住的地方。一位外国学者在一本《中国移民》的书中沉痛地写到：“从1871年起，在卡尔尼主义骚乱时期，没有一个华人的生命和财产是安全的。”“在卡尔尼主义盛行的年代，在美国仍然还有活着的华人存在，这似乎是一个奇迹。”[②]早在1905年，当时的美国总统西奥多·罗斯福在国会发言时也承认：“我国在极力推行排逐华工——华人苦力——政策的过程中，使中国人民遭受了极大的冤屈，最终也使美国蒙受了奇耻大辱。”[③]的确，今天的人们很难相信这些血淋淋的残酷事实发生在崇奉自由女神的国度，一个由殖民地演变而来的移民国家竟会如此变本加厉地歧视和迫害来自另一大国的移民，而且时至今日，种族歧视的阴霾并未完全从美国社会生活中退散，这到底是为什么?！深入思考这些问题，会对后人深入了解美国的历史与文化实质大

①周敏著：《唐人街——深具社会经济潜质的华人社区》，商务印书馆，1995年，第47—48页引文。

②参见朱杰勤主编：《美国华侨史》，广东高等教育出版社，1989年，第235页引文。

③参见陈依范著：《美国华人史》，世界知识出版社，1987年，第241页引文。

有帮助。

谈到美国华人问题，自然要讲到“唐人街”——旅外华人生活的社区。唐人街（Chinatown），又通称为“华埠”，成千上万的华人来到美国定居下来，必然会形成相对集中的聚居区。早期来美淘金的中国矿工主要散居于矿区附近，其聚居区被称为“中国营”（Chinese Camp）。出于广大华工在美国社会中长期受歧视、受迫害的恶劣境况，以“唐人街”为代表的旅美华人社区的发展，也打上了深深的时代与文化烙印。学者们早已指出，“唐人街”的形成，取决于主客观两方面的因素。主观因素主要与华人固有的习俗及文化心态有关。华工来美的初衷，主要着眼于经济利益，大多数华工只想尽快尽多地赚钱，以便能风光地“衣锦还乡”，娶妻生子，并没有长期移民的打算，他们并没有将自己融入美国主流社会的热切愿望，再加上这些贫苦的华人对自己生活的环境要求极低，于是，这些华人很自然地聚集在一起，“唐人街”就成为这些华人得以容膝的栖息地。从这一意义上讲，与其他民族隔离的“唐人街”是众多华人心甘情愿的归宿。[①]客观因素则与排华风潮直接相关。一位德国男爵在《1871年漫游世界记》中十分真切地描述了当时旅美华人的悲惨境遇：

> 在采金的地方经常发生最悲惨的流血事件，白人矿工赶走华人，把他们从合法取得的土地上驱逐，如果他们企图抵抗或捍卫自己的正常权利，就把他们杀掉。华人无缘无故地经常遭到毒打和抢劫，但这并不是最坏的待遇。这些暴行根本没人理睬。从来没有一个陪审团的裁决是对中国人有利的，从来也没有一条刑罚

①周敏著：《唐人街——深具社会经济潜质的华人社区》，第54—55页。

是施加在罪犯身上的。更有甚者，谁肯出来作证，如果证据对中国人有利，就没有一个白人愿意出来检举另一个白人，而华人本身是不允许充当证人的。①

不难想象，在如此冷酷而恐怖的民族歧视环境中，广大华工没有权利也没有胆量与其他民族居民（特别是白人）生活在同一个社区之中。为了躲避无理侵害，为了求得可怜的生存权，他们只能委曲求全、节节后退，求助于自己的同胞，取得有限的同情与安慰，“唐人街”就成为他们唯一的“避难所”。一系列排华法案的出台，更让华人的处境雪上加霜，苦不堪言。著名华裔物理学家杨振宁先生曾悲愤地指出：“这些法律使得在美国的华人社区变成畸形的、与美国社会隔离的、受鄙视的、被剥削的独身男子劳工队伍。我1945年来到美国的时候，情形依然如此。”②

可以断言，在这种极其特殊环境下形成的“唐人街”，不可能成为展示与宣扬中国本土文明的理想窗口。首先，这取决于广大旅美华工自身的文化素质。绝大部分早期赴美华人都是为生活所迫的中下层人士，大多没有系统接受过中国传统文化的熏陶与训练，他们中的大部分是大字不识的白丁，对较高层次的传统文化成就可以说一无所知，因此，早期赴美华人不可能成为中国传统文化的代言人，外国人从他们身上也不可能了解到中华文明发展的水准及丰富内涵。这也与明清时期西方传教士来华传播西方文明的状况形成鲜明的对比。

其次，这些华人的文化素质与移民心态也直接影响了他们在美国

①《美国华侨史》，第50—51页引文。

②杨振宁：《关于我入美国籍》，《杨振宁演讲集》，南开大学出版社，1989年，第80—82页。

的发展。大批缺乏启蒙教育的华人都是在成年后赴美工作，他们面对的首要难题莫过于完全陌生的外国语言文化。这无疑是阻隔他们融入美国社会的无法逾越的“鸿沟”。限于经济状况与已有文化程度，他们也不可能潜心学习异国语言文字，迅速提高文化素养。文化素养的先天不足，给华工在美国的生活与生存带来了巨大的危害。文化素养与知识水平低下，使得华工无法清醒地意识到自己应有的权利与义务；不通异国的语言与文化，使得华工无法正确了解当地经济与社会环境、准确表白自己的意愿与处境、寻求较高层次的职位与待遇，在受到侵害时无法通过法律等有效手段维护自己的权益，回击反华分子的野蛮言行，争取善良人们的同情与支持。正当华工惨遭迫害之时，全世界的人们似乎只听到排华分子的叫嚣与谩骂，而听不到来自“唐人街”的丝毫反应，“三人成虎”，众口铄金，真相只能淹没在种种不堪入耳的丑化之中了。在与具有较高文化素养的民族主义者的斗争中，广大华工最缺乏的恰恰是文化的“武器”，这样，悲剧就不可避免地发生了。

再次，所谓“唐人街”，就其具体文化特征而言，其实可称为“粤人街”，因为美洲唐人街的居民主要是来自珠江三角洲地区的广东人。由于缺乏政府及法律的依托，中国的海外移民赖以自我保护及生存的最重要的社会关系无非是亲族及乡土的纽带，共同的方言及风俗习惯使他们紧密地联系起来，共同营造避风港及带有本乡民俗特征的社区。因此，“唐人街”的本质与国内各地的同乡会馆可谓一脉相承。在传扬中国民俗文化上，“唐人街”所反映的往往也只是广东地域文化风貌。广东地域文化固然是中华大文化的重要组成部分，然而，以广东地域文化特色来反映整个中华文明，其局限性也是显而易见的。

伟大的革命先行者孙中山先生有一句名言：“华侨是革命之母。”

这句话精练地概括了广大华侨在中国近代史上的地位与贡献。无论如何，广大华侨是中国人中真正走向世界的一群，他们的革命觉悟得益于他们在国外的感受与处境。在备受歧视与迫害的状况下，他们深切体会到祖国的强大对海外游子是多么重要，而中华衰落的症结在于腐朽没落的封建制度，只有彻底推翻清王朝统治，才有中国的新生，才有海外游子扬眉吐气的一天，因此，许多华侨义无反顾地支持国内的民主革命斗争，为民主革命的胜利做出了不朽的贡献。

第八章

穿越迷空觅祖根

——移民史与当代中国寻根文化

西方史家有言："一切真历史都是当代史。"客观的历史事实早已凝固在渺远的时空隧道之中，然而不同时代撰成的史书却面貌迥异，不同的文化背景、不同的文字习惯、不同的思想观念都清晰地镌刻在名山著作之中，因此，历史不会写完，史学的生命力正在于此。我们回顾移民历史，也不是为了对着无数故事长吁短叹，我们每个人都可能是移民的后裔，移民史产生的文化遗韵已深深融入华夏子孙的血脉之中，了解这一切，会开启我们精神的天窗，去遨游祖先走过的漫漫长路。

从20世纪80年代后期开始，随着改革开放的深入与国际交流的扩大，海内外华人界乃至东亚各国掀起了前所未有的寻根文化热。为了寻觅祖先的遗踪，为了重温家族的迁徙轨迹，成千上万的海外赤子来到了祖国大陆，无数文化胜迹让他们心旌摇动，感慨万千。华夏九州是东方文明的摇篮，是无数海外赤子魂牵梦萦的精神家园。

第一节 “客民”“客家”遍中华

——移民史与客家文化源流

梅江江上旧华堂，阀阅相传江夏黄。
百里华封留政迹，千年翰院擅文章。
绵绵世泽留子孙，赫赫家声继汉唐。
如见普谱应起敬，今人远仰昔高阳。
——客家江夏黄氏源流歌

客家研究在当今学术界方兴未艾，骎骎乎大有形成显学之势，其根本原因在于客家人历史变迁的独特轨迹，以及客家后裔在海内外华人界所占有的重要地位。“有太阳的地方，就有中国人；有中国人的地方，就有客家人。”更重要的是，众多的杰出人物更让客家人的形象光彩异常。人们可以毫不费力地列举不少客家人中涌现出的领袖级人物，如文天祥、洪秀全、孙中山、叶剑英等。在海外华侨中，客家人占总数的三分之一，其中有不少是政界要人与工商界巨子，他们的辉煌业绩都让人们对客家历史与客家文化产生浓厚的兴趣。“客家先民，你从何方来？客家人，你又往何处去？”要弄清楚客家人的由来，必须在移民史上寻找线索。

一、千年迁徙话沧桑

——客家人形成的历史回顾

讲郡望，要分详，郡头原是祖先乡。
千年民族大迁徙，过了黄河过长江。
都教儿孙莫忘本，把那郡头写高堂。
一姓多郡为少见，一郡多姓较平常。
——福建连城客家姓氏郡望歌

今天中国境内的客家人，主要分布于广东、福建、江西、四川、湖南、广西等南方省份，然而，大量族谱记载与文化习俗特征都确凿无疑地证明，客家人的祖先都来自北部中国，是通过多次复杂的迁移，才最后定居于南方地区。因此，关于客家人的起源及形成问题也成为移民史上讨论的焦点问题之一。目前在学术界影响最大的观点便是以著名客家学专家罗香林所著的《客家研究导论》与《客家源流考》为代表的论断。他根据大量客家祖谱的记载，论证客家先民南迁分为五个时期，并详细指出各个时期的迁移进展情况：

第一时期为东晋至隋唐，客族先民远者已达江西中南部，近者滞留于颍、淮、汝、汉诸水之间。

第二时期始自唐末黄巢起义，客家先民远者已达惠、嘉、韶诸州，近者也至福建宁化、长汀、上杭、永定等地。

第三时期始于金、元人的南侵，处于闽、粤、赣交界地区的客家人开始向周围地区迁徙。

第四时期为明末清初，客家人散居各地的趋势更加突出，四川、广东沿海及台湾等地迁入大批客家人。

第五时期为清代后期，受广东西路事件和太平天国起义影响，客家人又向广东南部、海南岛及海外迁移。①

稍具移民史常识的读者不难发现，以上五个时期其实都是中国移民史上发生大移民潮的时段，也就是说，历史上每一次大的南迁运动中都有客家人的祖先，这无疑是正确的，也是符合历史真实的。从渊源上讲，客家史应是移民史的一个特殊分支，客家人是产生于历史时期移民运动中的一大民系。离开移民运动，客家人也就成为无源之水、无本之木。因此，探究客家史与客家文化，必须彻底厘清与之相关的移民史背景。

但这种分期论最大的缺陷莫过于过早地将客家先民与普通移民分离出来。显然，不是所有南迁的北方移民都可能成为今天客家人的祖先，但在上古时期，客家先民与普通移民不会有明显的差别。根据谱牒记载，客家先民可以远溯至上古时期，然而，客家先民的出现并不等于客家民系已经形成，客家人作为一个具有独特文化特征的民系，其形成有着相对特殊的地域及时间。如果将客家源流史等同于中国古代移民史，反而会削弱客家史存在的意义。

所谓“客”，均相对于“主”而言，“客家”相对于“土著”而言。与“客家”这一称谓极为近似的名称便是移民史上屡见不鲜的“客民”。客家人不过是“客民”中文化及聚落保存最为完整、持久的一部分。除非迁入地为荒无人烟的处女地，否则，每一次大的迁移浪潮过后，大批移民都会成为迁入地的“客民”。而在迁入地原有人口较多的情况下，便会产生较复杂的土客矛盾。因此，客家源流史的研究，应该建立在古代“客民史”的研究之上，可以说，没有历史上的“客民”，也就不会产生今天的客家。

①参见《客家源流考》，中国华侨出版公司，1989年版。

第三，文献记载中出现“客民”并非全都与今天所谓的“客家”有关，与“客家”形成关系最密切的莫过于客家大本营——闽、粤、赣三省交界地区人口的变迁。今天的客家人分布已相当广泛，然而，全世界客家人居住最集中的地域还是闽、粤、赣三省交界地区。这里有90%以上的纯客县，客家人数量占全国总数60%以上。而在海内外客家人的族谱中又有着“宁化石壁村”现象，也就是说，遍布海内外的客家人都说自己是从宁化石壁村外迁的。是否来自宁化石壁，几乎成为直观判断是否是客家人的重要标记。罗香林先生在《客家源流考》中指出：

> 在宋元初，在其迁入地又皆在今日广东省内者，尚有巫氏、何氏、张氏、温氏、吴氏、罗氏、黄氏、廖氏，且皆出于福建宁化、长汀、上杭等地，而尤以宁化石壁乡来者为多。而丘荷公（复）先生等所纂《福建上杭县志》卷八《氏族志》，所载上杭自宁化石壁村所迁至的，为数尤多……其迁至年代，亦多在宋朝。①

石壁村（又称石壁乡、石壁寨、石壁洞、石壁下）只不过是今福建省一个偏僻小县宁化所辖的弹丸之地，如何能容纳如此众多的家族呢？即使将其解释为客家人迁徙的中转站，恐怕也难以消除我们心中的疑问。这应该是与移民运动相关的抽象的文化现象，如果我们将其认定为确凿无疑的史实，作为论证渊源的依据，就难以得出令人信服的结论。

第四，应该承认，在今天的客家人内部，并不是“铁板一块”，同

①参见《加拿大温哥华崇正会成立十周年纪念特刊》，第77页引文。

样存在统一性与个别性的差别，随着时间的推移，客家聚落也不可避免地出现变异现象。简单而笼统地谈论“客家人”，可能会有失缜密。对此，吴泽先生精辟地指出：

> 由于其先民祖居的地缘不同、迁徙的路径不同以及所居地的自然环境、历史传统不同，南迁的客家人在语言、风俗、习惯等方面，也不尽相同，显现出统一性与多样性、共性与个性共存的状态。例如，就语言方面来看，闽西五个纯客县境内的方言就有三十几种，真可谓“十里不同天，百里不同俗”。①

作为典型的例证，如闽西纯客县武平所辖中山乡，有着两大奇特的文化现象——“百家姓聚居地”和“军家方言岛”。在这个户不盈千、人不逾万的地方，却拥有百余种姓氏。“除何氏一姓为宋以前旧族外，其余均为元、明、清三朝迁入。这说明当地居民几乎都是在‘客家’这一概念和群体已以形成之后才迁至的。”②可见，就是在客家大本营地区，当地人口也是处于不断发展变化之中，将客家民系的历史孤立化、教条化的倾向都是不可取的。

第五，当代客家人的研究，不仅要重视其渊源的考察，更要注重客家民系形成后的再发展。这才是客家人在当代社会产生重要影响的关键所在。至迟到明朝末年，客家民系已于客家大本营地区形成，在此之后，客家人迁移更为频繁。如出现了势头强劲的倒迁移民潮，他们入赣、入湘，入蜀，入浙，积极参与了各地经济的恢复与发展。另

---

①吴泽：《建立客家学刍议》，《客家学研究》第二辑，上海人民出版社，1990年，第6页。

②吴福文：《闽西客家文化事象举探》，《客家学研究》第二辑，第41页。

外，他们还移民台湾岛、远走海外，最终使客家人遍布世界各地。客家民系形成后的迁移与发展，才创造了客家史的真正辉煌。

二、宁卖祖宗田，不忘祖宗言
——独特而丰富的客家文化

年深外境犹吾境，日久他乡即故乡。
朝夕莫忘亲命语，晨昏须荐祖宗香。
——客家人宗族诗之一

说到客家文化，则必须以客家人大本营——闽、粤、赣交界地区作为考察的核心。中国客民史可谓源远流长，但各地出现的客民都先后消融在当地居民之中，唯独在闽、粤、赣交界地区形成客家这一具有独特文化传统的民系。要解开这一极为有趣的谜团，就不得不深入考察客家文化传统赖以产生与延续的客观地理环境。可以说，客家文化最具魅力的成分均与当地自然地理环境有关。

客家大本营地区即覆盖赣南、闽西、粤东北三块区域，横跨五岭南北，均属较典型的山区，正所谓“无客不山”“无山不客”。在崇山峻岭的围护下，客家文化发展有了一个相对封闭的空间。客家方言的独特性由此产生。暖湿的亚热带气候给了人们生存的希冀与热情，也为大胆泼辣的客家情歌提供了滋生的温床。严峻而艰苦的生存环境，让客家人拥有强烈的竞争与自卫意识。当然，南方崇山峻岭之中，往往是一些少数民族世代居住的家园，客家大本营地区也是如此，因此，他们的文化特征不可避免地受到这些少数民族风俗的熏染。正如学者们指出的那样，客家文化与古代畲族习俗多有相通之处，这也是客观环境所留下的烙印。

客家话是鉴别客家人最重要的标记，也是维系客家聚落与文化传统最坚强的纽带。客家谚语云："宁卖祖宗田，不忘祖宗言。"将客家话作为维系宗族血脉不可或缺的手段。不会讲客家话，就被视为数典忘祖的行径，从而遭到同宗亲属的唾弃。"现在客家地区婚姻习俗中，仍以男女双方能否保持或学会客家话，作为能否巩固爱情、百年偕老的标志，如忘却客家话，往往会引起婚变。这就加强了客家话的稳定性。正由于这一习俗，使客家人的后裔，顽强保留客家话而世代相传，越是侨居海外，就越被强化，即使十代八代前高祖就迁离客家地区，到海外或国内非客家地区，其后裔亦可操客家话。"[①]据学者们的考订，客家话源于中州官话，进入大本营地区后，独立而封闭的聚落形态，阻止了闽粤土语的融合，保持了较多的中原古音成分，形成独立的"方言岛"，因而被视为古代汉语的"活化石"。不过，客家话本身也存在不同的变异问题，如畲族、瑶族等方言成分在客家话中有不同程度的反映。另如，纯客县武平县中山就有与客家话不完全相同的"军家方言岛"等。

与客家话相类似，客家情歌也充分体现了客家人的精神世界。为了逃避战火与灾难，客家先民不断南迁，最后进入荒莽少人烟的崇山之中，过上远离尘嚣、回归自然的田园生活。这使客家人的内心世界迸发出执着豪放的火花，使客家情歌洋溢着浓烈炽热的乡野之风。这些情歌大多颂扬男女之间美好的感情，格调高昂，质朴悠扬。

客家山歌最有名，首首山歌有妹名。

首首山歌有妹份，一首无妹唱唔（即不）成。

---

①参见李逢蕊：《客家人界定初论》，《客家学研究》第二辑，第13页。

客家山歌名声扬，首首山歌名声扬。
句句唱出郎心事，字字唱出妹心肠。

研究客家文化的中外学者无一例外地赞颂客家妇女的美好品质，她们不缠足，不束胸，心灵手巧，坚忍耐劳，承担着耕田、家务、养育子女、敬养老人等重任，是客家人生产生活中的骨干。她们同样敢于冲破世俗的偏见，勇敢地追求美好的爱情，不惜用自己的生命与鲜血来换取自由与尊严。客家情歌充分展示出客家妇女的出色才华与高尚情操。

生要恋来死要恋，唔怕官司打到衙门前。
杀头好比风吹帽，坐牢好比逛花园。

生要恋来死要恋，生死要在哥身边。
阿哥死了变大树，妹变葛藤缠百年。

随着人口压力的增大以及土客矛盾的加剧，大批客家人被迫离乡背井，出外谋生。前程未卜，生离死别让无数客家人痛苦万分，离情也由此成为客家情歌的重要主题。

送郎送到榕树下，目汁（即泪水）双双衫袖遮。
擦干目汁问一句，偓（即我）郎几时能归家？

送郎送到渡船头，一条江水向东流。

哪有利刀能斩水？哪有利刀能割愁？①

此外，客家民居更以独特的造型享誉海内外，现已成为国内外民俗学界关注的焦点。客家民居就其外在形式来看，可分为围楼、四方楼、土屋等。较典型的建筑式样有闽西地区的大型圆形围屋、梅州地区的半圆形围龙屋以及深港地区的方形四角楼等，其中永定土楼最为著名。以今天永定为核心的闽西客家地区，到处可见奇特壮观的土楼，有圆形也有方形，其设计之精巧，建筑之奇妙，已被世界建筑学界公认为独一无二的山区建筑模式，是中国民居建筑史上的奇葩。但我们更应注意到，客家民居的特征与其艰难的开拓史有着直接的关系。无论何处的客家土楼，其最大特征便是封闭性与防御性。每一座客家土楼都是土木围成环形，在坚实的石基之上用生土夯成厚厚的围墙，围墙之上才是木质楼房。有的土楼前还挖有壕沟，楼上建有炮楼，楼壁开满枪眼。大型的土楼往往可居住数百人。毋庸置疑，对客家土楼而言，与其说是安居乐业的楼宇，不如称为时刻准备应战的城堡。看到客家土楼，人们不由得会想起历史上曾经风靡一时的“坞壁”，其外在形式也许大相径庭，但其本质却是相通的。客家人经过长途迁徙进入闽粤赣山区，他们遇到的不仅是土著的排斥，更有土匪强盗的侵夺。在“天高皇帝远”的荒僻之地，客家先民只有依靠自己的力量保卫族人的安全。因此，他们必须将自己的住所建设成坚固的堡垒，随时回击来自外界的侵害。客家土楼展示出客家先民的聪明才智，也让我们看到他们内心的无奈与辛酸。

①本文所引客家情歌参见陈炜萍、何志溪、钟震东搜集整理的《客家传统情歌》（海峡文艺出版社，1985年）。

第二节　何处家山何处根[①]

——中国历史上的移民发源地巡礼

天地者，人之本也；先祖者，类之本也。

——〔西汉〕司马迁

提到根，每个人都会想到自己的故乡，想到祖先的故乡。但随着岁月的流逝，千百万移民及其后裔往往已经不知道祖先真正的出生地，只记下了他们迁来的地方。这些移民的发源地已经被移民的后裔视为故乡，成为他们心中的根。直到今天，洪洞大槐树还牵动着无数华北人的心，南雄珠玑巷被众多岭南家族视为故里，麻城孝感乡为四川的湖广移民世世代代所纪念，客家人以宁化石壁为发祥地，而不少苏北人以苏州阊门为祖先的来源地，安徽安庆一带的百姓念念不忘的是江西瓦屑坝。

这些地名，有的延续至今，有的却早已在地图上消失，空令人梦魂萦绕。

或许有人会问：这些地方，有的只是一棵大树，有的只是一座城门，或为一巷、一村、一乡，如何能有如此多的移民迁出？真是我们的故乡、我们的根吗？

①本章第二、三节内容选自葛剑雄的《碎石集》（学苑出版社，1999年，第86—134页），稍有增订。

一、麻城孝感乡

如果今天你在四川盆地旅行，或者询问你的四川朋友，大概都可以听到湖广填四川的故事。而说到自己的来历，很多四川人都知道是“湖广麻城”，其中大多数人还说是迁自“麻城孝感乡”，甚至有的彝族人说自己的祖先也是从“湖北麻城”迁来的。

麻城或麻城孝感乡与移民究竟有什么关系？这还得从六百多年前的元末明初说起。

元至正十一年（1351年）八月，徐寿辉与彭莹玉、邹普胜等在蕲州路、黄州路（今湖北黄冈地区南半部）起义，称红巾军；十月，徐寿辉在蕲水（今湖北浠水）称帝。布王三、孟海马起兵于襄阳（今襄阳市）、汉水一带，称北锁、南锁红军。十二年（1352年）正月，布王三、孟海马攻克襄阳、荆门一带，徐寿辉攻克汉阳、武昌、安陆府（今钟祥市、京山县）、中兴路（今荆州市一带）。同年四月，元兵攻陷汉阳、武昌，不久又被红巾军夺回。五月，元兵攻陷中兴路、襄阳，至九月红巾军再次攻克中兴路，但立即又被元兵攻下。十三年（1353年）秋后，元军陆续攻陷安陆、武昌、汉阳、蕲州等地，徐寿辉部退入黄梅山区和沔阳湖中。

红巾军的起义与元兵的镇压波及今湖北大部分地区，战争激烈而残酷，在一些反复争夺的地方尤其如此，迫使百姓纷纷外逃避祸。但元兵从北、南两路压来，下游的今安徽、江西也是红巾军等起义军与元兵的战场，只有西迁比较安全，所以大批逃民迁往四川。

至正十五年（1355年），徐寿辉军势复振，先后攻克沔阳、襄阳、中兴路、武昌、汉阳等地，至次年正月迁都汉阳，据有今湖北大部。至正十七年（1357年），徐寿辉的部将明玉珍率部西征，溯江而上，当年十二月攻克重庆。至正十八年（1358年）攻下成都，占有今四川省的大部分。明玉珍是湖北随州人，他的部属也大多是湖北人，因而有很多湖北人随同迁往四川。至正二十年（1360年），陈友谅杀徐寿辉后自立称帝，明玉珍不服，与陈氏断绝联系，自称陇蜀王，至正二十二年（1362年）称帝，国号夏。一些反对陈友谅的徐寿辉旧部入川投奔明氏政权。由于明氏政权在四川轻徭薄赋、保境安民，又吸引了大批湖北人迁入。

至正二十三年（1363年），朱元璋军攻灭陈友谅，次年据有湖北。由于陈友谅曾多次对朱元璋造成严重威胁，朱元璋十分痛恨，对当地人的杀戮相当严重，至今还在民间留下不少恐怖的传说。加上明初在湖北大规模“垛军”（强征百姓为军户），甚至见人就抓。[①]所以明氏政权统治的四川更成为难民的乐土，百姓继续逃往四川。

明洪武四年（1371年），明将汤和、廖永忠、傅友德率军分两路入蜀，明氏政权亡。朱元璋命诸将所率军队就地驻守，又有部分湖北籍兵士定居四川。按照明朝的制度，他们的家属都应随迁。明氏旧部被收编后，也都就地安置。由于四川人口稀少，登记到的户籍仅八万多户，实际人口也不满百万，洪武年间曾多次组织移民迁入，其中相当大一部分也是来自湖北。明初以后，仍有湖北人陆续迁往四川。从现存的地方志、族谱和其他史料看，明朝的湖北移民遍布四川各地，连川西南汉彝杂居地区也有他们的踪迹。

今湖北省长江以北部分，元代属河南江北行省，明代属湖广布政使司（俗称行省或省），简称湖广。湖广还包括今湖南省，但元末明初迁入四川的移民主要来自湖广的北部（即今湖北省）。

---

①嘉靖《罗田县志》卷六《修武志·军政》称“见起烟户垛之”。

明清之际，四川再次遭受严重破坏，人口损耗殆尽。从清初开始，又有大批外来移民迁入四川，其中最大部分也是来自湖广，这就是历史上著名的“湖广填四川”。这次移民中也有湖南人，但更多的还是湖北人，包括以往从江西迁入湖北的移民后裔。所以，人们在“湖广填四川”前面，往往会再加上一句“江西填湖广”。

“湖广填四川”的说法虽然到清朝才形成，但这一事实出现在此前三百年的元末明初，并一直持续到清朝中期，可以说是一场历时四百多年的移民运动，迁出地和迁入地都如此集中，在中国移民历史上也是不多见的。

可是，清朝的湖北麻城县和今天的麻城市都已经没有孝感乡这个地名，加上“麻城孝感乡”的说法不见于正史记载，所以有些人认为历史上并没有孝感乡，是出于民间讹传。但无论地方志、族谱，还是民间历代口耳相传，都一再提到“孝感乡”，不可能毫无根据。还有人认为，“孝感乡”是指孝感县（今孝感市），前些年听说还有四川的湖广移民后代到孝感市去寻根。但孝感县在元朝就与麻城县同时存在，前者属德安府，后者属黄州府，从来没有从属关系，绝不可能混淆。其他学者虽相信麻城孝感乡确有其地，却没有找到究竟在哪里。我们在撰写《中国移民史》[①]时，也以这一重要的移民发源地不见踪影为憾。

1991年，我的研究生李懋军做以明代湖北人口迁移为硕士论文的课题，我让他特别注意寻找“麻城孝感乡”。他在湖北和四川的调查中下了一番功夫，又仔细研究了有关史料和历史地理环境，终于发现孝感乡就在今天麻城市的邻县红安县城关镇一带。

---

①葛剑雄主编，葛剑雄、吴松弟、曹树基合著，福建人民出版社，1997年。

原来明初麻城县辖有四乡：太平、仙居、亭川、孝感。成化八年（1472年）因户口减少，孝感乡被并入仙居乡。到了嘉靖四十二年（1563年），麻城县的太平、仙居二乡的二十个里被划入新设的黄安县。仙居乡位于县西，孝感乡既然是因为户口少才被并掉，就不可能更靠近县城，而应该在仙居乡的西部，这与地方志中称该地“地僻民顽”的人文条件和“四距皆山，中有平原”的地形条件都符合。所以当仙居乡的西部划入黄安县时，原孝感乡地就改属黄安县了。可以断定，黄安（今红安）县的东南部即原孝感乡地。

在四川泸州《王氏族谱》中发现了一个重要证据。该谱载有三世祖王仁义作于明景泰七年（1456年）的序，在其中“湖广黄州府麻城县孝感乡”下注明“嘉靖中改为黄安县”。谱中另一篇序作于清康熙四年（1665年），此谱虽刻于民国三年（1914年），但这条注至迟不会晚于康熙四年，也就是说离孝感乡划归黄安县最多才一百年，其正确性应该是没有问题的。这证明以上的推断是正确的。

那么，麻城孝感乡是不是定居于四川的湖广移民的发源地呢？

黄安县设置时是由原麻城县太平、仙居二乡二十里甲，黄陂县果源一乡八里甲和黄冈县上中和一乡十二里甲组成的，所以原孝感乡至多只占今红安县的四分之一至三分之一。这么多湖广移民，怎么可能都来自这样一个小范围呢？其他乡、其他县就没有人外迁，或没有留下移民后裔呢？对此，清朝以来的地方志作者和学者早已提出了这样一些疑问，例如，民国《南溪县志》就指出：“今蜀南来自湖广之家族，溯其始，多言麻城县孝感乡。核其人数，即使尽乡以行，亦不应有若是之多，且湘楚州县与蜀邻比者，尽人皆可以移住，何以独适孝感乡？”经过近年的深入研究，结合移民史的普遍规律，现在我们已经可以作出合理的解释了。

首先，由于徐寿辉是罗田人，与他一起组织起义的邹普胜是麻城人，都属黄州府，所以他的部属中肯定会有很多麻城及附近一带的人。明玉珍是随州人，随明玉珍西征和以后迁入四川的徐氏部属中麻城人的数量也不会少。《南溪县志》的作者曾推测："抑明氏隶籍随州，随州距孝感不远，彼从龙之彦，人众势强，士民或他兵皆冒籍以求自庇乎？"这种将自己的籍贯都说成是明玉珍邻县的情况是很自然的现象，但事实是随州一带迁往四川的移民的确不少，如《黄陂周氏族谱》称当地百姓："以随州明玉珍、黄陂万胜（随明玉珍入川，任大夏政权宰相）在蜀有治行，凭借乡谊，襁负从者如归市。"

其次，由于麻城处于鄂东北边缘，接近大别山，而孝感乡又在县城西北，更为偏僻，是难民避乱的场所，因而在元末有不少江西、安徽、湖南等地流民迁入，其中大部分人又转迁四川。如明朝名相杨廷和的五世祖杨世贤是江西庐陵人，元末避乱迁于麻城，以后又迁至四川新都，但赵吉为杨廷和作的神道碑文中就称他为湖广麻城人了。族谱中甚至会出现"江西麻城"这样的地名，就反映了江西人迁入湖广或麻城后再迁四川，其后裔误将两个迁出地合二而一的事实。可以想象，这样的麻城人在移民中应占很大的比例。孝感乡应该是麻城一带移民的集合和出发地，就像洪洞的大槐树、苏州的阊门一样，所以麻城人又都说来自孝感乡。

当然，来自麻城的人再多，也不可能包括所有的湖广移民。不过由于移民的绝大多数是没有文化的贫民，经过在战乱中的辗转迁移，几代、十几代后的后裔已经不知道祖籍的确切地点了。还有一些人，或为明氏政权的文武官员或军人的后代，或系被征入伍，或系犯罪充军，即使子孙明白，也不想多加宣扬。等到子孙发迹，或家族繁衍，需要编修家谱时，往往不知如何下笔，或者不便再写上祖宗低微的身份了。而麻城移民人数多，又出了像杨廷和这样一批大人物和大家族，所以其他家族也都称自己是麻城孝感乡人了。一旦载入族谱，这样的祖籍就再也不会改变，所以在明朝时四川的麻城人还没有那么多，以后越来越多，几乎都成了麻城人。这种“从众”现象在其他移民集中的地区也是很普遍的。

由于年代久远，文献无征，当年众多的湖广人为什么以孝感乡为迁移的出发地？为什么在随州、黄陂、麻城、蕲春、罗田等一大批迁出地中唯独以麻城孝感乡为代表？至今还无法查清。但无论如何，麻城孝感乡是相当多湖广移民的故乡或出发地，又长期得到其他移民的认同，应当看成湖广移民的根。

这个根就在今天的湖北红安县，麻城孝感乡的子孙们，去看看你们祖先的故乡吧！

二、江西瓦屑坝

1991年一个温暖的冬天，笔者（指文章的另一位作者曹树基）搭乘长途汽车由安庆去桐城。路上停车用午餐时，我信步走出饭店，见一位六七十岁的老人正在翻晒棉秸秆。简单寒暄后，我就问起了他的家乡：

“大爷，您是本地人吧！”“是呀。”

“您的老祖宗是从什么地方来的呢？”“哦，老祖宗……是从江西来的。”

“是江西瓦屑坝吗？”“是呀！你怎么知道？”

老人激动起来：“我们这里的人差不多都是从瓦屑坝迁来的，不单是我们村，前前后后的村庄都是瓦屑坝老祖宗的后代。”

“您是怎么知道的呢？”“这里谁不知道？从小就听老辈说的嘛。族谱上也写得清清楚楚。”

像其他实例一样，老人的话证实了我们根据文献资料得出的结论：桐城、宿松、潜山、怀宁等安庆市的属县中有很多人是瓦屑坝移民的后裔。

江淮大地处于中国南北相交之地，在分裂时期往往沦为战场。1127年金灭北宋后，江淮之间既是金军南侵的必经之地，又靠近宋金对峙的前沿，原有人口或随南迁洪流而走，或在战乱中死亡，留下的人数有限，新迁入的更少。安庆府所属的淮南西路，在整个南宋都是人口最稀少的地区之一，以至在元朝数十年间也没有恢复元气。

元朝末年，江淮和长江中游反元起义风起云涌，此起彼伏。安庆一带战略地位重要，是不同的起义军和元军争夺的焦点，残酷的争夺战持续多年。元至正十一年（1351年）八月，彭莹玉、邹普胜、徐寿辉等在湖北蕲州、黄州一带起义，次年徐寿辉就率部沿江而下，围安庆城，攻下周围各县，并继续东下。十一月，徐寿辉大举攻安庆城，无功而返。至正十五年（1355年），徐寿辉势力复振，攻占湖北沿江府县，安庆府又受战祸波及。次年，余阙被元朝任命为江淮行省参政，驻守安庆，徐寿辉部将赵普胜攻安庆失利。至正十七年（1357年），朱元璋部四处扩展，击败赵普胜和元军，占有江南的池州（今贵池地区），逼近安庆。陈友谅与赵普胜率军包围安庆。至正十八年（1358年），陈、赵军攻克安庆，余阙自杀。四月，赵普胜夺取朱元璋占据的池州府。至正十九年（1359年），朱元璋军西进，与陈友谅军激战，四月收复池州，九月破潜山，十月攻安庆不克。至正二十年（1360年），陈友谅杀徐寿辉后称汉帝，率水军东下攻朱元璋的基地建康（今南京），大败而归，朱元璋军乘势攻下安庆。至正二十一年（1361年）七月，陈友谅部将张定边攻陷安庆。八月，朱元璋亲率徐达、常遇春西征，收复安庆，但江西、湖北大多还是陈友谅属地，安庆以北也非朱元璋所有，安庆一带并未脱离战祸，直到至正二十四年（1364年）朱元璋彻底消灭陈友谅余部后才恢复安宁。

十几年间，安庆多次易帜，在旧政权维持无望、新政权统一尚未来临之时，争夺的各方都不会顾及百姓的生命财产和地方的长远利益，残酷的报复和仇杀、毁灭性的破坏和掠夺在所难免，安庆及府属各县遭受的浩劫可想而知。到朱元璋刀枪入库、马放南山时，安庆府留下的人口已少得可怜，大片土地只能任其荒芜。

相比之下，相距仅数百里的江西饶州路（约相当今波阳、余干、万年、乐平、德兴、景德镇、浮梁等市县，元属江浙行省）较少受战乱影响，依然地少人多。明初政府鼓励向江淮和其他人口稀少地区移民，外来移民开垦的土地不仅能合法登记为私有财产，还能在一定期限内享受赋税优惠。饶州路的大量无地贫民纷纷北迁，当到达安庆府属各县后，大片宜垦荒地和与家乡大致相同的自然环境很快就吸引他们就地定居。消息传到故乡，又促使更多的饶州人加入了移民的行列。江西其他地区渡江北迁的移民，也被安庆地区的条件所吸引而就近定居。

有关明初江西移民迁入安庆和定居的史实，在官方的史书中几乎没有什么记载，主要原因不外乎两点：第一，安庆与饶州相距不远，一旦在人口和土地比例上出现如此强烈的反差，就必然会出现自发的人口迁移，政府的优惠政策对抚州人已经具有足够的吸引力，根本不需要再采取什么特殊政策，更不必加以强制。第二，与明初大规模的移民运动相比，从饶州迁往安庆，无论从距离还是数量来说，都算不上重大或突出。

但在当地，在移民家族和后裔的心目中，这次迁移是永远值得纪念的大事。正因为如此，在地方志和族谱中，我们还是可以找到不少证据。

清康熙年间官居大学士的张英，是桐城人，他说："吾桐（城）与潜（山）同郡而接壤，相距百里许。余之先自鄱阳瓦屑坝徙于桐，始祖为贵四公。潜亦同时同地并来鄱阳，始祖为贵七公，徙居于潜之青山焉。"[①]清初宿松人朱书也在《杜溪文集》卷三中说："吾安庆，……神明之奥区，人物之渊薮也。然元以后至今，皖人非古皖人也，强半徙自江西，其徙自他省会者错焉，土著才十一二耳。"

根据族谱记载所做的统计分析，证明张英和朱书的说法是可信的，张英的祖先张贵四、张贵七正是千千万万饶州移民中的成员。有人统计了桐城县的63种族谱，其中有20%的家族的始祖来自江西鄱阳瓦屑坝，其余也大多是在元末明初由江西迁来。而元末以前的家族只有两个——方氏和姚氏，分别在宋代和元中期迁入。笔者对安徽省图书馆、安徽博物院和安庆市图书馆所藏36种族谱的统计结果是：迁自瓦屑坝和鄱阳县的家族有18个，占50%；迁自饶州和江西其他地区的合计有26个，占72%。从迁入的时间看，除了迁入时间不详的4族和明以后迁入的3族外，在29族中有27族是元末明初迁入的，占93%。

宿松县的情况也是如此。民国《宿松县志》记载了该县256个氏族，除去迁入时间和原籍不详的外，有213族，其中182族是明中期以前迁入的。在这182族中，迁自江西饶州的有82族，占总数的45%；在元末明初迁入的有143族，占78%。在元末明初迁入的143族中，迁自江西的有116族，占81%；其中有38族明确记载来自瓦屑坝，31族来自饶州或鄱阳县，其余来自九江、南昌、南康、吉安或"江西""江

①见康熙《潜山县志》卷一四。

右”。

根据这样的推算，在明洪武二十四年（1391年）安庆府的约42万人口中，大约有28万多江西移民，其中约20万来自饶州，迁自瓦屑坝的有10万人，占饶州籍移民的一半。六个世纪过去了，这10万瓦屑坝人的子孙已经植根在江淮大地，成为安庆人的重要组成部分。

瓦屑坝，族谱中有“江西瓦屑坝”“鄱阳瓦屑坝”“鄱阳桃花渡瓦屑坝”“瓦屑坝叶家村金鸡岭”等不同的写法，肯定在鄱阳（今作波阳）县，但岁月流逝，瓦屑坝消失在历史的长河中，而今的鄱阳县地图上已经找不到这个地名了。

我们把目光注视到今波阳县城西面一个叫“瓦燮玲”的村庄，果然在该村现存的《朱氏族谱》和《何氏族谱》中明确记载着“瓦燮”就是“瓦屑”的雅称。而“玲”的本意是小土沟的底，与“坝”的含义正好相反。可见，“瓦燮玲”就是元末明初的“瓦屑坝”。

瓦燮玲今属莲湖乡，离波阳县城鄱阳镇（即当年饶州府治）不过一二十里，处于鄱江三角洲，离鄱阳湖的汊湖大莲子湖不过十来里，周围湖泊密布，水路通畅。根据历史地理学家的研究，在宋代鄱阳县城已逼近鄱阳湖，而鄱阳湖的南部在元明时期正经历一个扩展期，到清代才逐渐因泥沙淤积而有所缩小，所以可以断定，当年的瓦屑坝是一个濒临鄱阳湖、靠近鄱江的聚落和水运码头。瓦屑坝的“坝”应该是鄱阳湖边的一条坝，真正起着护岸作用的坝，聚落因坝而得名。时过境迁，由于泥沙淤积，鄱阳湖逐渐远离瓦屑坝，坝因不再有存在的意义而淹没，瓦屑坝这个聚落名称也被改称为瓦屑（燮）玲。值得注意的是，在这个濒湖县中已找不到带“坝”字的地名，说明防止陆地陷湖和湖水的漫溢冲蚀早已成为历史。今天波阳县中带“玲”的地名不止一个，还有玲口镇、玲口曹家、南湖玲等，所以瓦屑坝被改称为瓦屑岭，也不是偶然的。

遥想当年，饶州府属各县的外迁人口沿昌江、乐安河（婺水）及其众多的支流顺流而下，出饶州府城后，在鄱阳湖边的瓦屑坝集中，然后登舟北上，到达湖口后，多数人就近在安庆府属各县定居，少数人或溯长江而上，迁入湖广（今湖北省）；或顺长江而下，迁往安徽及其他省份。迁入安庆府的20万饶州移民多数是从瓦屑坝出发的，加上迁往安徽其他地区和湖广的移民，二三十年间瓦屑坝至少输出了30万饶州人。

虽然瓦屑坝只是一个移民的集散地，对绝大多数移民来说，还不是他们真正的故乡，但当年的移民多数没有文化、没有资产，更不可能有文字记录，当他们历尽艰辛在他乡定居后，留给后代的记忆只是他们的出发地——瓦屑坝。有些人甚至没有来得及给子孙留下任何故乡的信息，他们的后裔就与周围的移民后裔一样，以瓦屑坝为故乡了。

鄱阳瓦屑坝，已是安庆地区和其他地区饶州移民后裔一致认同的根。

写到这里，我们又想起了公路边的那位老人，不知他是否知道瓦屑坝在什么地方，不知他有没有回去看过老祖宗世代生息的地方。我们也寄语饶州移民的后裔，鄱阳湖畔的瓦燮垅就是当年的瓦屑坝，就是600年来你们的祖先梦魂萦绕的地方，也是你们的根。

三、苏州阊门

熟悉苏州的人都知道，阊门是苏州城的西北门，但在成千上万苏北人的心目中，阊门有其特殊的含义，因为几百年来，他们的祖祖辈辈都说，他们来自苏州阊门。

苏北，一般是指江苏省长江以北、陇海铁路以南的大部分平原地区，大致就是明清时的淮安府和扬州府（简称淮扬）。在苏北，几乎到处可以遇到苏州移民的后裔，流传着大量苏州移民的传说。我的同事曾在宝应县县志办做过一次即兴调查，在座的有问、郑、范、刁、夏、胡、乐、陈、黄九姓，除了胡姓来历不详、范姓迁自安徽外，其余七姓都自称来自苏州阊门。本地人陈守言所著《宝应史事》称，该县的望族朱、刘、乔、王都是明初从苏州迁去的。其他县、市的情况也大致如此，如兴化市，据原县志办的调查，就有许、顾、杨、张、朱、周、姚等姓自称迁自苏州。在有些县，这样的调查已经缺乏意义，因为被调查者几乎都自称是苏州移民的后裔。

在地方志、地名志和族谱中也有大量这样的记载。如民国《续修盐城县志》载："元末张士诚据有吴门，明主百计不能下，及士诚败至身虏，明主积怨，遂驱逐苏民实淮扬二郡。"《民国阜宁县新志》说："境内氏族土著而外，迁自姑苏者多。"民国《泰县志》所载"明初迁泰"的氏族有姑苏刘氏，苏州葛氏、徐氏。民国《泗阳县志》称该县有翁氏、胡氏、倪氏、毛氏、蒋氏、席氏、唐氏、吴氏、朱氏都是明初由苏州东洞庭山、昆山、吴县枫桥和句容等地迁入的。灌南县档案馆保存的一本乾隆四十四年《新安镇志》稿本记载了明嘉靖年间苏州阊门周氏、无锡惠氏及刘、管、段、金诸姓来此"插草为标，占为民地"的史实，新安镇即今灌南县治。咸丰《施氏族谱》陈广德序："吾兴（化）氏族，苏迁为多。白驹场施氏耐庵先生，于洪武初由苏迁兴化，复由兴化徙居白驹场。"《水浒传》作者施耐庵原来也是苏州移民之后。据《昭阳（兴化）郑氏族谱》记载，郑板桥的始祖也是明洪武年间迁自苏州阊门。民国《黄浦吴氏宗谱续·序》："因鼎革之乱，由苏迁盐（城），居射湖之南岸，名其地曰吴家坞。"《盐城县地名录》载北龙港本名张朱庄，因明初有张、朱二姓由苏州迁此而得名。江都

《双沟乡志·人口志》（油印本）的说法是，该乡人口的主要来源是元末明初的苏州阊门移民。

明初移民的北界大致在今连云港市、邳州市、徐州市一线，而南部的南通市、通州市、海门市、仪征市就没有发现苏州阊门移民的踪影，看来明初移民的定居地就在这中间的苏北平原。吴必虎的研究[①]证明，在今扬州、江都、泰州、泰县、海安、东台、兴化、高邮、宝应、盐城、建湖、阜宁、淮安、淮阴、泗阳、涟水、灌云、响水、滨海、东海及连云港等地都有明初移民分布，今射阳、大丰、东台的沿海部分也有移民后代再次迁入。

为什么明初会有大量的苏州移民迁入苏北呢？在正史上至今还没有找到直接的记载，而在苏北流传最广的就是前引《续修盐城县志》的说法，即由于苏州是张士诚的据点，朱元璋久攻不下，因而在消灭张士诚政权后对当地居民采取了强制迁往苏北的报复性措施。《县志》的说法来自凌兰荪《凌氏谱》，显然是以民间传说为依据的，苏北民间称之为“洪武赶散”。个别族谱则称祖先是“奉旨”而迁，实际上，“奉旨”只是被强制迁移的同义词。

吴必虎在1989年7月23日涟水调查笔记中写到：“听老辈说，苏州人北迁的原因是江南有麻蜂蜇人，被蜇即死，人们只好向北逃，直到过了长江才没得事。”此外，还有江南遭灾的其他种种说法。这类说法显然是荒唐的，因为事实上苏州和苏南其他地方在明初并没有严重灾害的记载，当地的居民也没有都外迁。就是遇到了灾害，周围适宜迁移的地方并不少，不必都往苏北迁。

明太祖朱元璋在攻克苏州后的确曾对张士诚的支持者做过惩罚性

---

①参见《历史时期苏北平原地理系统研究》，华东师范大学出版社，1996年。

的迁移，据《明实录》记载，吴元年（元至正二十七年，1367年）九月“克平江（苏州），执张士诚。十月乙巳，徙苏州富民实濠州”。但这些富人是迁往朱元璋的故乡濠州（临濠，今安徽凤阳），而不是苏北。洪武三年（1370年）六月，朱元璋又迁苏（州）、松（江）、嘉（兴）、湖（州）、杭（州）五府“无田产者”四千余户于临濠。朱元璋将故乡建为中都后，又于洪武七年（1374年），从江南迁去十四万户。朱元璋还从直隶（今江苏、安徽、上海）和浙江迁了二万户至京师（今南京）。这两批移民的迁出地自然也包括苏州。但这并不意味着苏北不是明初吸收移民的地区，大量研究已经证明，明朝官方史书中有关移民的记录是相当简略的，见于记载的只是当时数百万移民大潮中的一朵浪花。另一方面，元末明初的苏北与江淮、湖广、四川、华北等地一样，异常荒凉，人口极其稀少，迫切需要迁入大量人口，而苏州人烟稠密，百姓富庶，与苏北距离又近，是理想的移民输出区。

在元末的战乱中，苏北也遭受浩劫。元至正十三年（1353年）正月，泰州白驹场盐贩张士诚率众起兵，五月攻克泰州、高邮等地。至正十四年（1354年）正月，张士诚在高邮称诚王，建国号大周，并继续向周围扩展。元朝命丞相脱脱调兵镇压，十一月元军围高邮城。但不久元顺帝听信谗言，解除了脱脱的兵权，围城诸军闻讯解散。至正十五年（1355年），苏北一带发生严重饥荒，张士诚遣部将渡江向江南发展，次年攻下平江（今苏州）、湖州、松江、常州等地，张士诚自高邮迁往平江。由于张士诚主力外迁，红巾军乘机进攻淮安，朱元璋军攻下泰兴，进占高邮。青军元帅张明鉴驱逐元朝镇南王，占据扬州。由于饥荒战乱，张明鉴无粮可筹，据说只能靠屠杀城中居民吃人肉为生。至正十七年（1357年）朱元璋军攻下扬州时，城中只剩下18户居民。此后朱元璋忙于与陈友谅和元军的争战，张士诚重新占有苏北。

至正二十五年（1365年）十月，朱元璋命徐达、常遇春率军攻取苏北，克泰州、通州，围高邮。张士诚以水军支援，朱元璋亲自出征，击败援军，至次年四月，明军攻下高邮、淮安等地，完全占有苏北。

尽管明朝的官方史料中对明军的杀戮多有所讳饰，但常遇春以好杀著称，苏北遭受的损失可以想象。从地方志的零星记载中，苏北的惨状可见一斑。在局势平定后，扬州城中土著居民仅回升到四十余户。江都县仅存火、郝等十八姓，淮安城中只剩下“槐树李、梅花刘、麦盒王、节孝徐等七家”，兴化县“土著绝少”，盐城一带，“地旷衍，湖荡居多而村落少，巨室少，民无盖藏”。其他各县的情况大同小异，整个苏北平原一片萧条。

元朝的平江路（相当于以后的苏州府）有人口二百多万，明军攻克苏州时，城中还有军兵二十余万，与苏北有天壤之别，所以尽管在元末明初苏州已向淮北、南京输出了大量移民，依然可以有大批民户迁往苏北。

不过，迁入苏北的移民还有其他来源。例如，民国《泰兴县志》称：“试征诸氏族谱牒，大都皖赣名族，于元明之际迁来。”《甘棠小志》记载的今江都市邵伯镇13族中，有5族明确是在明初迁入的。另有阮氏从江西迁来，而据《雷塘庵主弟子记》，迁入的时间也是明初。其余各族迁入时间不详，但原籍分别为浙东3族、江西2族、徽州1族、山西2族、山东1族，并非都来自苏州。其他可考的迁出地还有常州、无锡、湖州、吴兴、昆山、句容等地。可见元末明初迁入苏北的移民主要来自今江苏南部和浙江北部，也包括皖南、江西和其他地区。

移民的数量相当可观，特别是由于原来的居民所剩无几，移民成为人口中的主要部分，各方面占有压倒优势。例如兴化县元末仅8600余人，洪武九年（1376年）增加到75700余人，增长了8倍多。估计苏北的扬州、淮安二府在明初接受的移民有近60万，如果加上迁入的卫、所将士和他们的家属，总数约有65万。由于来自苏州府的移民占了很大的比例，在经济、文化、社会各方面的影响也最突出。

直到明朝后期，以苏州阊门为故乡的现象还不普遍。如兴化李春芳是嘉靖末年的状元，他的祖籍明确记载为句容。他的孙子李思成在《陆氏家谱·序》中谈到兴化县的望族时，也只说是从“他郡”迁来，而不专指苏州。有趣的是，李春芳的后人以后却自称是从苏州迁来。又如阜宁吴氏的始迁祖超凡是常州府宜兴县人，但嘉靖以后的族谱中就记为“爰自姑苏，用迁斯土”“因鼎革之乱，由苏迁盐（城）”。到了近代，移民后裔几乎都自称来自苏州阊门，甚至明初的土著家族后裔也变成了苏州人的后代。

很明显，阊门或阊门外不可能是移民的真正故乡，只是一个重要的移民集合、出发地，但由于苏州府甚至附近其他府县的不少移民从这里出发，那些没有文化的平民百姓就将这个地名传给了子孙。年深日久，无法了解自己真正来历的后代就只能以此为原籍了。当苏州移民后裔中出现了名人和大族，认同“苏州阊门”的移民后裔就会越来越多。

还有一个以往没有引起人们注意的情况：张士诚的军队扩展到江南，张氏本人迁至苏州后，肯定会有大批苏北人迁往苏州和江南。到张氏覆灭，这批苏北人中没有被迁往淮北等地的幸存者肯定会迁回苏北。他们虽是迁回故乡，但实际是降俘人员，身份比一般移民要低，所以子孙冒称江南移民是很自然的，但他们并无江南“原籍”可称，只能随大流用“苏州阊门”。

在近代上海兴起以前，苏州是江南最繁荣发达的地方，而苏北却越来越衰落，到了近代更成为难民、灾民的输出地，使江南一带形成鄙视苏北人的风气。在这种情况下，以“苏州阊门”为祖籍，未始不是一种精神上的自我安慰，必然使“苏州阊门”后代日益增多。

今天，对大多数“苏州阊门”的后代，我们已经无法查清他们的真实故乡了。既然他们的祖先与苏州移民一起栉风沐雨、含辛茹苦，使苏北重新得到开发和发展，那么与苏州移民受到同样的纪念也是理所当然的。

四、南雄珠玑巷

在珠江三角洲，南雄珠玑巷几乎尽人皆知，因为很多人都知道自己的祖先是从那里迁来的，而且在家谱的记载和民间传说中，都流传着一个大同小异的故事：在南宋末年（有的记为宋度宗咸淳九年，1273年），宫中有一位姓苏（一作姓胡）的美貌妃子。一天晚上，皇帝到她住的宫中来，她在演奏雅乐时失误，皇上大怒，将她打入冷宫。苏妃伺机逃出，扮成游客，住在京城。有一位名黄贮万的富人，是南雄府始兴郡保昌县牛田坊人，用船运粮食进京，停泊在杭州城外，正准备宰牲祭神，有一位歌女路过。黄贮万见她长得漂亮，有意挑逗，那女人就走下船来，与黄谈得十分投机，表示愿以身相托，黄就将她带回故乡。后来皇帝想起苏妃，下令召见，才得知她逃亡已久，龙颜震怒，命兵部尚书张钦（或作张英宾）发文至各省查缉，因终年杳无音讯，只得上奏皇上，停止追查。黄贮万不知他带回来的女子就是苏妃，有一天仆人刘壮与他发生纠纷出走，将此事传到京城。兵部的官员恐怕皇上再次追究，就谎称民间有人作乱，会同各部门文武官员秘密商议，决定将这一带彻底平毁，以消除苏妃的踪迹。因而以南雄府保昌县牛田坊有人谋反作乱、祸害良民为由，假传圣旨，在牛田坊选地建筑寨所，用于驻扎军队镇压，以保国泰民安。不久兵部的公文下达，地方官命令当地百姓全部迁走。于是牛田坊的五十八村居民在珠玑巷九十七人的带领下，向官府申请了合法迁移的公文，相继南迁。这九十七人属三十三姓，他们是：罗、湛、郑、张、尹、文、苏、谢、陈、麦、卢、汤、温、胡、赵、伍、曹、区、李、梁、吴、冯、谭、蔡、阮、郭、廖、黄、周、黎、何、陆、高。

另外的说法是：由于奸相贾似道进谗言，胡妃（或苏妃）被逐出宫为尼，藏匿民间。后度宗追查，引起珠玑巷百姓的逃迁。或说胡妃出宫后精神失常，在南雄落水身亡，皇帝以为被民间藏匿，下令搜寻。

为了证明自己祖先南迁的合法性，不少家谱中还收录了有关的“公文”，其中有代表性的一种如下：

> 岭南道南雄府为逃难给引早救生灵事：本年正月十三日，据始兴郡保昌县牛田坊十四团珠玑村贡生罗贵等连名呈称前事，内开：为天灾人祸，民不堪命，十存四五，犹虑难周。及今奉明旨颁行，筑土设寨所。因思近处无地堪迁，远闻南方烟瘴，地广人稀，堪辟住址，未敢擅自迁移等情到府。据此，查民贡生罗贵等九十七名，案非罪孽民氏。为此，合就行给文引，批限起程。凡经关津岸陆，此照通行，毋得停留阻禁。方到止处，合应行赴该府州县属立案定籍，缴报文，以凭造册转报施行。绍兴元年正月十五日给，限四月二十四日缴。

关于这些传说和公文的真实性，已故著名史学家陈乐素在《珠玑巷史事》[①]一文中已做了很全面的论证，这些并非历史事实，但也不

①发表于1982年第6期《学术研究》，载《求是集》第二集，广东人民出版社，1984年版。

是完全没有根据。《宋史·贾似道传》载有咸淳八年（1272年）贾似道迫使度宗罢了胡贵嫔之父胡显祖的官，又令胡贵嫔出宫为尼。此事经《齐东野语》《咸淳遗事》等记载，到了民间又将胡（一作苏）妃演变为潜逃出宫的游妇，随黄贮万回南雄，导致南雄居民被逼南迁。但是在北宋覆灭之际，一些官吏、将士和中原百姓随隆祐太后南迁，由洪州（今江西南昌市）逃至太和县，又逃至虔州（今江西赣州市）。几个月后，隆祐太后返回杭州，但一部分滞留在虔州的难民已经继续南迁，越过大庾岭到达南雄，以后又由此南下珠江流域。在南宋期间，今江西南部经济发达，人口增加，向南迁移是当地无地贫民的一条出路。到了宋元之际，随着元军的南下，忠于残宋的军民和难民，包括以前由中原迁来的移民后裔，再次由南雄南迁。至于那一类公文，自然是出于后人的伪造，因为无论是文字、格式，还是提到的行政区划、职官、制度都不符合宋代实际，而且各种家谱中所载公文在时间和内容上也自相矛盾，但是这些资料中所反映的迁移过程和途中的艰辛却是可信的。

无论“胡妃（或苏妃）之祸”是否确有其事，与南雄是否有关，一次孤立的事件是不可能引发大规模的移民并且能够持续数百年的，真正的原因还是迁出地南雄一带的推力和迁入地珠江三角洲的拉力。

中国历史上的几次人口南迁，都是渐次推进的。“永嘉之乱”后，北方移民主要的定居区还是江淮平原、江汉平原、长江三角洲，而在唐“安史之乱”后至五代期间，南岭以北几乎都已有了北方移民的定居点。北宋期间，长江以南地区的人口已有大幅度的增长，在今浙江、江西、福建范围内有不少地方出现了人多地少、人口压力增强的现象。南宋时，除了本地的人口增长外，又有大批北方移民迁入，这种现象日益加剧，杀婴之风也愈演愈烈。由于其他方向已很难找到大片人口稀疏地区，向南迁移成了唯一的选择。金兵入侵和元军灭宋都是由北向南推进的，受战乱影响的难民、流民也只能由北南迁。翻越大庾岭是当时最主要的南北通道，地处大庾岭南的南雄自然成为南下移民的集散地，特别是在移民大批涌到又没有具体目的地的时候。

北宋初年，珠江三角洲人口还相当稀少，原有居民主要居住在城市周围，大量荒地、河滩、沙洲尚未开发利用。由北方迁移的移民或为生计所迫，或拥有一定的财力和号召力，或掌握较先进的生产技能，纷纷筑堤开垦坦地、荒地为农田。围堤的兴筑保护了新垦农田，避免了洪水淹没之害，也在不损害原有居民利益的前提下扩充了耕地，不仅保证了移民的基本需求，还为他们的发展提供了条件。这样的信息对滞留在南雄的流民和北方迁出地的居民无疑有巨大的吸引力，于是新的移民源源不断地南迁。根据曾昭璇、曾宪珊《宋代珠玑巷迁民与珠江三角洲农业发展》①一书，珠江三角洲的堤围主要筑于宋元以后，南宋所筑多于北宋；元代所筑都在宋堤下游，表明开发区不断向海边推进，可考的成围元堤就有25条。该书所引徐俊鸣的研究证明，三角洲的人口密度在唐代还只有每平方千米1.2户，到宋代就增加到了4.8户，元代已达6.0户。可见移民主要是在北宋至元这近四百年间迁入的，又以南宋期间最为集中。

曾昭璇、曾宪珊通过对家谱、方志、地名志等资料的搜集和实地调查，列出珠玑巷移民家族797支，是目前所见最详尽的结果。那么，这些家族的祖先是否真的都是从南雄珠玑巷迁来的呢?

陈乐素的研究认为，珠玑巷的名称在宋元史籍中尚未发现，在《琴轩集》所载明永乐年间东莞陈琏所撰的几篇族谱序和墓志中，也只

①暨南大学出版社，1995年版。

说伍、封、罗、李、蔡、邓、丁、何、刘、黎、李、张、袁诸族“先世南雄人”，还没有提到珠玑巷。但到万历年间，梁廷栋的《珠玑怀古》诗中就出现了“珠玑遗迹动凄极，厌说前朝有徙移”，黄公辅也作有《过沙水珠玑村》云：“长亭去路是珠玑，此日观风感黍离。”“已无故老谈前事，那得新闻访旧支？”说明在明中叶以后，对珠玑巷的传说已经相当流行了。明末的屈大均在所著《广东新语》中已明确表明他是珠玑巷移民的后裔，并称“吾广故家望族，其先多从南雄珠玑巷而来”。根据他的说法，因北宋开封城内有珠玑巷，宋室南迁时，迁入南雄的臣民为了表达对故都的怀念，将自己的聚居地也称为珠玑巷。不过，同书中又说珠玑巷本名敬宗巷，唐敬宗死后（827年初），因避他庙号的讳才改名。可见当时已有不同的传说，莫衷一是，但即使按前一说，珠玑巷的名称也有八百多年的历史了。

不过，珠玑巷毕竟是一隅之地，当然不可能是众多南迁移民的真正故乡，至多只是他们的一个集散地。即使从家谱资料中也可以看出，不少家族来源于中原望族或始迁祖是高官显宦的记载是出于附会，就像前面所引的“公文”那样，显然是后人假造的，但这是完全可以理解的。当一支移民家族筚路蓝缕、栉风沐雨，经过几代以至十几代人的艰苦奋斗，终于赢得了家族的兴旺发达，能够与其他家族一样建宗祠、修家谱时，怎么能让始迁祖的来历和迁移历史保持空白，或仅仅是一位流民、难民呢？既然其他高门大族都来自珠玑巷，而本族也是南迁的移民后裔，认同为珠玑巷移民又有何不可？正因为如此，早在数百年前的明清之际，珠玑巷就已成为无数岭南人精神上的故乡，成为维系他们桑梓之情、宗族之谊的根。

个别家族实际并非北方移民，或是当地非汉族土著的后代，或是由岭南其他地方迁来的移民，但生活在一个珠玑巷移民压倒多数的社会环境中，也做了认同于主流文化的选择。尽管他们的血缘根源并不来自北方，但经过长期的融合，他们的文化和心态已与北方移民后裔无异，人们当然应该尊重他们自己的选择。正如前面几篇中已经指出的，在对“麻城孝感乡”“江西瓦屑坝”“苏州阊门外”等地的认同中也都有这样的情况，是中国移民历史中的普遍现象。

遥想当年，成千上万经历了天灾人祸、长途跋涉来到南雄的流民、难民，在此北望家山，面对千里“蛮荒”的岭南，不知留下了多少辛酸的故事，但他们义无反顾踏上南迁的征途，终于繁衍了成百万岭南儿女，造就了千古伟业。今天，当我们站在这片繁荣富庶的土地上时，怎能不想到珠玑巷、想到珠玑巷来的先人?

珠玑巷的根连着黄河、长江，珠玑巷的枝叶遍布岭南，遍及世界。

五、山东枣林庄

与麻城孝感乡、南雄珠玑巷和洪洞大槐树等著名的移民出发地、集散地相比，山东枣林庄实在是一个名不见经传的地名。要不是去淮北调查，或许我们也不会知道枣林庄，更不会将它写进我们的《中国移民史》。

由于朱元璋是濠州人，明朝开国后，他就在故乡设立了一个跨淮河两岸的凤阳府（治今安徽凤阳县）。凤阳府虽然辖境极大，但因长期受到战乱、灾荒、瘟疫的三重打击，已经残破不堪，直到洪武十一年（1378年），土著人口还相当稀少，估计不过13万。

根据文献记载，从洪武三年至七年（1370—1374年），官方对凤阳府至少组织过三次大规模的移民，这些移民来自江南的苏州、松江、嘉兴、湖州、杭州等府和山西北部的弘州、蔚州、定安、武朔等地。迁自江南的移民主要分布在凤阳府城及临淮、怀远、定远、五河等县，迁自山西的移民则集中在灵璧、虹县、宿州等地，移民总数已超过了土著居民。

1991年秋，当我们在固镇、灵璧、宿州调查时，听到的还都是祖先来自山西的移民传说，但向北进入濉溪县时，就发现了明初山东移民的踪迹。濉溪县的地方志编纂人员做了大量调查，在1987年编成的《濉溪县志·人口志（评议稿）》中就有这样的说法：

> 本县移民多在明洪武年间和清初徙入。建国前，濉溪城居住着周、吴、郑、王、李、丁、梁七个大姓。当地有“东李西梁南北丁，周、吴、郑、王居当中”之说。这些姓氏占总人口的80%以上，均为移民。城东李姓，原籍山东省长清县野樵窝，明洪武十三年，兄弟四人奉调南迁，老大迁居萧县南冲町，老二迁居宿县八孔桥附近，老三迁居路町附近，老四迁居濉溪口城东李家桥，为李家村李姓始祖，繁衍数代后，因人口繁多，迁居到周围村落。城西梁姓，原籍山西省青平县，明初迁入濉溪梁庙、梁花园、梁楼等处。

长清县今属山东济南市，今山西省却没有青平县，元末明初也没有这么一个县。仔细分析，发现青平县当是青平镇之误，元代中书省的河间路在济南路辖境旁有一块飞地，其中有一个青平镇，是青城县的治所。洪武二年（1369年）青城县废，十四年（1381年）恢复，直到1948年与高苑县合并为高青县。因此，所谓“原籍山西青平县”的梁姓实际上也是来自今山东高青县的移民，与李姓是同一来源。

据1987年《濉溪县志·人口志（评议稿）》记载，城南、城北的丁姓，其始祖丁齐原籍山东阳谷县，元末迁居蒙城坛城集，四世后分迁至濉溪。濉溪的移民后裔，除了原籍不详者外，能够追根溯源的，祖籍大多是山东，其中在明初迁入的又大多来自济南府。

濉溪已是明朝凤阳府的北边，我们本来以为山东移民只是因距离较近而就近迁入，但从濉溪折向西南后才明白山东移民的分布并不限于凤阳府的北部。

今利辛县明初属颍州，也是凤阳府辖境，这一带关于山东移民的传说更多，如一部《纪氏族谱》称其先祖于洪武八年（1375年）由山东莱芜县迁来。莱芜县在明初也属济南府。看来迁入凤阳府西部的移民也是以济南府为主要来源。更令人感兴趣的是，在民间传说中保持着一个共同的移民出发地名。1988年，利辛县地方志办公室曾组织过一次大型的姓氏源流调查，尽管这次调查缺乏科学的设计和周密的安排，调查质量不高，形成的资料难以运用，但调查中众口一词的说法却特别引人注目——祖先于明初迁自山东。很多人都说祖先来自山东“枣林庄”。需要说明的是，“枣林庄”并未见到书面记载，“枣林”二字只是按照发音记下来的，而一部分人将第二个字读为“lian”，而不是“ lin ”。至于“枣林庄”在山东哪里，却谁也不知道。

南下寿县，发现这里也到处是山东移民的后裔。1989年编纂的《寿县志（初稿）》记录了当地23个氏族，其中21族都是明洪武年间迁入的，大多迁自山东，几乎所有的口碑记录都说是来自枣林庄。霍邱县的情况也是如此，《霍邱县志（1989年评议稿）》说：“据孟集区《孟氏宗谱》、叶集镇《台氏宗谱》、岔路乡《田氏宗谱》、长集镇《张氏墓地碑记》，明初到明中叶，霍邱接受了大批的山东移民。”不同的只是寿县、霍邱一带的山东移民大多迁自济宁，而不是济南。明初济宁属兖州府。

再往南就到了皖西的六安市，已经出了明凤阳府的范围，进入了明朝的庐州府境，山东移民后裔依然很多，并且都以“枣林庄”为祖先的来源。一位姓田的山东移民后裔说，他家老宅中还挂着一副对联“薛国名臣第，临淄哲学家”。他家来自山东自然确实无疑，但他也不知道枣林庄究竟在山东何处。不过，六安一位山东移民后裔却提供了一条重要线索，他说他以前看过自家的族谱，记得枣林庄似乎在兖州。

目标缩小了，我们遍阅兖州方志，最后在康熙十一年（1672年）《滋阳县志》上查到了“东大南社，枣林庄”这个地名。滋阳县是明朝山东兖州府的附郭县（即府治所在县），这个“枣林庄”是不是移民后裔心中的故乡呢？

当年冬天，我们来到兖州，在县地名办公室的协助下，终于在《山东省兖州县地名志》（1989年）第205页上找到了这样一条材料：

> 安邱府，位于县城北3.5公里，谷城乡南部，黄土平原。安邱府村民委员会驻地。169户，686人，汉族。耕地1005亩，以农为方，主产小麦、玉米、地瓜，兼种棉花。
>
> 此村历史悠久，曾有汉代文物出土。据明朝石碑记载，明以前此村称枣林庄，明鲁王裔孙安邱王分封于此，始称安邱王府庄。明亡后，清康熙初年又称枣林庄，清末复称安邱王府庄，简称安邱府至今。

检《明史·诸王世表》，第一代安丘王是鲁靖王肇𪷽的第四子，始封于宣德十年（1435年），延续至明亡，所以从1435年开始，枣林庄这个地名已成历史，虽然清朝有二百余年又恢复了原名，但再称安丘又有近百年之久，湮没无闻就不足为奇了，但可以肯定的是明初的“枣林庄”肯定是一个不小的村庄或集镇，离兖州府城又只有七里，所以才会作为郡王的封地。

那么“枣林庄”是不是明初山东移民的出发地呢？

从元末的人口分布看，山东境内的济南、青州、莱州、登州等府人口相对密集，东昌府（治今聊城市）人口最稀少，兖州则仅次于东昌府，但兖州辖境广大，东部和西部差别很大，西部是黄河泛滥区，元至正四年（1344年）黄河在曹县白茅堤决口，这一带成为一片泽国，直到至正十一年（1351年）贾鲁治河堵塞了决口后才使黄河恢复故道，但兖州西部依然荒无人烟；兖州东部属丘陵山区，既未受河决影响，在元末明初的战乱中损失也较小，到战后就成为人口相对密集的移民输出区了，而枣林庄地处兖州府治城郊，兖州府东部的移民先集中到这里出发是完全可能的。另一方面，枣林庄又处于由济南府各县南下的交通要道上，来自济南府的移民大多会经过这里，可能在他们的记忆中留下较深的印象，成为他们心目中有特殊意义的一个地名符号。

从山东移民不见于明初官方的文献记载看，这些移民基本都是自发的、分散的，所以他们大多分布在官方主要的移民安置区之外，即凤阳府的西部与相邻的庐州府西北。由于并非出于官方安排，所以多数移民没有能够顺利入籍而成为合法的定居民户，多年后才得到官府承认，被编入当地户籍。

据正德《颍州志》记载，洪武十四年（1381年）颍州有土著1700户，正统七年（1442年）增加了338户流移客户；至成化十八年（1482年）土居主户增加到2544户，流移客户增加到6356户，移民户占总数的71%。这并不意味着颍州到正统七年（1442年）才接受外来移民，只是从洪武初开始迁入的移民直到正统年间才陆续获得合法的居留权，被编入户籍。在《明英宗实录》卷八九中正好有一段正统七年（1442年）凤阳府收粮监察御史胡鉴的奏章，可以证明这种做法：

> 本府太和等县，地土宽广，荒闲者多，以致各处人民逃来趁食。先是，御史金敬给与勘合，暂编居住，以待原籍来取复业。今经年久，原籍差人来取，有发遣起程至中途逃回者，有聚众打伤来人而回者。展转在彼居住，又不入籍当差，至有窃人财物肆为不法者。合行禁止。

朝廷做出的决定是重申都察院以往的规定："凡逃民离乡年久，产业已成，不愿回还者，许就所在官司报籍，三年一体当差，敢有不遵者，治罪不饶。"并命令巡视凤阳等府通政司参议王锡负责调查实施。已在凤阳府西部居住很久的山东移民显然都符合就地入籍的条件，所以他们从正统七年（1442年）开始就陆续入籍了。当然，山东移民并不都是在洪武初年就迁入的，有的可能迟至正统七年（1442年）以后。

明初迁入凤阳府西部的山东移民的数量并不很多，估计不过数万，但由于当地土著人口稀少，移民在总人口的比例很高，并且有较高的增长率，百余年后山东移民及其后裔已占总人口的近70%，他们的影响之大可想而知，这也是为什么至今还有那么多移民后裔念念不忘山东故乡的原因所在。

当然，与前面提到过的麻城孝感乡、江西瓦屑坝、苏州阊门、南雄珠玑巷一样，山东枣林庄也是一个移民的出发地或集散地，并不是在淮北的山东移民的真正故乡，但它在移民后裔心目中的意义是不可磨灭的，因为它同样凝聚着移民对故乡深深的眷恋。

在庆幸枣林庄被重新发现时，我们又面对着新的疑难：在漫长的中国移民史中，需要我们寻找的移民发源地还有很多。

六、洪洞大槐树

在中国移民史上辐射范围最广、影响最大的一个移民发源地，大概要算山西洪洞大槐树了。“问我祖先来何处（或作故乡在何处），山西洪洞大槐树。”这两句流传了数百年的民谣，在华北的老一代中几乎是尽人皆知的。随着华北人口的外迁，大槐树移民的后裔又扩散到全国各地。有学者考证，“洪洞古大槐树移民”分布在11个省（市）的227个县。[①]这一结论的主要依据是地方志和家谱中的记载，那么历史事实如何呢？一棵古树下能走出那么多的移民吗？

现在洪洞县的古大槐树遗址是民国二年（1913年）重修的，据民国《洪洞县志》：“大槐树在城北广济寺左。按文献通考：明洪武、永乐间屡徙山西民于北平、山东、河南等处，树下为集会之所，传闻广济寺设局置员，发给凭照、川资。因历年久远，槐树无存，寺亦毁于兵燹。民国二年，邑人景大启等募赀竖碑，以志遗迹。”可见现存的“古大槐树”是民国二年（1913年）移植的，早已不是明朝的原物了。当时人柴汝桢的《修复大槐树古迹记》称：“此乃先朝永乐间朝命移民实边，此盖荟萃处也。广济寺曾竖碣载其事甚详，乡里耆老犹及见之，迄今年湮久远，饱经风霜，古刹付诸汾流，遗碣鞠为茂草。”此说如属实，则清朝后期广济寺内还保存着记载移民史实的碑记，但柴氏所说的“徙民实边”显然只是山西移民中的一部分，不能包括迁往华北各地的全部，碑文可能只记载了山西向边疆的移民。

对大槐树移民这种“但不见诸史，惟详于谱牒”的奇特现象，当

①参见杨安祥《洪洞古大槐树移民分布考证》一文，载《山西师范大学学报》，1986年第2期。

时的学者也颇感困惑，如乔祼亭在《题大槐树拟古》序称：“余尝游于豫、燕、晋、济、陇间，每询姓氏祖籍，多以洪洞大槐村对，并有述其迁徙之事者，言人人殊，就中以明初之说为多，骤闻之虽似《齐东野语》，然以语系及习惯推之，诚不诬也。矧文明之族谱，谱牒特详，尚有克溯邑里，而可考其世系者。”乔氏在河南、河北、山西、山东、甘肃各地听到的移民传说虽然形形色色，甚至更像小说故事，但从他所感受到的方言和风俗习惯，他肯定这些人都是山西人的后裔。而有关家族的谱牒记录着明确的世系和具体的迁出地，更使他对大槐树的传说确信无疑。

不过如果我们仔细翻检明朝的史料，还是可以找到不少有关山西人口外迁的记录的，其中有几次肯定是包括洪洞一带在内的。

如洪武二十一年（1388年）前，由于元朝宗室四大王还盘踞在岢岚山，元朝残余势力也不时威胁山西北部，为了断绝其人力物力，保障边境的安宁，朱元璋不断将俘获或归降的蒙古兵民、他们所控制的汉民和山西北部边缘地带的百姓迁往京师（今江苏南京）、中立府（后设为凤阳府，今安徽凤阳一带）和南方其他地区。

但是从金、元以来，山西一直是北方经济文化比较发达的地区。在元明之际的战乱中，山西大部分地区所受损失不大，经过二十余年的休养生息，人口已有很大增长。另一方面，山西多山，耕地开垦的余地有限，人口稍有增加，地少人多的矛盾就相当突出。而河北等地人口稀少，田地荒芜，所以在洪武二十一年（1388年）四大王投降、边患平息后，户部郎中刘九皋就提出了从山东、山西向河北移民的建议：

古者狭乡之民迁于宽乡，盖欲地不失利，民有恒业，今河北

> 诸处，自兵后田多荒芜，居民鲜少。山东、西之民自入国朝生齿日繁，宜令分丁徙居宽闲之地，开种田亩，如此则国赋增而民生遂矣。①

朱元璋认为“山东地广，民不必迁，山西民众，宜如其言”，批准了从山西移民的计划，将泽、潞二州的无田农民迁往彰德（治今河南安阳）、真定（治今河北正定）、临清（治今山东临清）、归德（治今河南商丘）、太康（治今河南太康县）等地的“闲旷之地”，允许他们自行置屯耕种，免交赋役三年，并发给每户钞二十锭的购置农具补贴。

据《明太祖实录》所载，此后移民一直在进行，并取得可观的成果：二十二年（1389年）八月，后军都督朱荣报告，已向定居在大名（治今河北大名）、广平（治今河北永年东南）、东昌（治今山东聊城）三府的山西贫民拨发了二万六千七十八顷田。户部上报，山西沁州百姓张从整等一百一十六户自愿应募屯田，朱元璋命赏给他们钞锭，分给田地。又令张从整回沁州招募居民。

十一月，朱元璋又命后军都督佥事李恪等去山西招募百姓迁往“土宜桑枣，民少而遗地利”的河南彰德、卫辉（治今汲县）、归德，山东临清、东昌等府，对愿意迁徙者“验丁给田”，即根据每户的成年男子的数量确定分给多少土地，对冒名多占者加以惩罚，又命令工部将有关规定出榜公布。到二十五年（1392年）十二月，李恪等完成使命回京，据报告，彰德、卫辉、广平、大名、东昌、开封（治今河南开封）、怀庆（治今河南沁阳）七府共安置山西移民“凡五百九十八户，计今年所收谷粟麦三百余万石、棉花千一百八十余万斤，见种麦

① 《明太祖实录》卷一九三，台湾“中央研究院”历史语言研究所校勘本，第2895页。

苗二千一百八十余顷”。朱元璋大喜：“如此十年，吾民之贫者少矣。”从收获量及朱元璋的态度看，这个“五百九十八户”的数字肯定是《实录》事后记错的。

洪武二十八年（1395年）三月，朱元璋又派中军都督府左都督佥事朱荣往彰德、卫辉、大名、广平、顺德（治今河北邢台）、真定、东昌、兖州（治今山东兖州）等府，“劝督迁民屯田”，即将迁入当年的移民组织为“屯”，实行集中开垦。到当年十一月，朱荣报告称“东昌等三府屯田迁民五万八千一百二十四户，租三百二十二万五千九百八十余石，棉花二百四十八万斤”。右军都督佥事陈春报告彰德等四府“凡屯田三百八十一屯，租二百三十三万三千三百一十九石，棉花五百二万五千五百余斤”。

对洪武年间山西移民的数量，台湾学者徐泓认为：“洪武二十二年（1389年）九月为止，徙居大名、广平、东昌三府的山西贫民约有24736户，或123681人；洪武二十五年（1392年）十二月为止，大名、东昌、彰德等七府从山西迁来移民总数达65780户，以每户5人计，约有328900人；洪武二十八年（1395年）十一月止，东昌、大名、广平等三府的迁民已增至58124户，较洪武二十二年（1389年）约增加一倍多。七府迁民总数100034户，约较洪武二十五年（1392年）时增加0.52倍。”但很明显，《实录》所记载的只是朝廷在山西迁民及在河北、河南、山东等地进行安置的重大事件，并没有包括移民的全过程，也没有记录完整的移民数量，所以山西移民的实际数远多于统计出的这十万余户、约五十万人，估计会有七八十万，甚至可能接近百万。

洪武年间山西另一次重大的移民是从全省征丁至北部大同一带和相邻的内蒙古南部建立卫所，实行军事屯垦。洪武二十五年（1392年）八月，朱元璋命宋国公冯胜、颍国公傅友德去山西布政使司，“集有司耆老”传达他的旨意，同时派出开国公常升、定远侯王弼等十一侯、陈俊等十都督和指挥李茂之分别往平阳、太原等府，“阅民户四丁以上者，籍其一为军，蠲其徭役，分隶各卫，赴大同等处开耕屯田”；并规定在“东胜立五卫，大同在城立五卫，大同迤东立六卫，卫五千六百人”。

大同一带是“苦寒之地”，又处于防御蒙古的前沿，百姓自然不会自愿将家中的成年男子送到那里去编入军事卫所，从事屯垦。而且根据明朝的法律，一旦编入卫所，便世世代代不能脱离军籍。16个卫要征集89600人，洪武二十四年（1391年）除大同府（这次征兵的安置地区）以外的山西全省的登记户口为619291户，要在其中找到近9万户“四丁以上”的大家庭并不容易。正因为预见到了这次征集的艰巨性，朱元璋才派出了如此强大的阵容，并落实到各府县。尽管他要求那些武官“毋扰于民”，但为了要在短期间完成任务，强制措施看来是少不了的。

同年十月，冯胜等回京复命，编成的16卫的兵源来自山西70个州县，它们是：平陆、夏县、芮城、临汾、襄陵、蒲县、洪洞、浮山、曲沃、翼城、绛县、闻喜、安邑、猗氏、霍州、灵石、赵城、汾西、绛州、太平、蒲州、稷山、万泉、临晋、荣河、隰州、吉州、石楼、永和、大宁、河津、平遥、太谷、忻县、汾州、汾水、孝义、辽州、沁州、平定、乐平、和顺、榆社、武乡、沁源、石州、岢岚、保德、宁乡、临县、兴县、静乐、岚县、河曲、忻州、代州、崞县、繁峙、五台、太原、清源、徐沟、交城、介休、阳曲、榆次、寿阳、盂县、定襄等，可谓遍及全省。至洪武二十六年（1393年）二月，新置卫所正式建立。

山西的第三次大规模人口外迁发生在洪武末年至永乐年间。洪武三十年（1397年）九月，派户部官员“核实山西太原、平阳二府，泽、潞、辽、沁、汾五州丁多田少及无田之家，分其丁口以实北平各府州县”。这二府五州大约相当今晋中、临汾、晋东南三地区及吕梁地区的一部分，迁入地相当今北京市和河北省的部分地区。移民的数量虽不详，但从迁出地和迁入地相当广泛来看，总数必定不少。

朱棣决定迁都北京后，于永乐二年（1404年）九月从太原、平阳二府和泽、潞、辽、沁、汾五州迁居民一万户充实北京。这次迁移的范围与上一次相同，可见这是山西人口比较稠密、有潜在移民的地区。永乐五年（1407年），朝廷还从平阳府和潞州迁了二三千户至北京，由上林苑监管辖，专门为皇家园林从事“牧养栽种”。

与此同时，河南的地方官为了解决本地“地广民稀”的困难，还主动要求引进山西移民。如永乐元年（1403年），裕州（治今河南方城）曾提出“山西泽、潞等州地狭民稠，乞于彼无田之家分丁来耕”，得到批准。值得注意的是，这类移民方式是“分丁”，迁出的大多是单身劳动力。尽管史籍中只有这一条记载，但我们可以肯定合法引进山西移民的不光裕州一处，自发的移民大概更多。

永乐九年（1411年）后，山西连年遭受严重灾害，如永乐十年（1412年）四月户部官员对平阳府翼城等县的赈济对象就有十六万九千六百余户，估计仅南部的灾民就超过百万；永乐十四年（1416年）的旱灾遍及平阳、大同、蔚州、广灵等府州县，灾民合法外迁受到限制，以致在永乐十五年（1417年）五月出现了这些地区的代表申外山等人到北京“诣阙上言”，请求去北京广平、清河、真定、冀州、南宫等县“宽闲之处占籍为民，拔田耕种，依例输税”，以免流离失所。得到朱棣批准，并免收田租一年。从这一事例可以看出，当时合法或非法迁入相邻地区的山西灾民数量必定相当多。这类灾民外迁也不会限于永乐时期，如宣德三年（1428年）五月，因连年大旱，平阳府蒲、解、临汾等州县“尽室逃徙河南州县者十万余口”。明朝中期以后在荆襄山区的流民中也不乏山西人。

总之，从明初开始，大量山西移民迁往河北（含今北京市、天津市）、河南、山东等华北各地，也由本省的南部、中部迁往北部和相邻的内蒙古地区，以后又有不少山西移民后裔转迁至各地，但正如前面已经说明的，这些移民迁自山西各地，不可能都来自洪洞县，更不会全部出于大槐树。

既然如此，为什么会形成大槐树的传说呢？

首先，洪洞县所属的平阳府应该是山西输出移民最多的地区。据成化《山西通志》，输出移民的太原、平阳、汾、沁、辽、潞、泽等府州洪武二十四年（1391年）共有六万余户，而平阳府有二万余户，超过总数的三分之一。以永乐十年（1412年）的口数与洪武二十四年（1391年）相比，潞州减少了376845口，平阳减少了203505口，即使不考虑这21年间的人口自然增长，迁出的人口至少有58万之多，估计要占山西外迁人口之半，而潞州与平阳毗邻，两地移民合并迁移安置也在情理之中。如果这样，出自平阳的移民自然会成为山西外迁移民主体。

其次，自金元以来，平阳的经济文化地位一直居山西之冠，而洪洞在府属各县中又居领先。如金人孔天鉴在《藏书记》中称：“河东之列郡十二，而平阳为之帅。平阳之司县十一，而洪洞为之剧……东接景霍，西临长汾，南瞰大涧，邑居之繁庶，土野之沃和，雄冠他邑。其俗好学尚义，勇于为善，每三岁大比，秀造辈出。”这种优势一直保持到了明代，据成化《山西通志》所载平阳府属各县的户口数，洪洞县仅次于临汾县而居第二，而洪洞优越的交通枢纽地位又为临汾所不及。正如乔逢辰在《惠远桥记》所言：“其始为城者，适当大路津要，骅骖之所奔驰，商旅之所往来，轮蹄之声昼夜不绝。”由于洪洞地当交通要道，本地外迁的百姓既多又具有雄厚的经济实力，官府选择洪洞为附近地区外迁移民的集合地和出发地是完全可能的。

明代的山西移民基本都是无地、少地的底层贫民，既无社会地位，更无文化；既无煊赫的祖先和高贵的门第值得炫耀，又没有以文字记载故乡家世的能力。留给他们印象最深、并由他们的子孙口耳相传的就是繁华的洪洞县和他们出发时告别的那棵郁郁葱葱的大槐树了。等到他们的子孙繁衍为人丁兴旺、富裕体面的大家族时，再要追溯祖宗迁出山西以前的踪迹和世系已不可能，所以只能以洪洞大槐树为故乡了。

另一些移民不仅故乡不是平阳府或洪洞，也不是迁自大槐树，但他们的后代早已不知道祖先的具体来历了。既然自己的祖先来自山西，其他山西移民的后代又都说是洪洞大槐树人，自然也应该以大槐树为故乡。随着大槐树移民后裔的增加，这种文化上的认同和从众心理也会越来越强烈，以致明知自己祖先来自山西其他地方的人也会认同于大槐树。从这一意义上，大槐树的确成了全体山西移民后代心灵上的根，而不管他们的先人来自山西何处。

当你读完孝感乡、珠玑巷、大槐树、阊门、瓦屑坝、枣林庄的往事时，请不要忘记，在中华大地上还有无数知名的和不知名的地点，都是我们的先人梦魂萦绕的根。也不要忘记，在蒙古高原、外兴安岭、贝加尔湖畔、叶尼塞河流域、两河平原、地中海之滨、费尔干纳盆地、南亚次大陆、东南亚等地，又同样有着中华民族的根。

第三节　四海同根

——寻根寄语

历史就是我们的一切，
我们比任何一个哲学派别，
甚至比黑格尔，都要重视历史。
——（德国）弗·恩格斯《英国状况》

在上一节的六篇短文中，我们分别记述了中国移民史上一些有代表性的移民发源地——麻城孝感乡、江西瓦屑坝、苏州阊门、南雄珠玑巷、山东枣林庄和洪洞大槐树，它们只是无数移民发源地或出发地、集散地中很少一部分。我们没有写到的还很多，如客家移民都以宁化石壁寨为祖宗的发祥地，明朝云南的军籍移民以南京杨柳巷为出发所，山东登莱一带百姓以云南为故乡，南昌筷子巷也被众多移民当作自己的根；而我们还没有研究过、还不了解的移民发源地肯定更多。即使我们再努力，即使全国的同行们一起努力，我们也不可能完全查清这些发源地，因为今天的十多亿中国人植根于祖国960万平方千米的辽阔领土，也植根于历史中国的一千多万平方千米疆域，又有谁能说得清中华民族这棵参天大树的每一条根系呢?

所以我们的目光不能仅仅注意这些明显的移民发源地，实际上，今天的大多数中国人可能来自一些不知名的、早已堙没在历史尘埃中的地方，或者来自今天中国的境外，或者就是生于斯长于斯的本地人。

总之，不仅祖国到处有我们的根，世界各地同样有中华民族的根。

在寻根访祖时必须注意到，我们今天能见到的史料，包括正史、地方志、家谱、诗文集、笔记、档案、碑刻等，不可避免地受到了当时历史条件的局限，受到封建的正统观念和狭隘的宗族观念、民族观念、地域观念的局限，不可能完全真实地记载和反映历史事实。我们今天运用这些史料时，必须进行客观的分析，才能恢复历史的真面目。

要真正了解我们的根，就必须注意：

一、不能忘记我们的“草根”“土根”

在旧时代，为了在封建的世袭制、等级制、门阀制和血统、郡望中为本家族找到最有利的地位，几乎所有的族谱家谱都将自己的祖宗追溯到三皇五帝、圣人贤士、帝王将相、达官贵人，几乎所有的家族都是从中原几个著名的地点迁来。为了编造出这样的世系，或者与这些煊赫人物挂上钩，就只能伪造出根本不存在的迁移史来，如李姓都是出于陇西，王姓无不发源于太原或琅琊。稍有历史常识的人不难分析，即使三皇五帝实有其人，难道当时只有他们这几人？难道除了他们几人外其他都断子绝孙？要不，其他人的子孙后代到哪里去了呢？至于三皇五帝以后的人物世系就更难自圆其说了，如李姓都追溯到西汉名将李广，但见于史籍记载的当时李姓人物就不止这一支，难道其他家族都没有留下后代？

为了抬高祖先的身价，后人往往不惜编造或篡改先人迁移的历史。如李广的先人李信，据《史记·李将军列传》的记载，本是秦朝的将领，曾俘获燕国的太子丹。他原居槐里（今陕西兴平县东南），后迁至成纪（今甘肃静宁县西南）。对李信以后的人物，《李将军列传》没有提及，显然都是普通人物，否则，以司马迁与李家的密切关系，他是不可能不知道的。到了李延寿作《北史·序纪》时，就为自己的家族编造了一段西汉前期才迁至陇西的故事："信孙元旷，仕汉为侍中。元旷弟仲翔，位太尉。仲翔讨叛羌于素昌，一名狄道。仲翔殒命，葬狄道川。《史记·李将军列传》所云其先自槐里徙居成纪，实始此也。"如果李仲翔真的官居西汉的太尉，《史记》《汉书》会不载吗？如果西汉初征羌时还有过太尉阵亡，有关的纪传、特别是羌人的专传中会不提到吗？所以不仅这次迁移的时间不可信，除李广一支外的所谓李信后代也不可信。

又如萧氏，自南朝成为大族后就编造出了自春秋宋时大夫萧叔大心至西汉初的萧何、西汉后期名臣萧望之的世系，当然也就产生了相应的迁移史。前人早已指出，见于《新唐书·宰相世系表》中萧氏世系是不可信的：萧何是本朝开国功臣，要是萧望之真是萧何之后，完全不应隐讳，何至于从不提及？再说，班固作《汉书》时去萧望之不远，可是《汉书·萧望之传》中明明写着"萧望之……东海兰陵人也，徙杜陵。家世以田为业，至望之，好学"。根本没有提到他与萧何有任何关系。显然，由萧何至萧望之，由萧望之到那些所谓萧何之后间的迁移过程并非事实。所以，不少家族的祖先其实只是寻常百姓，只是长期生活在本地的土著，既非帝王将相之后，也不是迁自当时的发达地区。如果我们能够正确地认识，这正足以增加一个家族的光荣——一个毫无社会地位和祖宗余荫可以凭借的普通人，依靠自己的奋斗造就了一个子孙繁衍、人才辈出、资产丰厚的大家族；一个居住在落后地区的家族，由于不断吸收来自发达地区的先进文化，使本家族最终跻身于高门大族之列。这样的"草根""土根"难道不值得后人自豪吗？

二、不能忘记多元的民族之根

由于汉族及其前身华夏诸族早就成为中国的主体民族，在经济文化上拥有无可替代的压倒优势，即使在其他民族入主中原时也是如此，所以早在春秋时代就形成了所谓“夷夏之辨”，汉族对其他民族的歧视早已存在，根深蒂固。尽管汉族对其他民族更注重于文化认同，但在大多数情况下，被称为“夷”“狄”“戎”“蛮”的各个少数民族一直处于被歧视、受压迫的处境，所以当少数民族人士取得了一定的政治、经济、文化地位以后，往往不得不割断本民族的根，编造出一套出于汉族的世系，以便永久摆脱“异族”的身份。

由于绝大多数少数民族的聚居区都远离中原，甚至已在中原王朝的疆域之外，要使自己的祖先能与汉族相联系，只能采取伪造一段移民史的办法，不是将先人说成是由中原迁来的汉人，就是隐瞒掉本家族由边疆或境外迁入中原的过程。前一种情况较多出现在北方某些少数民族和南方的绝大多数少数民族，后一种情况在北方的少数民族后裔中相当普遍。如匈奴、鲜卑等北方游牧民族在迁入内地或入主中原以后，就编造出种种先世由中原迁出的历史，以证明他们的祖先也是华夏族、他们也是黄帝子孙。《魏书·序纪》就称：“昔黄帝有子二十五人，或内列诸华，或外分荒服，昌意之子，受封北土，国有大鲜卑山，因以为号。”在他们改用汉姓后，就更具体地将他们的先人附会于汉族名人。如南匈奴的一支屠各取刘氏为姓后，就自称汉高祖刘邦之后，认刘备、刘禅为祖宗。改姓窦姓的鲜卑人将自己的家世与东汉初名臣窦融联系起来，而取于姓的又称先人是西周的史官于由。这种风气在北朝后期已相当普遍，经过唐代的强化，一部分家族居然弄假成真了。一旦记入族谱，后人更是深信不疑。实际上，这类迁移史都是无中生有的。而另一些很明显的少数民族家族的后裔，在深受汉族文化影响和民族歧视的环境中，又否认了先人由边疆迁入内地的事实。如汉武帝时被俘的匈奴休屠王太子金日磾，子孙显贵，成为西汉的世家大族。当时人都知道金氏的匈奴血统，但到了唐朝以后，这支金氏的后裔就直称自己为汉族，当然也就不再承认祖先由蒙古高原迁至河西走廊，再内迁长安的事实。

值得注意的是，由于古代就有尧舜将有罪的部族首领流放四裔的传说，华夏（汉）族人也乐意将这些少数民族说成是古代由中原迁出的罪人之后，因而一般都采取了贬损的手段，如《史记》称匈奴为“夏后之苗裔”，应劭的《风俗通义》中就有鲜卑人是秦始皇时戍边的刑徒之后的说法。

南方的少数民族大多并没有作长距离的迁移，是当地的土著，而不是中原的移民，但由于他们往往取汉姓，多数又采用了“张王李赵”等常用的大姓，所以很容易找一位同姓的古代名人，再通过“谪迁”“征蛮”“游宦”“避祸”等途径，将他们与自己的先人挂上钩。他们所引述的迁移过程在历史上确有其事，但与他们家族的联系却似是而非，查无实据，如福建一些族谱往往称本族始祖是西晋末永嘉年间由中原南迁而来，有的还有具体的姓名和官职，但这些人物和官职都不符合史籍记载，而且研究证明永嘉年间直接迁入福建的人数极少，更不可能有高官显贵。海南岛的一些李姓称自己为唐朝名相李德裕之后，而李德裕的确曾谪居海南岛的崖州，似乎不无可能。但仔细查阅新、旧《唐书》和有关记载，李德裕的子孙并无人留在海南岛。广西的一些壮族家族，特别是一些“土官”家族，都说自己的祖先是在宋朝随狄青“征蛮”而迁入，年深日久才成为“蛮子”。这种说法无非是要证明，自己虽然是“土官”，却拥有高于一般壮族的汉族血统，其虚假性不辨自明。在大汉族思想流行的时代，就是精于文史的学者专家也不能免俗。晚清贵州独山莫与俦、莫友芝父子，明明是当地的布依族，莫氏族谱却说原籍是江宁府上元县，明弘治中始祖某以征都匀苗而留居都匀，继居独山，并由曾国藩所作墓表加以肯定。已故史学家方国瑜教授是云南丽江的纳西族人，解放前也曾自称是桐城方氏之后。对于莫氏和方氏来说，他们的根当然应该是布依族和纳西族，而不是汉族。

三、不能忘记中华民族的世界之根

今天的中华民族是由56个兄弟民族组成的大家庭，各民族都有自己的根，有的在今天中国的境内，有的在境外各地。历史上的中国同样是一个多民族国家，各个民族的根也散布在中国内外。如回族来源于中亚、西亚、北非和东欧各族，迁入中国后才形成一个新的民族。

就是以汉族而言，在其形成过程中也融入大量其他民族的成分，所以汉族的根也早已超出了中国的范围。匈奴、鲜卑、羌、氐、羯、丁零、敕勒、柔然、突厥、吐谷浑、沙陀、契丹、党项、女真、蒙古、满等族，或者部分、或者全部融入了汉族，而这些民族的根远达欧亚大陆的各地。既然汉族中有这些民族的成分，这些民族的根也应该是汉族的根的一部分。汉族之所以能成为中华民族的主体、成为世界上人口最多的民族，一个重要的原因就是在于能够不断吸收其他民族。一个民族能拥有如此众多的根，是源远流长、兴旺发达的标志，是一种无上的光荣。所以，即使是汉族，在寻根访祖时也不应该忽视非汉族的根，或者明明知道而不承认，却硬要连到“纯汉族”的根上。比如我姓葛，按照传统的说法，当然是葛天氏之后，与诸葛亮是本家，因为葛氏迁到诸城才改姓诸葛。我籍贯绍兴，顺理成章可以认葛洪为老祖宗，但是历史上也有非汉族的葛氏，如北朝的葛姓本为贺葛氏，是鲜卑人。另外的葛氏也可能是胡人之后。那么今天葛氏的祖先也可能不是汉人，或具有胡人的血统，真是如此，我只会为祖先加入了汉族的大家庭——无论是自愿还是被迫——而感到庆幸，并且应该为先人对汉族的贡献而自豪。

我们在了解和歌颂中华民族走向世界的历史时，更应该了解和铭记，中华民族也拥有世界之根。

主要参考书目

一、史料类：

中华书局校勘本《二十四史》，中华书局，1997年版，其中包括：

《史记》，〔西汉〕司马迁撰，〔南朝·宋〕裴骃集解，〔唐〕司马贞索隐，〔唐〕张守节正义；

《汉书》，〔东汉〕班固撰，〔唐〕颜师古注；

《三国志》，〔晋〕陈寿撰，〔南朝·宋〕裴松之注；

《后汉书》，〔南朝·宋〕范晔撰，〔唐〕李贤等注；

《晋书》，〔唐〕房玄龄等撰；

《宋书》，〔南朝·梁〕沈约撰；

《梁书》，〔唐〕姚思廉撰；

《魏书》，〔北齐〕魏收撰；

《周书》，〔唐〕令狐德棻等撰；

《隋书》，〔唐〕魏征等撰；

《金史》，〔元〕脱脱等撰。

《古本竹书纪年辑证》，方诗铭、王修龄著，上海古籍出版社，1981年版。

《说文解字》，〔东汉〕许慎撰，中华书局，1963年版。

《文选》，〔梁〕昭明太子撰，〔唐〕李善注，上海世界书局，1935年版。

《庾子山集注》，〔北周〕庾信撰，清倪璠注，中华书局，1980年版。

《刘孝标集校注》，〔南朝·梁〕刘峻撰，罗国威校注，上海古籍出版社，1988年版。

《洛阳伽蓝记校注》，范祥雍校注，上海古籍出版社，1978年版。

《颜氏家训集解》，〔北齐〕颜之推撰，王利器集解，上海古籍出版社，1980年版。

《高僧传合集》，〔南朝·梁〕慧皎等撰，上海古籍出版社，1991年版。

《资治通鉴》，〔宋〕司马光等撰，中华书局，1956年版。

《全唐文》，〔清〕董诰等编，中华书局，1983年影印版。

《十国春秋》，〔清〕吴任臣撰，中华书局，1983年版。

《三朝北盟会编》，上海古籍出版社，1987年影印版。

《宋文鉴》，〔宋〕吕祖谦辑，《文渊阁四库全书》第1350册，台湾商务印书馆影印本。

《梦粱录》，〔宋〕吴自牧撰，浙江人民出版社，1980年版。

《樵歌》，〔宋〕朱敦儒撰，上海古籍出版社，1998年。

《能改斋漫录》，〔宋〕吴曾撰，上海古籍出版社，1979年版。

《大金国志》，〔宋〕宇文懋昭撰，中华书局，1986年版。

《归潜志》，〔金〕刘祁撰，中华书局，1983年版。

《利玛窦中国札记》（上、下册），（意大利）利玛窦、金尼阁著，何高济、王遵仲、李申译，中华书局，1983年版。

《瀛寰志略》，〔清〕徐继畬撰，清光绪刊本。

《瀛壖杂志》，〔清〕王韬撰，上海古籍出版社，1989年版。

《上海乡土志》，李维清著，上海古籍出版社，1989年版。

《上海闲话》，姚公鹤著，上海古籍出版社，1989年版。

二、专著类：

《中国移民史》（六卷本），葛剑雄主编，葛剑雄、吴松弟、曹树基著，福建人民出版社，1997年。

《中西交通史》（共五册），方豪著，台湾中华文化出版事业社，1968年版。

《唐代长安与西域文明》，向达著，三联书店，1957年版。

《长水集》（上、下、续编），谭其骧著，人民出版社，1987年版、1994年版。

《陈寅恪史学论文选集》，陈寅恪著，上海古籍出版社，1992年。

《陈垣史学论著选》，陈垣著，上海人民出版社，1981年版。

《北狄与匈奴》，马长寿著，三联书店，1962年版。

《西汉人口地理》，葛剑雄著，人民出版社，1986年版。

《碑铭所见前秦至隋初的关中部族》，马长寿著，中华书局，1985年版。

《魏晋南北朝史论集》，周一良著，中华书局，1963年版。

《秦汉区域文化研究》，王子今著，四川人民出版社，1998年版。

《唐人大有胡气》，管士光著，农村读物出版社，1992年版。

《北宋都城东京》，吴涛著，河南人民出版社，1984年版。

《宋东京考》，〔清〕周城撰，中华书局，1988年版。

《南宋都城临安》，林正秋著，西泠印社，1986年版。

《两宋经济重心的南移》，张家驹著，湖北人民出版社，1957年版。

《南宋古迹考外四种》（含《都城纪胜》），浙江人民出版社，1983

年版。

《南唐二主词析释》，傅正谷、王沛霖著，天津人民出版社，1988年版。

《唐宋词格律》，龙榆生编撰，上海古籍出版社，1978年版。

《龙榆生词学论文集》，龙榆生著，上海古籍出版社，1997年版。

《宋词选》，胡云翼选注，上海古籍出版社，1997年版。

《汉魏两晋南北朝佛教史》，汤用彤著，商务印书馆，1938年版。

《中国佛教史》任继愈主编，中国社会科学出版社，第一卷1981年版；第二卷1985年版。

《佛学研究十八篇》，梁启超著，中华书局，1989年版。

《明清间在华的天主教耶稣会士》，江文汉著，知识出版社，1987年版。

《中国天主教史人物传》（全三册），方豪著，中华书局，1988年版。

《中国天主教传教史概论》，徐宗泽著，上海土山湾印书馆，1938年版。

《泰西儒士利玛窦》，林金水、邹萍著，国际文化出版公司，2000年版。

《明史欧洲四国传注释》，张维华著，上海古籍出版社，1982年版。

《上海史》，唐振常主编，上海人民出版社，1989年版。

《列强在中国的租界》，中国文史出版社，1992年版。

《旧上海人口变迁的研究》，邹依仁著，上海人民出版社，1980年版。

《张献忠在四川》，《社会科学研究丛刊》第二期，1982年出版。

《张文襄公全集》，〔清〕张之洞著，中国书店，1990年影印版。

《东北流人史》，李兴盛著，黑龙江人民出版社，1990年版。

《黑龙江省史探索》，孙占文著，黑龙江人民出版社，1983年版。

《明清中国沿海社会与海外移民》，杨国桢等著，高等教育出版社，1997年版。

《东西洋考》，〔明〕张燮著，中华书局，1981年版。

《论郑和下西洋》，郑一钧著，海洋出版社，1985年版。

《南洋华侨史》，李长傅著，上海书店，《民国丛书》第三编第22册。

《南洋华侨通史》，温飞雄著，东方印书馆，1929年版。

《东南亚华侨史》，朱杰勤著，广东高等教育出版社，1990年版。

《东南亚之华侨》，（英国）巴素著，郭湘章翻译，台北“国立编译馆”1966年版。

《华工出国史料汇编》，陈翰笙主编，第四辑（中华书局1981年版）、第五辑（中华书局1984年版）。

《美国华侨史》，朱杰勤主编，广东高等教育出版社，1989年版。

《杨振宁演讲集》，宁平治、唐贤民、张庆华主编，南开大学出版社，1989年版。

《美国华人史》，陈依范著，世界知识出版社，1987年版。

《唐人街——深具社会经济潜质的华人社区》，周敏著，商务印书馆，1995年版。

《中朝边界史》，杨昭全、孙玉梅编著，吉林文史出版社，1993年版。

《中朝边界研究文集》，杨昭全编，吉林省社会科学院，1988年编印。

《明清之际中西关系简史》，张维华著，齐鲁书社，1987年版。

《从徐福到黄遵宪》，杨正光主编，时事出版社，1985年版。

《中日关系史考》，王勇著，中央编译出版社，1995年版。

《古代中日关系史话》，汪向荣著，中国青年出版社，1999年版。

《客家与香港崇正总会》，丘权政著，中国华侨出版社，1997年版。

《客家学导论》，王东著，上海人民出版社，1996年版。

《客家学源流》，陈支平著，广西教育出版社，1997年版。

《客家传统情诗》，陈炜萍、何志溪、钟震东搜集整理，海峡文艺出版社，1985年版。

《方言与中国文化》，周振鹤、游汝杰著，上海人民出版社，1986年版。

《汉语方言及方言调查》，詹伯慧主编，湖北教育出版社，1991年版。

《中国古代戏曲论集》，王季思等著，中国展望出版社，1986年版。

《京剧史研究》，北京市戏曲研究所编，学林出版社，1985年版。

《京剧二百年之历史》，（日本）波多野乾一原著，鹿原学人编译，启智印务公司，1926年版。

《中国戏曲通史》，张庚、郭汉城主编，中国戏剧出版社，1980年版。

《山西移民史》，安介生著，山西人民出版社，1999年版。

《南宋京城杭州》，政协杭州市委员会办公室编，1985年版。

《宋代珠玑巷迁民与珠江三角洲农业发展》，曾昭璇、曾宪珊著，暨南大学出版社，1995年版。

《民族大迁徙》，安介生著，江苏人民出版社，2011年版。

后记

从事史学研究的人，大多会羡慕美籍华裔学者黄仁宇先生《万历十五年》一书的成功。我本人就极为赞赏《万历十五年》这本书讲述的水准与风格。在丝毫没有降低研究水平与学术含金量的前提下，用平实而生动的笔调、细致入微的精辟分析娓娓道来，为所有读者展示出一段纷繁而真实的历史画卷。既没有简化成“通俗史话”，也没有刻意为“学术散文”，却让每一位读者都感受到了鲜活历史的撞击与史学研究的魅力。讲述者的大忌在于“以其昏昏，使人昭昭”。《万历十五年》最初用英文写成，这是因为身居海外的黄仁宇先生讲述对象首先是欧美同行与读者。为了讲述的成功，他必须将中国历史研究成果与古典文献知识进行全面的提炼、调和以及再处理，否则，“夹生饭”式的货色是吸引不了有头脑的读者的，更不用说挑剔而富有学识的同行了。事实证明，黄仁宇先生确实达到了熟能生巧、游刃有余的境界。

古语云：“虽不能至，心向往焉。”但赞赏与仿效是不可同日而语的。我很早就想写一本讲述移民与文化关系的书，而实际写作起来真可谓举步维艰。文化内涵宏富，移民历史庞杂，而要想找到反映两者之间密切关联的确凿事例，并做到华实相辅、以理服人，实非易事。再加之已有的相关研究成果数量相当可观，如何消化与吸收其他学者的研究成果，归入自己的讲述系统，也是我时常苦思冥想的难题。可以说，这本书只是我研究移民与文化问题的一个阶段性总结与新的开始，以后我要将这项研究继续推进下去。还须指出的是，与其说是出于自己对古代文辞之美的痴迷，倒不如说是古文今译能力的欠缺，同时也不想落下嚼饭与人，越俎代庖的嫌疑，因此，本书引用的大量原始文献力求原汁原味，很少转译为白话，还请读者诸君多多体谅与包涵。

《移民与中国传统文化》一书是在业师葛剑雄先生的提议下开始撰写的，2003年版的书名“四海同根——移民与中国传统文化”也是葛先生的创意。我是在葛先生的指导下先后完成了硕士与博士研究生的学业，方向是山西及北方区域移民史。在本书的写作过程中，葛先生认真审读了每一篇初稿，并提出了许多宝贵的修改意见。本书第八章第二节“何处家山何处根”与第三节“寻根寄语”还选取了葛先生主笔撰写的“寻根”系列文章（曹树基先生与我也参与了写作），为本书大增光彩。

对于一个正在学问之路上努力前行的年轻人而言，出版界朋友的鼓励与支持是至可宝贵的，《四海同根——移民与中国传统文化》初版于2003年，不仅得益于山西人民出版社领导的大力支持，也与政治理论部白小平主任的举荐分不开，责任编辑高美然女士也付出了大量的心血。

本书此次由三晋出版社再版，更名为“移民与中国传统文化”，同样得到了恩师葛先生的慨允与支持，在此，对于恩师多年的培育之恩深致谢忱！《移民与中国传统文化》的这次出版，更仰赖于三晋出版社张仲伟先生的赏识与鼎力协助。张先生谦逊的为人态度、丰厚的学养与严谨负责的编辑风格，都给我留下了深刻的印象。在此，向张仲伟先生深表谢意。

安介生记于上海杨浦寓舍

2020年7月

图书在版编目（CIP）数据

移民与中国传统文化 / 葛剑雄，安介生著 . —太原：三晋出版社，2022.2

ISBN 978-7-5457-1875-1

I.①移… II.①葛… ②安… III.①移民—历史—研究—中国 IV.①D632.4

中国版本图书馆CIP数据核字（2022）第038805号

移民与中国传统文化

著　　者：葛剑雄　安介生
责任编辑：张仲伟　李旭杰
责任印制：李佳音
选题策划：张仲伟
封扉设计：XXL Studio

出 版 者：山西出版传媒集团 · 三晋出版社
地　　址：太原市建设南路21号
电　　话：0351-4956036（总编室）
0351-4922203（印制部）
网　　址：http://www.sjcbs.cn

经 销 者：新华书店
承 印 者：山西新华印业有限公司

开　　本：710mm × 1000mm　1/16
印　　张：23.25
字　　数：300千字
版　　次：2022年2月　第1版
印　　次：2023年8月　第2次印刷
书　　号：ISBN 978-7-5457-1875-1
定　　价：68.00元

如有印装质量问题，请与本社发行部联系　电话：0351-4922268